LE
VOYAGEUR
FRANCOIS.

LE VOYAGEUR FRANÇOIS,

OU

LA CONNOISSANCE

DE L'ANCIEN
ET DU NOUVEAU MONDE.

VOYAGE EN FRANCE,
Mis au jour par Monsieur D***.

TOME XXIX.

Prix 3 liv. relié.

A PARIS,
Chez Moutard, Imprimeur-Libraire de la Reine,
rue des Mathurins, hôtel de Clugny.

M. DCC. LXXXVIII.
Avec Approbation, & Privilege du Roi.

AVERTISSEMENT.

ON fait que les vingt-six premiers Volumes de cet Ouvrage ont été mis au jour par l'abbé *Delaporte*. Les deux fuivans ne font pas de lui. M. l'abbé *de Fontenai* s'en eft déclaré l'auteur dans fes *Affiches de Province*, n°. 37, 1782. « Ces deux volumes, dit-il, font du continuateur de feu M. l'abbé *Delaporte*; & ce continuateur qui, pour des raifons particulieres, avoit gardé l'anonyme, n'eft autre que moi... Il me refte, ajoute-t-il, à donner la defcription de la France. C'eft ici que je dois réclamer d'avance l'indulgence du public pour cette fuite de l'ouvrage, qui, fans contredit, eft la plus difficile à traiter ». Des circonstances imprévues l'ont empêché de tenir sa promesse.

Voici donc un nouvel éditeur, ou, si l'on veut, un nouveau rédacteur des lettres qui contiennent la description de la France. On verra que le voyageur ne s'y est pas tout-à-fait astreint au plan qu'il avoit suivi dans les précédentes. Il a cru devoir ici s'attacher principalement à éviter toute confusion, & à mettre autant d'ordre que de choix dans ses remarques sur le pays dont il nous est le plus important d'avoir des notions exactes, précises & distinctes. C'est ce qui l'a engagé à commencer ses courses par les provinces méridionales, à les continuer par celles du mi-

AVERTISSEMENT.

lieu, & à les terminer par les septentrionales. Il ne rend compte des observations qu'il a recueillies sur les différentes villes, qu'après avoir entiérement parcouru la Province dont elles font partie. Il donne d'abord des détails généraux de tout ce que cette province renferme, & de tout ce qui la concerne, & en fait connoître ensuite les lieux les plus considérables, en suivant l'ordre des diocèses.

Nous sommes portés à croire que le lecteur saura quelque gré à notre voyageur d'avoir fait précéder la description de la France d'un précis de notre histoire. Les raisons qu'il en apporte, nous ont paru très-satisfaisantes.

Au reste, le voyageur a fait

usage en certains endroits des descriptions exactes, tracées par des maîtres de l'Art, & des observations justes & vraies de quelques-uns de nos savans, qu'il a trouvées dans les livres qu'il avoit sous les yeux durant son voyage. Il dit que son but est autant d'instruire la personne à laquelle il écrit, que de s'instruire lui-même, & qu'il y parviendra plus sûrement, en prenant pour guides des observateurs plus éclairés & plus judicieux que lui.

LE VOYAGEUR FRANÇOIS.

LETTRE CCCLXXIV.

LA FRANCE.

JE l'avois prévu comme vous, Madame, que l'air de la campagne vous seroit favorable. Votre santé commence donc à se bien rétablir ? Rien n'égale la joie que j'en ressens. Quant à moi, me voilà remis de mes fatigues; & je suis impatient d'entreprendre mon voyage de France. Cependant je ne compte quitter Marseille que sur la fin du mois de Juin. Je vai dans cet intervalle m'occuper du genre de travail que vous désirez. Il me plairoit infiniment, quand je n'y trouverois d'autre satisfaction que la vôtre.

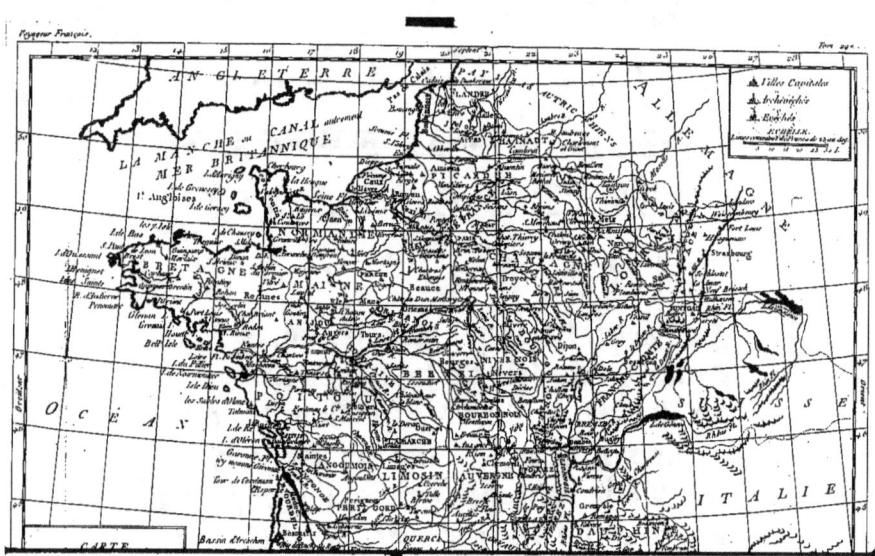

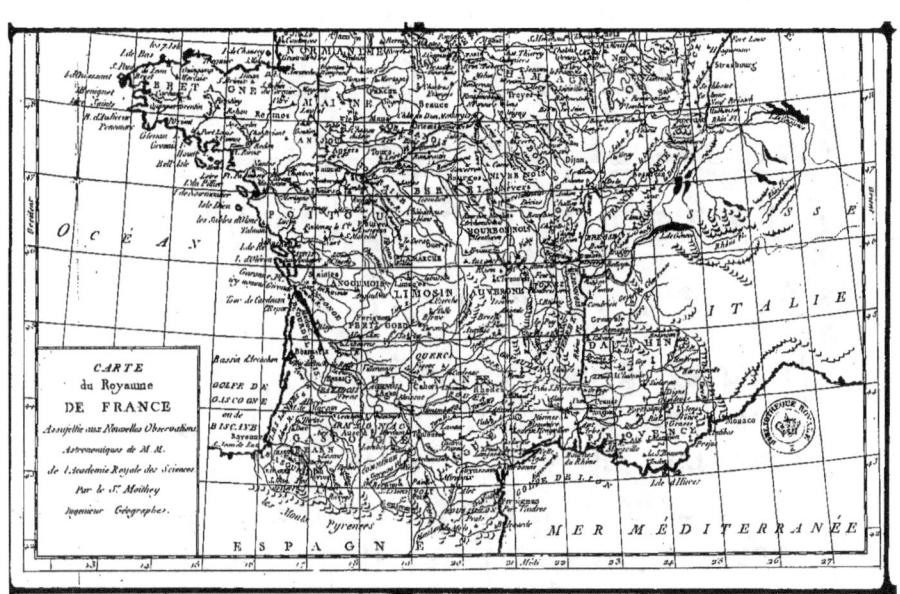

LE VOYAGEUR FRANÇOIS.

LETTRE CCCLXXIV.

LA FRANCE.

Je l'avois prévu comme vous, Madame, que l'air de la campagne vous seroit favorable. Votre santé commence donc à se bien rétablir ? Rien n'égale la joie que j'en ressens. Quant à moi, me voilà remis de mes fatigues ; & je suis impatient d'entreprendre mon voyage de France. Cependant je ne compte quitter Marseille que sur la fin du mois de Juin. Je vai dans cet intervalle m'occuper du genre de travail que vous désirez. Il me plairoit infiniment, quand je n'y trouverois d'autre satisfaction que la vôtre.

Mais je m'y livrerai avec un double plaisir, puisque votre façon de penser est parfaitement conforme à la mienne. Je crois en effet qu'on ne peut pas s'appliquer avec fruit à connoître un pays dans le détail, sans avoir des notions, au moins générales, de son Histoire. Un précis de la nôtre doit sans doute précéder les observations, dont je vous ferai part dans le cours de mon voyage. Il me paroit nécessaire, pour l'intelligence de ces événemens remarquables, de ces grandes révolutions qui se sont passées dans les provinces & les villes principales du royaume. J'ajoute qu'il me dispensera de vous tracer, dans la suite de mes Lettres, le récit de bien des faits historiques, & ne me laissera que plus de liberté, pour m'étendre sur d'autres objets agréables ou instructifs.

Persuadée que notre Histoire est pour nous la plus curieuse & la plus intéressante, vous voulez que je n'omette ici rien d'essentiel & de bien important, en prenant garde néanmoins de ne pas donner trop d'étendue à mes tableaux. C'est à quoi je m'attacherai principalement : je remonterai même jusqu'au berceau de notre Nation, que je vai vous préfenter fous un point de vue très-racourci. Au refte, pour ne point fatiguer votre attention par une lecture fuivie de ce précis, j'en ferai la matiere de plufieurs Lettres. Cette méthode, je le fai, ne vous déplaît point, & peut-être n'eft-elle pas la moins utile.

La France a été autrefois appellée *Gaule*, du nom des Gaulois, qui en ont été les premiers habitans. Elle comprenoit tout le pays qui eft entre le Rhin, les deux mers, les Alpes & les Pyrénées. Les Celtes, qui habitoient le Golphe Adriatique, & qui s'étendoient jufqu'à la Thrace, fe répandirent dans la Germanie, & de là dans la Gaule, où ils occuperent plufieurs provinces. Les Gaulois, mêlés & confondus avec ces barbares, devinrent dans la fuite très-nombreux, & furent divifés en plufieurs peuples, qui ayant chacun leur chef revêtu d'une autorité fouveraine, formoient autant d'Etats particuliers & indépendans. Des Auteurs anciens, tels que Pline & Tacite, en comptent jufqu'à foixante-quatre principaux. Mais les plus célébres font les *Allobroges*, maîtres de ce qui fait aujourd'hui une grande partie du Dauphiné, une partie du Vivarais & de la Savoie entre le Rhône & l'Ifere : les *Tectofages*, dont la capitale étoit Touloufe, & qui s'étendoient jufqu'aux Pyrénées & à la Méditerranée : les *Helvétiens*, dont le pays étoit ce qu'on appelle aujourd'hui la Suiffe, &c. &c.

Cette contrée, quoique la plus vafte de l'Europe, ne pouvant nourrir un fi grand nombre d'hommes, plufieurs de ces peuples fe déterminerent à aller chercher ailleurs de nouvelles habitations. Ils pafferent les Alpes, environ trois cent foixante ans avant l'Ere chrétienne, & s'établirent en Italie, fur l'une l'autre & rive du Pô. Bientôt ils firent la guerre aux Romains, les battirent près la riviere d'Allia, affiégerent Rome, la prirent & la pillerent. Le pays que ces Gaulois poffédereut, fut dans la fuite nommé par les Romains Gaule *cifalpine*, parce qu'elle étoit, par rapport à eux, en deçà des Alpes. Notre Gaule reçut le nom de *transalpine*, parce qu'elle étoit, par rapport à Rome, au delà de ces monts.

Les Romains, devenus de jour en jour plus puissans & plus redoutables, subjuguerent tous leurs voisins, & firent passer sous leur domination la Gaule cisalpine. Quelque temps après, ils pénétrerent dans la Gaule transalpine, & s'assujettirent tout le pays qui comprenoit le Languedoc, la Provence, une partie du Dauphiné & du Lyonnois. Ils nommerent ce pays-là *Province Narbonnoise*, à cause de Narbonne sa capitale. Enfin Jules César acheva la conquête de toute la Gaule, qui fut aussi tôt peuplée de colonies Romaines. Il la divisa en Gaule *Belgique*, qui commençoit à la rive droite de la Marne, depuis sa source jusqu'à son embouchure, & continuoit le long de la Seine jusqu'à la mer : en Gaule *Celtique*, qui étoit bornée par la Garonne & le Rhône au midi, par l'Océan Britannique au couchant, par la Marne & la Seine au septentrion, par le haut Rhin à l'orient : en Gaule *Aquitanique*, qui renfermoit les pays situés entre la Garonne, l'Océan & les Pyrénées. Dans cette division n'est pas comprise la province *Narbonnoise*, que le conquérant appelle simplement la *province des Romains*.

Quelques siecles après que Rome, maitresse du monde entier, se fût donné des empereurs, divers peuples barbares sortant en essaims du nord de la Germanie, vinrent de tous côtés fondre sur l'empire Romain. On opposa d'abord d'assez fortes digues à ce torrent. Mais elles furent bientôt rompues; & les grandes provinces de l'occident, ainsi que celles du midi, furent entiérement inondées. On vit dans la Gaule les Visigoths fonder un royaume qui s'étendoit depuis la Loire jusqu'aux Pyrénées; les Bourguignons élever une monarchie dans cette province qui porte encore leur nom, & plusieurs autres peuples former divers petits états.

Les Francs (nom commun à quelques peuples de la Germanie, qui levant l'étendart de la liberté, avoient formé une confédération, pour se soutenir réciproquement contre les empereurs), les Francs firent aussi de fréquentes irruptions dans la Gaule. Leurs premiers efforts ne furent pas heureux. Les Romains les battirent à plusieurs reprises, & les repousserent, sans pouvoir néanmoins les contraindre à repasser le Rhin. Ce peuple belliqueux, toujours fier, toujours infatigable, puisant toujours, de nouvelles forces & un nouveau courage dans ses défaites mêmes, sut enfin, autant par sa bravoure, que par son habileté, s'ouvrir une libre entrée dans l'intérieur de la Gaule, & vint à bout de s'en rendre le seul possesseur & le seul maître.

Telle est, Madame, notre origine. Vous voyez que nous la tirons du mélange d'un grand nombre de peuples. Ce sont d'abord les Gaulois, puis les Celtes confondus avec eux, & divisés en plusieurs peuples : viennent ensuite les Romains ; bientôt après les Visigoths, immédiatement suivis des Bourguignons ; enfin les Francs, qui ont été les derniers conquérans de notre Gaule. Revenons à ceux-ci.

Aussi-tôt que les Francs eurent passé le Rhin, ils s'établirent en deçà de ce fleuve, & possèderent sous leurs rois *Pharamond*, *Clodion*, *Mérovée* & *Childeric*, un royaume dont Tournai étoit la capitale. *Clovis* succéda à son pere Childeric, à l'âge de 15 ans. Il en avoit à peine vingt, lorsqu'entraîné par son courage & l'ambition de s'agrandir, il marcha droit à Soissons, une des plus belles & des plus fortes places des Romains, les défit en bataille rangée, fit décapiter leur géné-

486. ral *Siagrius*, anéantit leur domination dans la Gaule, & soumit tout le pays jusqu'à la Seine. Il s'appliqua ensuite durant trois ou quatre années de paix au gouvernement politique de son nouveau royaume, & épousa Clotilde, princesse chrétienne, niéce de Gondebaud, roi des Bourguignons.

Les Allemands ayant fait des incursions dans la Gaule, pour s'y établir, Clovis les tailla en pieces à Tolbiac, près de Cologne. Il s'étoit vu au moment de perdre la bataille: mais il invoqua le vrai Dieu que Clotilde lui avoit fait connoître; & il ne tarda pas ensuite à embrasser le Christianisme. Après s'être rendu tributaire Gondebaud, contre lequel Gondegefile, frere de celui-ci, lui avoit demandé du secours, il déclara la guerre à Alaric, roi des Visigoths, le tua de sa propre main à la bataille de Vouillé, près de Poitiers, & s'empara de son royaume. Il fit alors de Paris la capitale de la monarchie, qu'il agrandit considérablement par la conquête d'une partie de la Bretagne & des états de plusieurs petits souverains.

Le vainqueur laissa aux peuples qu'il s'étoit assujettis, la liberté de suivre leurs loix. Delà vint cette diversité de coutumes, qui augmenta sous le gouvernement féodal. Il rédigea la loi *Salique*, qui porte que, *pour ce qui est de la terre salique, la femme n'ait nulle part à l'héritage; mais que tout aille aux mâles.* Les terres *saliques* étoient non-seulement celles que possédoient les nobles de la nation, appellés *saliens*, mais encore toutes les terres des conquêtes.

Vers la fin de son regne, Clovis assembla à Orléans un concile, où, selon le président Henault, se trouvent les vrais principes du droit de régale; c'est-à-dire, du droit qu'ont toujours eu nos souverains de percevoir les revenus des évêchés vacans, & de nommer, pendant la vacance, aux bénéfices dépendans de l'évêque.

511. A la mort de Clovis, le royaume, qui prit alors le nom de *France*, fut partagé entre ses quatre enfans. *Childebert* fut roi de Paris, *Clodomir* roi d'Orléans, *Thierri* roi d'Austrasie, dont Metz étoit la capitale, & *Clotaire* roi de Soissons. Ici notre histoire devient un chaos. Au milieu des guerres allumées entre les freres régnans, elle ne présente qu'un enchaînement de crimes & d'actions barbares. On distingue néanmoins *Théodebert*, fils & successeur de Thierri. Il fut un des plus grands Princes de son temps, & fit avec ses oncles la conquête du royaume de Bourgogne, fondé dans la Gaule depuis près de cent vingt ans. La réunion de cette couronne à la monarchie la rendit redoutable aux empereurs.

558. Clotaire devint seul maitre de tout le royaume, par la mort de ses freres & de son neveu. Chramne, son fils naturel, qui s'étoit plusieurs fois

révolté contre lui, reprit encore les armes. Clotaire lui livra bataille, le défit, & le brûla avec toute sa famille dans une cabane où il s'étoit retiré.

Ce monarque laissa quatre enfans : 562 *Caribert*, roi de Paris; *Gontran*, roi d'Orléans & de Bourgogne; *Sigebert*, roi d'Austrasie; & *Chilperic*, roi de Soissons. Caribert étant mort sans enfans, ses trois freres partagerent sa succession, & convinrent de posséder la ville de Paris, *par indivis*, sous la condition qu'aucun des trois n'y entreroit sans le consentement des deux autres. Cependant Chilperic est mis par la plupart des historiens au rang des rois de Paris.

Ici ce sont de nouvelles horreurs 566 au milieu de guerres continuelles. Les loix divines, les loix humaines sont méconnues, les sentimens de la nature étouffés, la France inondée de sang, le trône souillé de tous les crimes. En un mot, c'est un cours non interrompu de trahisons, de perfidies & d'assassinats : tableau trop affreux, & d'ailleurs trop obscurci par la nuit des temps, pour que je ne doive pas me contenter d'y jetter un coup-d'œil très-rapide.

Brunehaut, épouse de Sigebert, & Frédégonde, femme de Chilperic, toutes les deux dévorées d'ambition, & pleines de vices, se porterent à des excès qui leur ont mérité l'exécration des siecles. Ces deux furies ne craignirent point de tremper leurs mains dans leur propre sang. Sigebert, prince qui avoit de grandes vertus, mourut assassiné par ordre de Frédégonde, & eut pour successeur au trône d'Austrasie son fils *Childebert*. Chilperic éprouva le même sort au retour de la chasse: assassinat auquel Frédégonde & Landri son amant furent soupçonnés d'avoir eu part.

584.
Son fils, *Clotaire* II, âgé de quatre mois, le remplaça sur le trône de Soissons. Childebert mourut empoisonné, laissant le royaume d'Austrasie à son fils *Théodebert* II. Son autre fils, *Thierri* II, succéda à Gontran, roi de Bourgogne, qui étoit mort sans enfans. Théodebert vaincu & fait prisonnier dans une bataille, fut envoié à Brunehaut qui le fit assassiner. Thierri mourut; & Clotaire

s'étant défait de ses deux fils, réunit seul toute la monarchie. Il tint des 613. especes de parlemens ambulatoires, nommés *placita*, d'où est venu le mot *plaids*. Mais il porta un coup terrible à l'autorité royale, par l'imprudence qu'il fit de créer Varnacaire, maire perpétuel de Bourgogne. Cette charge avoit été jusqu'alors amovible & dépendante du souverain. Le pouvoir de ces officiers étoit même très-limité, & ne consistoit que dans l'administration économique du palais & des maisons royales. Ce monarque fut le premier qui donna au maire le commandement des armées.

Dagobert I, son fils & son succes- 628. seur, céda à son frere qui vécut peu, une partie de l'Aquitaine, plutôt comme une espece d'apanage, dont le nom ne fut connu que long-temps après, que comme un démembrement de la couronne. Il eut pour maire du palais Pepin *le vieux*. Ce prince fonda l'abbaie de S. Denis où il fut enterré, après avoir légué par son testament huit mille livres de plomb, pour en couvrir l'église : elle est devenue depuis la sépulture de nos rois. L'Oriflamme (c'étoit la bannierre de l'abbaie,) étoit en dépôt dans cette église; & le cri de guerre fut dans la suite : MONJOYE SAINT-DENIS, *meum gaudium.*

644. *Sigebert* II & *Clovis* II, ses deux fils, lui succéderent. Le premier eut l'Austrasie; & le second, le reste du royaume. Dans les siecles les plus remplis de crimes, il y a toujours eu des vertus solides & bien dirigées. Clovis, pour nourrir les pauvres, fit enlever de l'église de S. Denis les lames d'or, qui couvroient le tombeau de S. Denis & de ses compagnons. L'autorité des maires commençoit alors à balancer la puissance royale. Grimoald, fils de Pepin, lui succéda dans cette charge sous Sigebert. Après la mort de ce Prince, le maire fit proclamer roi d'Austrasie son propre fils, au préjudice d'un fils de Sigebert, nommé Dagobert qu'il fit conduire en Irlande. Mais l'usurpateur fut détrôné; & *Childeric* II, un des fils de Clovis, devint roi d'Austrasie.

656. Clovis mourut presqu'en même temps, laissant le reste du royaume à *Clotaire* III, son autre fils. Thierri,

son troisieme fils, n'eut alors aucun partage. A la mort de Clotaire, *Thierri III* fut roi à sa place, par les soins d'Ebroin, maire du palais. Mais la haine qu'on portoit à ce ministre, rejaillit sur le roi même. Les seigneurs firent enfermer Thierri dans l'abbaye de S. Denis, & Ebroin dans le monastere de Luxeu. Ainsi Childeric II 670. se vit roi de toute la France. Celui-ci ayant été assassiné par un seigneur qu'il avoit traité indignement, Thierri remonta sur le trône. Ebroin s'échappa de son monastere, &, les armes à la main, força le monarque à le recevoir de nouveau pour son maire du palais. Dagobert II, qui, peu de tems auparavant, étoit revenu d'Irlande, & qui régnoit déja dans une partie de l'Austrasie, s'empara du reste de ce royaume. Il mourut assassiné ; & Thierri auroit dû réunir toute la mo- 678. narchie. Mais l'Austrasie craignant de retomber sous le joug d'Ebroin, ne voulut point reconnoître de roi. Pepin Heristel ou d'Heristal, petit-fils de Pepin *le vieux*, en fut déclaré duc ou gouverneur. Ebroin périt par un assassinat : plusieurs maires lui succéderent. Bientôt la guerre s'alluma entre Thierri & Pepin. Le monarque fut battu à Tertry, & Pepin créé maire du palais.

Ici commencent les rois appellés avec juste raison *rois fainéans*, parce qu'ils furent par leur foiblesse les esclaves des maires. Ces officiers tout-à-la-fois ministres & généraux, gouvernant avec une autorité absolue, devinrent plus puissans que le roi même, & rendirent leur charge héréditaire. Pepin, sous l'autorité apparente de Thierri, fut maître de
688. Paris, des finances & de tout le royaume. Il continua de régner sous
692. le nom de *Clovis* III, fils de Thierri,
695. & sous celui de *Childebert* II, frere de Clovis.

Le célébre Charles-Martel, fils de Pepin, fut reconnu duc d'Austrasie,
711. & régna sous *Dagobert* III, fils de
719. Childebert; sous *Chilperic* II, fils de
725. Childeric II; & sous *Thierri* IV, fils de Dagobert. Ce héros fit, entre Poitiers & Tours, un horrible carnage des Sarrasins d'Afrique, appellés *Maures*, qui, après avoir envahi l'Espagne, & avoir été battus par

Pélage, le restaurateur de la monarchie Espagnole, avoient reflué dans la France pour tenter de s'y établir. A la mort de Thierri, il y eut un interrégne de six à sept ans; & Charles Martel continua d'être souverain, sous le titre de duc ou prince des François.

Ses deux fils, Carloman & Pepin dit *le Bref*, maires du palais, partagerent entre eux le royaume, & furent toujours unis. Mais Pepin croyant qu'il étoit plus avantageux de mettre fin à l'interrégne, fit proclamer roi, dans la partie du royaume qu'il gouvernoit, *Childeric* III, fils de Chilperic II. Carloman resta toujours maître de l'Austrasie. Bientôt celui-ci quitta son gouvernement, & se retira à Rome, où il embrassa la vie religieuse. 742.

Il ne manquoit à Pepin que le titre de roi : ce titre fut l'objet de son ambition ; & il ne tarda pas à le posséder. Secondé dans son entreprise par le pape Zacharie, il relégua dans un monastere le roi Childeric & son fils, les seuls princes qui restoient de la maison de Clovis, & se fit sacrer à Soifsons. Ainsi fut éteinte la race du fondateur de la monarchie, dite *des Mérovingiens*, après deux cent soixante-dix ans de regne depuis Clovis. La couronne n'avoit été portée que par ses descendans, mais sans droit d'aînesse, sans distinction entre les bâtards & les enfans légitimes.

Je suis, &c.

A Marseille, ce 20 *Avril* 1759.

LETTRE CCCLXXV.

Suite de la France.

Aussi-tôt que Pepin fut monté 751. sur le trône, il battit les Saxons, qui, malgré les traités conclus avec ce prince, ne vouloient pas en reconnoître l'autorité. Bientôt après, il passa en Italie, à la priere du pape, défit Astolphe, roi des Lombards, qui avoit bloqué Rome, s'empara de Ravenne, espece de gouvernement dépendant des empereurs de Constantinople, & par le don qu'il en fit au Saint-Siége, commença à établir la puissance temporelle du chef de l'Eglise. Le monarque François força ensuite les Saxons à lui payer tribut, réprima le duc de Baviere, son neveu, qui avoit refusé de lui faire hommage de ses états, chassa les Sarrasins des provinces méridionales, & réunit la principauté d'Aquitaine à la couronne.

Le don fait par Pepin au pape,

me rappelle une réflexion bien sage du président Henault, que vous ne serez sans doute pas fâchée, Madame, de retrouver ici. « Bien loin, dit-il, d'être de l'avis de ceux qui ont déclamé contre la grandeur de la cour de Rome, & qui voudroient ramener les papes au temps où les chefs de l'Eglise étoient réduits à la puissance spirituelle, & à la seule autorité des *clés*, je pense qu'il étoit nécessaire, pour le repos général de la chrétienté, que le Saint-Siége acquît une puissance temporelle. Tout doit changer en même temps dans le monde, si l'on veut que la même harmonie & le même ordre y subsistent. Le pape n'est plus, comme dans les commencemens, le sujet de l'empereur. Depuis que l'église s'est répandue dans l'univers, il a à répondre à tous ceux qui y commandent ; & par conséquent aucun ne doit lui commander. La religion ne suffit pas pour imposer à tant de souverains ; & Dieu a justement permis que le pere commun des fideles entretînt par son indépendance le respect qui lui est dû. Ainsi donc il est bon que le pape ait la propriété d'une puissance temporelle, en même temps qu'il a l'exercice de la spirituelle ; mais pourvu qu'il ne possède la premiere que chez lui, & qu'il n'exerce l'autre qu'avec les limites qui lui sont prescrites ».

Charles I, dit *Charlemagne* & Carloman succéderent à Pepin leur pere. La mort de Carloman rendit bientôt Charlemagne seul possesseur de la couronne. Ce Souverain éleva la monarchie Françoise à un point de grandeur où on ne l'a jamais vue. Son régne fut marqué par une suite non interrompue de victoires & de conquêtes. Il détruisit le royaume des Lombards, & fut reconnu roi d'Italie, en confirmant les donations faites au Saint-Siége ; battit les Sarrasins, & se rendit maître d'une grande partie de l'Espagne. En traversant la Navarre, l'arriere-garde de son armée fut surprise & défaite par les Sarrasins & Loup, duc de Gascogne : là périt le neveu de Charlemagne, ce Roland que nos premiers romans ont rendu si célébre. Une guerre de trente-trois ans l'occupa contre les Saxons, toujours vaincus, mais toujours rébelles, & à

768.

la fin entièrement subjugués. Dans cet intervalle, la Baviere, l'Autriche & la Hongrie furent conquises; les nations barbares jusqu'à la Vistule rendues tributaires, & l'empire d'occident transferé avec toutes ses prérogatives dans la maison de France.

Toutes ces expéditions glorieuses répandirent la gloire de Charlemagne dans les pays les plus éloignés, & lui mériterent deux ambassades du calife Aaron-al-Raschid, maître de la Perse, célébre par ses victoires & son amour pour les sciences. Mais elles ne firent jamais perdre de vue au monarque François le bien de son royaume, qu'il gouverna avec la plus constante application, & qu'il poliça par de sages loix tant civiles qu'ecclésiastiques. Durant l'été & l'automne, il étoit à la tête de ses armées: durant l'hiver & le printemps, il régloit à Aix-la-Chapelle les affaires de l'église & de l'état. C'est-là que furent dressés ces grands capitulaires, remarquables en ce que plusieurs ont été renouvellés par Louis XIV. On le vit paroître sur le trône au fameux concile de Francfort; &, en qualité d'empereur, y exercer la même autorité qu'avoient autrefois les empereurs d'Orient dans les conciles. Il créa des officiers qu'on appelloit des *Envoyés royaux* (*Missi dominici*), pour éclairer la conduite des hommes en place, veiller à l'administration de la justice, recevoir les plaintes des peuples, & les porter jusqu'au trône. Sa prudence lui fit employer tous les moyens possibles de pourvoir à la sûreté du royaume, sur-tout contre les Normands (*hommes du nord*) peuples de la mer Baltique, dont il prévoyoit les ravages. Il fit construire des vaisseaux qui restoient toujours armés & équipés : il en avoit depuis l'embouchure du Tibre jusqu'à l'extrémité de la Germanie, c'est-à-dire, jusqu'en Danemarck.

Ce grand monarque protégea & cultiva même les lettres & les arts. Il attira dans son royaume Alcuin, célébre moine Anglois, & fonda des écoles & des académies. C'est à lui que l'on doit la maniere de compter par livres, sous & deniers, avec cette différence que cette livre étoit réelle & de poids, au lieu que parmi nous elle est numéraire. Il avoit fait un projet pour la communication de l'Océan & du Pont-Euxin, en joignant le Rhin au Danube par un canal. Sous son regne la charge de connétable commença d'être considérable, puisque Buchard, honoré de cette dignité, fut chargé d'une expédition importante contre les Maures.

814. Louis son fils, dit *le Débonnaire*, qu'il s'étoit associé à l'empire, affoiblit la monarchie, en la partageant dès son vivant même à ses enfans. Ce Prince, né avec le plus beau naturel, bienfaisant, brave & très-savant pour son temps, causa, par sa trop grande douceur, une infinité de désordres. A force de pardonner, dit le P. Daniel, il rendit le crime audacieux. Il eut le chagrin de voir ses enfans prendre les armes contre lui. Il fut déposé, ensuite rétabli, & mourut, en allant combattre son fils, Louis, roi de Baviere, qui s'étoit de nouveau révolté. *Je pardonne à Louis,* s'écria-t-il en mourant, *mais qu'il sache qu'il m'a donné la mort.* Ce fut lui qui fit don l'an 817 de la ville de Rome & de ses appartenances aux Papes, & qui est

en retint toutefois la souveraineté, comme le prouvent les actes d'autorité suprême que lui & ses successeurs exercerent dans cette capitale du monde chrétien. Sous son regne parut le premier *Vicomte*, celui de Narbonne.

Les trois fils de ce malheureux prince, Charles II, dit *le Chauve*, Louis de Baviere & Lothaire donnerent, après la mort de leur pere, une forte secousse au vaste empire de Charlemagne. Ils s'armerent les uns contre les autres, & en vinrent aux mains dans les plaines de Fontenai, en Bourgogne, où cent mille François, dit-on, furent tués. Il se fit un nouveau partage: Lothaire eut l'Italie & plusieurs provinces du royaume, avec le titre d'empereur; Louis toute la Germanie, d'où lui vint le surnom de *Germanique*; & la France proprement dite resta à Charles *le Chauve*. Robert, dit *le Fort*, obtint de ce Prince le gouvernement de ce qu'on appelloit alors le Duché de France. Les Normands avoient déjà commencé leurs courses dans l'intérieur du Royaume, brûlant, saccageant les villes &

840.

dévastant les campagnes. Charles, loin de les combattre, ne rougit point d'acheter plusieurs fois au poids de l'or une paix honteuse. Ce foible monarque ne défendit pas mieux les droits de la couronne contre ses propres sujets. Il porta une grande atteinte à l'autorité royale, en rendant les dignités héréditaires dans son royaume.

877. Louis le Begue, son fils, démembra aussi une grande partie de son domaine. Mauvais politique, ou trop foible pour pouvoir refuser, il donna à beaucoup de particuliers des seigneuries, des duchés, des comtés. On croit que ce fut alors que commencerent les comtes d'Anjou, les ducs de Bretagne, les ducs de Bourgogne & les comtes de Provence.

879. Ses deux fils Louis III & Carloman lui succéderent & vécurent toujours unis. Mais sous leur regne, l'autorité royale fut contrebalancée par la puissance des grands. Les ducs, les comtes, gouverneurs des provinces ou des villes, rendirent héréditaires dans leur maison des titres qu'ils ne devoient posséder qu'à vie : ils usurpe-

rent les terres & la justice, s'érigeant en seigneurs propriétaires des lieux dont ils n'étoient que les magistrats, soit militaires, soit civils. On donna à ce nouveau genre de possession le nom de *fief*; & par là fut introduit aussi un nouveau genre d'autorité auquel on donna le nom de *suzeraineté*. Ainsi naquit le gouvernement féodal qui n'étoit qu'une pure anarchie.

Vers ce même temps, Boson, frere de Richilde, seconde femme de Charles *le Chauve*, & qui avoit eu l'habileté d'épouser la fille de Louis *le Begue*, établit le royaume d'Arles qui renfermoit la Provence, le Dauphiné, le Lyonnois, la Savoie, la Franche Comté & une partie du duché de Bourgogne. Ce royaume est aussi appellé le premier royaume de Bourgogne, dite *Bourgogne cis-jurane*.

A la mort de Louis & de Carloman, 884. il restoit un fils posthume de Louis *le Begue*, nommé *Charles*. Mais comme il n'étoit âgé que de cinq ans, on offrit la couronne à l'empereur Charles *le Gros*, fils de Louis *le Germanique*. Ces deux couronnes étoient un fardeau trop pesant pour ce prince.

Les Normands vinrent faire le fiege de Paris. Eudes, fils de Robert *le Fort*, qui étoit mort en combattant pour la patrie, en étoit alors comte: il défendit la ville pendant deux ans, & fe fignala par des prodiges de valeur. Charles vînt au fecours; mais effrayé de la bonne contenance des Normands, il eut la lâcheté de demander la paix qui lui fut accordée au prix de fept cent livres pefant d'argent. Il mourut accablé du mépris de fes peuples & ne laiffa point d'enfans. J'obferverai ici que ce prince n'a point de rang numérique parmi nos rois. Tous les hiftoriens, au lieu de compter dix *Charles*, n'en comptent que neuf. On a prétendu que fon regne ne fut qu'une régence.

888. La fituation déplorable des affaires engagea les feigneurs & les évêques à revêtir Eudes de la puiffance royale. Ce fut en ce même temps que Conrad, comte de Paris, fonda le fecond royaume de Bourgogne, dite *Bourgogne trans-jurane*, qui comprenoit la Suiffe depuis le Ruff, le Vallais, Genève, la Savoie & le Bugey. Il ne faut pas confondre avec ce royaume

le duché de même nom, qui en avoit été détaché en grande partie ainsi que du premier. Eudes couronné roi, battit les Normands & leur accorda la paix à des conditions avantageuses. Comme il n'avoit pas réuni tous les suffrages, lorsqu'il avoit été élevé sur le trône, il eut à combattre un parti puissant qui vouloit proclamer roi Charles, fils de Louis *le Begue*. Il se fit un accommodement entre ces deux Princes. Eudes conserva le pays qui est entre la Seine & les Pyrénées, & Charles eut le pays qui s'étend depuis la Seine jusqu'à la Meuse.

Quelques années après, Eudes 898. mourut sans enfans. La couronne retourna à Charles dit *le Simple*, à qui elle appartenoit. Ce monarque foible, sans génie & sans prudence, ne put arrêter le cours des guerres intestines que se firent les grands du royaume. D'un autre côté, les Normands ne cessoient de rentrer en France & d'y faire de nouveaux ravages. Charles fut forcé de céder à Rollon leur chef la partie de la Neustrie qu'ils appelloient déjà *Normandie*, sous la condition qu'il en feroit hommage : il lui donna même en mariage sa fille Griselle. L'empereur Louis IV étant mort, Charles fut hors d'état de faire valoir ses droits à l'empire, qui sortit alors de la maison de France, & qui devint électif. Bientôt Robert, frere du roi Eudes, forma un puissant parti pour monter sur le trône, & se fit couronner à Rheims : mais il fut tué dans une bataille de la main de Charles lui-même. Malgré cette victoire, ce prince timide se sauva en Allemagne, auprès de Henri, roi de Germanie, & de-là chez Herbert, comte de Vermandois.

923. Robert avoit laissé un fils ; c'étoit Hugues *le grand*, à qui la couronne fut offerte, & qui la refusa. Son beaufrere Raoul ou Rodolphe, duc de Bourgogne, ne balança point à l'accepter, & fut couronné : mais il est à remarquer que les provinces méridionales ne le reconnurent jamais pour roi. Il fut obligé, pour gagner les grands, de leur donner plusieurs domaines. C'est ce qui fait dire au président Hénault, qu'on peut principalement rapporter à cette époque l'établissement des fiefs, quoique l'on

en apperçoive déjà des traces long-temps auparavant. On ne vit que séditions & révoltes sous le regne de Raoul. Les Hongrois entrerent en France, & n'en sortirent qu'à force d'argent. Le comté de Laon fut cédé à Herbert, qui promit de ne point rendre la liberté à Charles *le simple* qu'il tenoit enfermé dans le château de Péronne, où ce monarque finit ses jours peu de temps après.

A la mort de Raoul qui ne laissa point d'enfans, Hugues *le grand*, comte de Paris, duc de France & de Bourgogne, auroit pu se faire couronner. Il aima mieux placer sur le trône Louis IV, dit *d'Outremer*, fils de Charles *le simple*. Le jeune roi, après avoir soutenu des guerres contre les grands de son royaume, profita de la circonstance de la mort de Guillaume Duc de Normandie, pour s'emparer de cette Province. Mais il manqua de parole à Hugues, à qui il en avoit promis la moitié. Ce comte la lui enleva autant par sa valeur que par ses intrigues, le fit prisonnier dans une bataille, & gagna le comté de Laon qu'il lui rendit à la paix.

939.

B 4

954. Lothaire, fils ainé de Louis, monta sur le trône après la mort de son pere, par la protection de Hugues. Jusqu'à cette époque, on avoit suivi, dans l'ordre de la succession à la couronne, la même coutume que sous la premiere race : les bâtards & les enfans légitimes l'avoient portée sans distinction & sans droit d'aînesse. Sous Lothaire, elle cessa de se partager. Deux ans après qu'il eut été couronné, Hugues mourut, laissant plusieurs enfans. Les seigneurs étoient alors plus puissans que jamais. Les guerres qu'ils se faisoient, avoient jetté la monarchie dans une confusion d'où il étoit bien difficile de la tirer. Il est vrai que Lothaire fut rétablir un peu l'autorité royale. Mais on n'en vit presque plus de trace sous Louis V son fils, qui ne régna qu'un an, & qui fut le dernier de cette race de nos rois, dite *des Carlovingiens*.

987. Les maires du Palais avoient enlevé la couronne aux descendans de Clovis ; les grands seigneur la firent sortir de la maison de Charlemagne.

Je suis, &c.

A Marseille, ce 25 Avril 1759.

LETTRE CCCLXXVI.

Suite de la France.

Plus les événemens consignés dans notre Histoire, se rapprochent des temps où nous vivons, plus ils deviennent intéressans & propres à piquer notre curiosité. Vous avez vu, Madame, l'autorité royale presque anéantie sur la fin de la seconde race de nos rois. Vous allez la voir entiérement rétablie sous les princes de la troisieme. Animés du même esprit, conduits par les mêmes vues, ils regagnerent insensiblement tout ce que leurs prédécesseurs avoient laissé usurper aux seigneurs, & recouvrerent les droits les plus précieux de la couronne, qui sont en même temps les plus favorables au bonheur & à la tranquillité des peuples. Il est même à remarquer que le droit successif héréditaire s'est si bien établi, que nos rois ne sont plus les maîtres de déranger l'ordre de la succession, & que le trône appartient à l'aîné par une coutume qui est devenue aussi forte que la loi même.

987. A la mort de Louis V, la France étoit déchirée par une foule de petits souverains, dont les principaux étoient le duc de Normandie, les comtes de Flandres, de Toulouse & de Champagne. Charles, duc de la basse Lorraine, fils de Louis *d'outremer*, & oncle du dernier roi, avoit seul droit à la couronne. Mais les descendans de Charlemagne étoient tombés dans le mépris ; & ceux de Robert *le Fort* s'étoient élevés, par leurs services, au plus haut degré de puissance. Toute la nation se réunit en faveur de Hugues Capet, duc des Français, fils de Hugues *le grand*, petit-fils de Robert, couronné roi, petit-neveu, par son pere, d'Eudes qui régna dix ans, & arriere petit-fils de Robert *le fort*. Il fut appellé au trône, & eut l'habileté de s'y affermir.

Une année après qu'il eut été couronné à Rheims, il prit la sage précaution de faire sacrer son fils Robert. Charles, duc de Lorraine, voulut lui disputer la couronne ; mais il fut fait prisonnier dans la ville de Laon, & mourut deux ans après, laissant des enfans qui n'eurent point de postérité.

Le nouveau roi s'établit à Paris, que ceux de la seconde race avoient cessé d'habiter. Il eut la bonne politique de ne prendre aucune part aux guerres que se faisoient ses grands vassaux, & mourut tranquille possesseur d'une couronne dont il s'étoit rendu digne par ses grands qualités.

On croit, dit le président Hénault, pouvoir fixer à ce siecle le commencement de la pairie. Mais en même-temps on doit remarquer que les pairs sont plus anciens en France que la pairie. Celle-ci, dit le Laboureur, n'a commencé d'être réelle de nom & d'effet, que lorsque les fiefs ont commencé d'être héréditaires & patrimoniaux. au lieu que les pairs étoient juges de tous les temps de leurs concitoyens.

Robert, sacré du vivant de son 996. pere, prince bienfaisant & vertueux, n'essuya sur le trône aucune inquiétude de la part de ses sujets. Il fut forcé, par le pape, de se séparer de la reine Berthe sa parente, veuve du comte de Chartres, & de prendre une seconde femme. Celle-ci lui donna le chagrin d'armer contre lui deux fils

B 6

qu'il chérissoit. Mais il eut la consolation de les voir bientôt rentrer dans le devoir. Il acquit le duché de Bourgogne par la cession que lui en fit Henri son oncle, mort sans enfans légitimes.

1031. Son fils Henri I, qu'il avoit fait couronner à Rheims, lui succéda. Le nouveau monarque vit son frere Robert excité par sa mere, & soutenu d'Eudes, comte de Champagne, & de Baudouin, comte de Flandres, se révolter contre lui. Mais il battit trois fois le comte de Champagne, & eut la générosité d'investir Robert du duché de Bourgogne. Ce prince fut le chef de la premiere branche royale des ducs de Bourgogne, qui dura près de trois cent soixante ans. Ce fut au commencement du regne de Henri que finit le second royaume de Bourgogne par la mort de Rodolphe III, qui ne laissant point d'enfans mâles, fit Conrad *le salique* son héritier. Cet empereur réunit à l'empire ce qu'il put de ce royaume. Le reste fut démembré ; & de ces débris se formerent les comtés de Provence, de Viennois & de Savoie.

Il ne sera pas inutile de rappeller ici que sous ce regne, Guillaume, duc de Normandie, conquit l'Angleterre, exploit qui lui mérita le surnom de *conquérant* ; que les empereurs commencerent à être élus roi des Romains, avant d'être élus empereurs ; que la maison de Lorraine commença dans la personne de Gérard d'Alsace, & la maison de Savoie dans Humbert *aux blanches mains*, comte de Maurienne.

Le jeune Philippe I, successeur de Henri, avoit été sacré & couronné à Rheims une année avant la mort de son pere, qui lui avoit nommé pour tuteur Baudouin, comte de Flandres. Celui-ci s'aquitta de cet emploi avec honneur, & battit les Gascons qui s'étoient révoltés. 1060.

Un pauvre hermite de Picardie, nommé *Pierre*, revenant de Jérusalem, fit une peinture des plus énergiques de toutes les vexations dont les Turcomans accabloient les Chrétiens de la Palestine. Tous les esprits furent aussitôt enflammés du desir d'aller les délivrer. Il se tint un concile à Clermont; on s'enrôla, & l'on partit pour la terre sainte. Les enrôlés furent appellés *croisés*, parce qu'ils portoient une croix d'étoffe rouge sur leurs habits. Ils s'emparerent de Jérusalem, commandés par Godefroi de Bouillon qui en fut élu Souverain. Les seigneurs avoient pris dans cette croisade des bannieres pour se faire reconnoître de leurs vassaux. Comme ils étoient tout couverts de fer, ils se distinguerent par quelque emblême; & ces symboles furent conservés comme des titres d'honneur : telle fut l'origine des armoiries.

Peu de temps après cette croisade, Henri, roi d'Angleterre, réunit à son royaume la Normandie dont il s'empara, quoiqu'elle dût appartenir à son frère Robert qui étoit alors en Palestine. C'est ici la source de cette rivalité qui, durant plusieurs siecles, arma presque continuellement les deux nations l'une contre l'autre. Un duc de Normandie, roi d'Angleterre, ne pouvoit qu'être un dangereux vassal du roi de France. Aussi le monarque Anglois qui avoit fait cette réunion, ne manqua-t-il pas de soutenir les autres vassaux rebelles qui firent la guerre à Philippe sur la fin de son regne.

Louis VI, dit *le gros*, avoit répri- 1108. mé les séditions dans le royaume, du vivant même de son pere, qui l'avoit associé à la royauté. Lorsqu'il fut monté sur le trône, il s'engagea dans une guerre assez vive contre les Anglois. On étoit convenu que le roi d'Angleterre remettroit en sequestre ou feroit raser la forteresse de Gisors qui étoit sur la frontiere de France & de Normandie : sur son refus, Louis prit les armes. Cette guerre fut remplie de combats continuels ; & par le traité de paix, la place de Gisors fut laissée au monarque Anglais, sous la condition de l'hommage.

Cependant Louis voulut réparer la faute que son pere avoit faite, en ne s'opposant point à Henri, lorsque celui-ci conquit la Normandie contre son frere Robert. Il réunit toutes ses forces pour rétablir le fils de ce dernier dans cette province. Mais Henri, devenu trop puissant, fut encore vainqueur, & renouvella son hommage pour la Normandie.

Peu de temps après, l'empereur

Henri V, gendre du Roi d'Angleterre, brûlant de se venger de l'excommunication qui avoit été fulminée contre lui dans un Concile tenu à Rheims, se mit en campagne à la tête d'une armée très-nombreuse, résolu de réduire en cendre cette ville. Louis convoqua tous ses vassaux qui se montrerent alors pleins d'ardeur & de zele, & qui formerent avec les troupes du monarque une armée de deux cent mille hommes. L'empereur effrayé, repassa promptement le Rhin. Le roi avoit été prendre l'oriflamme à St. Denis. Il est le premier de nos rois qui l'ait porté à la guerre.

Ce prince, plein de bravoure & de douceur, avoit toutes les vertus qui font un bon roi, quoique bien inférieur à Henri, roi d'Angleterre, qui le trompa toujours. Il commença à relever l'autorité royale sur les vassaux de la couronne, en faisant des établissemens utiles. Il permit aux serfs d'acheter la franchise & la liberté, de se choisir des maires & des échevins. Alors se forma le gouvernement municipal: les villes, sous le nom de *communes*, s'engagerent à fournir au roi un certain nombre de gens de guerre. Il est vrai qu'elles s'obligerent aussi à payer certaines tailles aux seigneurs: mais ceux ci n'avoient plus le même empire sur ces hommes devenus véritablement libres, & naturellement jaloux de leur liberté. Ce qui agrandit encore davantage l'autorité du Souverain, ce fut la diminution de celle des justices seigneuriales, par le droit qui fut donné d'appeller, en plusieurs cas, aux juges royaux, des sentences qu'avoient rendues les Officiers des seigneurs.

Louis VII, surnommé *le jeune*, 1137. avoit été sacré du vivant de son pere: mais lorsqu'il lui succéda, il ne crut pas devoir se faire sacrer de nouveau; ce qui prouve que l'autorité des rois de cette troisieme race s'affermissoit de jour en jour. Il avoit épousé Eléonore, héritiere du Poitou & de l'Aquitaine, &, par ce moyen, avoit réuni à la couronne un pays considérable depuis la Loire jusqu'aux Pyrénées.

Le commencement de son regne fut troublé par quelques différends qu'il eut avec Innocent II, au sujet de l'élection d'un Archevêque de Bourges, que ce pape avoit faite sans son consentement. Thibaud, comte de Champagne, avoit eu part à cette affaire, & excita même plusieurs seigneurs particuliers contre lui. Louis irrité, fondit sur la Champagne, saccagea Vitry, & fit mettre le feu à l'Eglise où périrent plus de treize cents personnes. St. Bernard, moine de Clairvaux, lui conseilla, pour expier ce crime, de faire une croisade. Le roi partit pour la terre sainte à la tête de quatre-vingt mille hommes. Durant son absence, Suger, moine de St. Denis, régent du Royaume, fit fleurir la monarchie par le plus sage gouvernement.

A son retour de la Palestine, Louis qui depuis long-temps se croyoit déshonoré par les galanteries d'Eléonore, se servit du prétexte de la parenté pour la répudier. Six semaines après, cette princesse épousa Henri Plantagenet, qui possédoit l'Anjou, le Maine & la Normandie, & lui apporta pour dot toutes ses possessions. Bientôt ce prince joignit à ces belles Provinces la couronne d'Angleterre, à laquelle il avoit été déclaré successeur par le roi Etienne. Il fit la guerre à Louis au sujet du comté de Toulouse, sur lequel il prétendoit exercer les droits d'Éléonore; mais ce fut sans succès.

On trouve sous ce regne une preuve du droit de régale dans des lettres-patentes, par lesquelles Louis donne les revenus de l'église de Paris, le siege vacant, aux religieuses d'Hieres. Peu de temps avant sa mort, il fit sacrer & couronner son fils Philippe, à Rheims, & attribua à ce siege la prérogative du sacre, qui avoit été jusqu'alors indécise.

1180. Les surnoms de *Conquérant* & d'*Auguste* furent donnés à Philippe II, à cause des grands exploits qui ont immortalisé son regne. A peine fut-il sur le trône, qu'il chassa du royaume les Juifs qu'on accusoit d'immoler le jour de la cène des enfans chrétiens; mais il les rappella dans la suite. Il n'étoit âgé que de quinze ans, & son pere lui avoit donné pour tuteur le comte de Flandres, dont il voulut épouser la niece, fille de Baudouin, comte de Hainaut. La reine mere craignit que ce mariage n'augmentât encore l'autorité du tuteur, au préjudice du comte de Champagne son frere, par qui elle avoit espéré de gouverner. Elle se retira, excita même un soulevement, & engagea le roi d'Angleterre à se joindre à son frere. Le jeune Philippe, loin d'être intimidé, commença par punir le comte de Sancerre, un des Chefs de la révolte, célébra son mariage, & força le roi d'Angleterre à la paix.

Elizabeth de Vermandois, femme du comte de Flandres, étant morte sans enfans, les domaines de cette princesse devoient revenir à Philippe, parce que Hugues de France, troisieme fils de Henri I, en avoit épousé l'héritiere. Il se hâta donc de prendre les armes contre son tuteur, & l'obligea de lui céder le Vermandois qu'il réunit à la couronne. Ce fut presque en ce même temps qu'il fit paver les rues de Paris: cette capitale fut agrandie, embellie & entourée de murs.

L'aîné des enfans de Henri, roi d'Angleterre, avoit épousé Marguerite, sœur de Philippe, qui lui avoit donné en dot plusieurs villes du Vexin. Le jeune Prince étant mort sans enfans, Philippe revendiqua ces villes, & prit les armes contre le roi d'Angleterre, monarque qui étoit alors bien puissant. Il avoit joint à l'Angleterre l'Irlande, & possédoit en France la Guienne, le Poitou, la Saintonge, l'Auvergne, le Limousin, le Périgord, l'Angoumois, l'Anjou, le Maine, la Touraine, & la Normandie; à quoi il ajouta la Bretagne par le mariage d'un de ses fils avec l'héritiere de ce duché. Mais Philippe étoit un héros; il battit Henri, & l'obligea de lui payer vingt mille marcs d'argent.

Richard, successeur de Henri, & Philippe se jurerent une amitié éternelle. Ils firent la disposition d'une troisieme croisade, plus nombreuse que la premiere; mais ils se brouillerent en Palestine. Philippe s'y signala au siege de la ville d'Acre, prise par les François. Ce fut dans cette guerre que fut créé le premier maréchal de France, qui cependant ne commandoit pas encore les armées.

Le roi de retour en France, s'empara d'une partie de la Normandie; & réunit en même temps à la couronne l'Artois qu'il avoit eu par son mariage avec Isabelle. Plusieurs années se passerent en petits combats, dont les succès furent différens. L'événement le plus digne de remarque est la rencontre de Fréteval, entre Châteaudun & Vendôme. L'arriere-garde du roi y fut défaite, & toutes ses archives furent enlevées. On réforma dès-lors cet abus si étrange de porter à la guerre les titres les plus précieux de la couronne.

Richard, roi d'Angleterre étant mort, Jean *sans terre*, lui succéda au préjudice de son neveu Arthur, qu'il fit prisonnier dans une bataille, & qu'il envoya à Rouen, où le jeune prince périt de mort violente. Sa mere, accompagnée de la principale noblesse de ses états, vint demander justice au Roi. Philippe cita Jean son vassal devant la cour des pairs de France, pour y être jugé sur le meurtre d'Arthur. Le monarque Anglois ne comparut point. Philippe le déclara rebelle, confisqua ses terres, s'empara de toute la Normandie qu'il réunit pour toujours à la couronne, de la Touraine, de l'Anjou, du Maine, &c.; ensorte qu'il ne resta que la Guienne aux Anglois.

Durant cette derniere guerre, il s'étoit formé une quatrieme croisade, fameuse par la prise de Constantinople, dont Baudouin, comte de Flandres fut élu empereur. Cette croisade fut suivie d'une autre dans l'intérieur du royaume contre une foule de novateurs appellés tantôt *Manichéens*, tantôt *Vaudois*, plus communément *Albigeois*, qu'on accusoit d'infâmes débauches. Les provinces méridionales inondées de sang furent le théâtre des barbaries les plus atroces. Trente mille hommes, suivant les uns, soixante mille, suivant d'autres, furent passés au fil de l'épée dans la seule ville de Béziers. Raimond, comte de Toulouse, protecteur de ces hérétiques, fut dépouillé de ses états.

Cette croisade avoit prolongé la treve conclue avec les Anglois. Mais Jean *sans terre* n'ayant pas voulu recevoir l'élection d'un archevêque de Cantorbéry, faite par le pape, celui-ci jetta un interdit sur son royaume, déclara bientôt après le trône d'Angleterre vacant, & le donna au roi de France. Philippe se montra dans cette occasion moins juste qu'ambitieux. Il prit aussi-tôt les armes, équipa une flotte de dix sept cents voiles pour aller attaquer l'Angleterre, & s'empara d'abord de la Flandre, pour punir le comte qui, le seul de ses vassaux, s'étoit opposé à cette guerre. Mais dans cet intervalle la flotte Françoise fut surprise & détruite par la flotte Angloise de cinq cents voiles, jointe à celle du comte de Flandres.

Philippe ne tarda pas à se venger bien glorieusement de cet affront. A la tête de cinquante mille hommes seulement, il battit à Bouvines, entre Lille & Tournay, non sans un grand risque de sa vie, l'empereur Othon & le comte de Flandres ligués avec le roi d'Angleterre, dont l'armée étoit de près de deux cents mille hommes. Le comte de Flandres fut fait prisonnier dans cette bataille. L'évêque de Beauvais, Philippe de de Dreux, fils de Robert de France, comte de Dreux, s'y signala par sa bravoure. Il abattit le général Anglois

glois avec sa massue de fer. C'étoit l'arme ordinaire de ce Prélat guerrier, qui se faisoit scrupule de se servir de l'épée, du sabre & de la lance. Il avoit combattu de même au siege d'Acre, & devant Beauvais, où il avoit été fait prisonnier. Les Anglais furent encore défaits en Poitou, par Louis, fils ainé de Philippe. Ce fut en cette campagne qu'on vit pour la premiere fois le Maréchal de France commander l'armée.

Le Monarque Anglois devint de jour en jour plus odieux à ses sujets. Ils le déclarerent déchu de la royauté, qu'ils déférerent à Louis. Ce Prince fit une descente en Angleterre, & fut couronné à Londres. Mais la mort de Jean *sans terre* éteignit le ressentiment des Anglois, jaloux d'ailleurs de la nation Françoise. Ils couronnerent Henri III son fils; & Louis fut forcé de revenir en France.

On voit dans Philippe-Auguste, le premier roi de France qui ait entretenu une armée sur pied, même en temps de Paix : il est aussi le premier de ceux de la troisieme race qui n'ont pas fait couronner leur successeur dès

Tome. XXIX.   C

leur vivant. L'autorité royale étoit alors trop bien affermie, pour que cette précaution ne fût pas jugée inutile.

Je remarquerai ici que les provinces réunies à la couronne sans conditions, n'ont point d'états particuliers, tandis que d'autres provinces, telles que le Languedoc, la Provence, le Dauphiné, la Bourgogne, la Bretagne, la Flandre & l'Artois ont conservé leurs états, parce qu'elles ont été réunies sous conditions.

1223. Le même Louis qui avoit été proclamé à Londres roi d'Angleterre, & qui mérita par son courage le surnom de *cœur-de-lion*, succeda à Philippe. En montant sur le trône, il affranchit les serfs qui étoient encore en grand nombre dans le royaume. Non content de s'attacher à conserver ce que son pere avoit conquis en France, il prit sur les Anglois Niort, Saint-Jean-d'Angély, & tout ce qui étoit en deçà de la Garonne, outre le Limousin, le Périgord, le pays d'Aunis avec la Rochelle. Il ne lui restoit plus qu'à conquérir la Gascogne & Bordeaux. Mais il se laissa engager par le pape à faire la guerre aux Albigeois, & mourut après n'avoir régné que trois ans. On soupçonne Thibaud, comte de Champagne d'avoir hâté ses jours. La chevalerie dont on trouve quelques traces sous Charlemagne, fleurit sous son regne. Il avoit été lui-même armé chevalier par son pere.

Son fils Louis IX, dit *Saint-Louis*, 1226, lui succéda âgé de douze ans. Blanche de Castille sa mere, fut régente du royaume pendant sa minorité. Cette vertueuse princesse ne cessoit de dire au jeune roi : *Quelque tendresse que j'aie pour vous, mon cher fils, j'aimerois mieux vous voir mort que souillé d'un péché mortel.* Elle fut occupée durant toute sa régence à étouffer plusieurs factions, & à soumettre les barons & les seigneurs ligués, dont les principaux étoient les comtes de Champagne, de Bretagne & de la Marche. Le comte de Toulouse, qui soutenoit les Albigeois, fit la paix avec le Roi : sa fille épousa Alphonse frere de Louis, comte de Poitiers ; & la condition du traité fut que, faute d'héritiers de ce mariage, le comté de Toulouse seroit réuni à la couronne ; ce qui arriva effectivement.

Le comte de Champagne, dont la vie fut pleine de variations, gagné d'abord par la Reine, s'engageant ensuite de nouveau avec les mécontens, abandonnant enfin le parti des rebelles, fut attaqué dans ses terres par ces seigneurs qui vouloient faire valoir les droits qu'avoit sur la Champagne Alix, reine de Chypre, sa cousine. Louis prit les armes pour le secourir, & les fit quitter aux rebelles. Il ménagea un accommodement entre Alix & le comte, moyennant une somme d'argent que le roi fournit, & pour laquelle le comte lui céda les comtés de Blois, de Chartres & de Sancerre, & la vicomté de Châteaudun. Le comte de Bretagne persistant dans sa révolte, mit dans ses intérêts Henri III, roi d'Angleterre ; mais Louis fut vainqueur, & le comte enfin réduit, vint se jetter à ses pieds.

Louis, devenu majeur, ne perdit rien de sa confiance pour sa mere. Depuis plusieurs années ils gouvernoient de concert : ils continuerent à gouverner de même, ne s'occupant que du bonheur des peuples, & de la gloire de la monarchie. Le comté de Mâcon qui avoit eu ses souverains depuis l'établissement des fiefs, fut réuni à la couronne par l'achat qu'en fit le roi.

Le pape Grégoire IX, ayant déposé l'Empereur Frédéric II, fit offrir l'empire à Robert, comte d'Artois, frere de Louis. Mais ce monarque étoit trop bon politique & trop juste pour l'accepter : il le refusa hautement, disant qu'il suffisoit à Robert d'être frere du Roi de France. Forcé de prendre les armes contre le comte de la Marche, vassal rebelle, que le roi d'Angleterre vint secourir en France, Louis entre dans ses terres, passe le pont de Taillebourg sur la Charente, à travers les ennemis qu'il met en déroute, & les défait une seconde fois le lendemain près de Saintes. Cette ville & une partie de la Saintonge furent réunies à la couronne.

Quelques années après, le roi tomba malade : il fit vœu d'aller à la Terre sainte, où la reine sa femme voulut le suivre. Il part, accompagné de ses trois freres Robert, Alphonse & Charles, comte d'Anjou. Une tempête disperse sa flotte. Après en avoir rassemblé les débris, il arrive du côté de Damiette, à l'embouchure du Nil; se jette dans la mer l'épée à la main à la tête de son armée; gagne le rivage bordé des vaisseaux & des troupes des musulmans, & s'empare de Damiette. Bientôt on passe le Nil, pour aller assiéger le Caire; on combat près de Massoure; le roi y fait des prodiges de valeur avec l'élite des Chevaliers. Mais il a la douleur d'apprendre la mort de son frere Robert qui, entraîné par l'impétuosité de son courage, avoit poursuivi les Sarrasins jusque dans Massoure. De nouveaux combats aussi glorieux, la famine, la maladie contagieuse affoiblissent l'armée; & le roi est fait prisonnier avec ses deux freres & toute sa noblesse. Qu'il fut grand dans sa prison! *C'est le plus fier Chrétien que nous ayons vu,* disoient les musulmans étonnés de sa patience & de son courage. Il racheta sa liberté en rendant Damiette & en payant quatre cent mille livres. De-là il passa en Palestine où il fit réparer les fortifications de Césarée, de Philippe, de Joppé, d'Acre, de Sidon,

& rompit les fers de plus de douze mille esclaves chrétiens.

La mort de la reine mere, princesse digne des plus grands éloges, le rappella en France. Le sage monarque fit de la justice le principal objet de ses soins, poursuivit les malfaiteurs, réprima l'avarice des Juges, assujettit les grands aux loix, prononça des peines pécuniaires contre les blasphémateurs, substitua la preuve par témoins à l'usage barbare des duels, défendit ces guerres privées que les seigneurs se faisoient entre eux sans la participation du prince, & diminua tous les abus qui ne pouvoient pas encore être extirpés. Il rendit une Ordonnance par laquelle il paroit que les trois Etats étoient consultés, quand il étoit question de matieres où le peuple avoit quelque intérêt.

Mais le vif desir qu'avoit ce roi si vertueux d'épargner le sang des peuples en cimentant la paix avec les princes chrétiens, l'engagea à faire des traités que la raison d'état & la politique n'approuveront que très-difficilement. Il céda au Roi d'Arragon la souveraineté sur le Roussillon & la Catalogne, pour les droits que ce prince prétendoit avoir sur le Languedoc & sur différentes villes. Il fit plus à l'égard du roi d'Angleterre : il lui céda le Limousin, le Périgord, le Quercy, l'Agenois, à charge d'en faire hommage-lige aux rois de France ; tandis que Henri III renonça seulement aux droits qu'il pouvoit avoir sur la Normandie, l'Anjou, le Maine, la Touraine & le Poitou. Il sera bon de remarquer ici qu'on distinguoit trois sortes d'hommages : l'hommage *plane* ou *simple*, très-peu connu, qui obligeoit seulement à n'attaquer ni directement, ni indirectement le seigneur à qui on l'avoit prêté : l'hommage *ordinaire*, qui obligeoit le vassal au service de cour, de plaids & de guerre : l'hommage-*lige*, qui imposoit les mêmes obligations, avec cette différence, que le vassal ordinaire devoit au suzerain le service militaire, pendant quelque temps seulement de la guerre que celui-ci avoit à soutenir, & que le vassal-lige devoit ce service pour tout le temps de la guerre.

L'empereur Conrad étant mort empoisonné, dit-on, par Mainfroi son frere naturel, celui-ci s'empara du royaume de Naples, au préjudice de Conradin son neveu. Cette couronne étoit regardée comme un fief du St. Siege : le pape l'offrit à Louis qui la refusa. Mais le comte d'Anjou, à qui la même offre fut faite, se laissa éblouir ; & le roi, soit par respect pour le St. Siege, soit pour ne pas mettre d'obstacle à la fortune de son frere, consentit à l'établir sur le trône de Naples.

La France ne pouvoit qu'être paisible & florissante sous un monarque si juste, si bienfaisant & si religieux. Malheureusement des nouvelles accablantes qu'on reçut de la Palestine, toucherent sensiblement son cœur. Les chrétiens battus par les mahométans, perdoient tous les jours les places qu'ils avoient conquises. Le zele du Roi s'enflamma : une autre croisade fut résolue. Il partit avec ses trois fils ainés ; & au lieu d'aller en Egypte ou en Palestine, il tourna vers Tunis, desirant & espérant de convertir le roi de ce royaume mahométan. Mais la peste se mit dans son camp : un de ses fils mourut, un autre fut dangereusement malade; & il fut lui-même frappé du coup qui l'enleva à ses peuples. Avant son départ, il avoit fondé les Quinze-vingts. On a dit, mais sans preuve, que ce fut en faveur des gentilshommes à qui les Sarrasins avoient fait crever les yeux. L'établissement de la police de Paris commença dans ce même temps : Etienne Boileau étoit alors prévôt de cette ville. Il y eut sous ce regne deux Maréchaux de France : quand l'un d'eux venoit à manquer, on le remplaçoit.

Ce saint roi laissa à Philippe son successeur, des maximes sur le gouvernement, écrites de sa main, qui portent l'empreinte de la piété la plus tendre & de l'amour le plus vif des peuples. Il n'est assurément aucun prince de son siecle qu'on puisse lui comparer dans l'art de régner. Je ne puis m'empêcher de présenter ici le portrait qu'en a tracé le Président Hénault. « Le P. Daniel a raison, dit-il: *St. Louis a été un des plus grands & des plus singuliers hommes qui aient jamais été*. En effet, ce prince d'une valeur éprouvée, n'étoit courageux que pour de grands intérêts. Il falloit que des objets puissans, la justice ou l'amour de son peuple excitassent son ame, qui hors de là sembloit foible, simple & timide.... Quand il étoit rendu à lui-même, quand il n'étoit plus que particulier, alors ses domestiques devenoient ses maîtres; sa mere lui commandoit, & les pratiques de la dévotion la plus simple remplissoient ses journées. A la vérité toutes ces pratiques étoient ennoblies par les vertus solides & jamais démenties qui formerent son caractere. »

Philippe III, surnommé *le hardi*, 1270, étoit encore en Afrique, lorsqu'il succéda à son pere. Il y rendit une ordonnance touchant la majorité des rois, fixée à quatorze ans; mais elle n'eut point lieu. Après avoir battu les infideles, & fait avec eux une treve de dix ans, il revint en France. Alphonse son oncle, comte de Poitiers, & sa femme étant morts sans héritiers, tous leurs domaines qui comprenoient le Poitou, l'Auvergne, une partie de la Saintonge, le pays d'Aunis & le Comté de Toulouse furent réunis à la couronne. Mais Philippe ne put conquérir la Sicile que Pierre d'Arragon avoit usurpée sur le roi de Naples son oncle, après le fameux massacre des François, connu sous le nom de *vêpres Siciliennes*. Robert, comte de Clermont, frere du roi & sixieme fils de St. Louis, épousa Béatrix de Bourgogne, fille de Jean de Bourgogne & d'Agnès de Bourbon. De ce mariage est issue la branche de *Bourbon* qui est actuellement sur le trône.

Il ne sera pas inutile de remarquer ici avec le président Hénault, que sous ce regne la loi des appanages commença à être plus connue par un Arrêt au sujet du comté de Poitiers, adjugé au roi, au préjudice de Charles d'Anjou son oncle. « Sous les deux premieres races, dit-il, les enfans des rois partageoient également la couronne entr'eux : sous le commencement de la troisieme, l'inconvénient de ces partages fit prendre le parti de démembrer quelques portions des terres dont le fils puiné auroit la propriété. Mais à mesure que les principes de la vraie politique se perfectionnerent, l'inconvénient du démembrement d'une partie de la couronne s'étant fait fentir davantage, les partages ou appanages, dont l'appanagé pouvoit auparavant difpofer comme de fon bien, devinrent une efpece de majorat ou de fubftitution, & furent enfin chargés de retour à la couronne, à défaut d'*hoirs*. Cette loi fe trouve établie par l'arrêt dont on vient de parler. Ce fut entre Charles d'Anjou, roi de Sicile, & Philippe *le hardi*, fon neveu, au fujet du comté de Poitiers. Charles prétendoit à ce comté comme plus proche héritier d'Alphonfe, dernier décédé, lequel étoit fon frere, au lieu que Philippe n'étoit que fon neveu. Mais l'arrêt prononça en faveur de Philippe, fur ce principe, que toutes les fois que le roi faifoit don à un de fes puinés de quelque héritage, & que le donataire ou appanagifte mouroit fans héritiers, l'héritage retournoit au donateur roi, ou à fon héritier à la couronne, fans que le frere de l'appanagifte y pût rien prétendre.

Philippe IV, dit *Le bel*, fils & fuc- 1285.

cesseur de Philippe *le hardi*, prit le titre de roi de Navarre, parce qu'il avoit épousé Jéanne, héritiere de ce royaume, de la Champagne & de la Brie, par la mort de son pere Henri. La bonne intelligence régnoit entre la France & l'Angleterre, depuis le traité de saint-Louis avec Henri III. Mais ces deux nations rivales ne pouvoient vivre long-temps en paix.

Des vaisseaux normands ayant été insultés par les anglois, Philippe envoya demander satisfaction à Edouard. Celui-ci refusa de rendre justice. Philippe le cita deux fois à la cour des Pairs : Edouard ne comparut point. Aussi tôt que les délais de la citation furent expirés, on confisqua la Guienne, & l'on arrêta Gui Comte de Flandres, qui avoit traité secretement avec le monarque Anglois. Le comte de Valois, frere du roi, fut envoyé en Guienne, & s'en empara. On vit en ce même temps Jeanne marcher en personne pour défendre la Champagne contre le comte de Bar, qu'elle força de se rendre, & de lui faire hommage de ce comté. Il se fit une treve entre la France &

l'Angleterre. Le roi donna Marguerite sa sœur en mariage à Edouard I, & sa fille à Edouard, fils de ce Prince, avec la Guienne pour dot, à condition que celui-ci la posséderoit comme avoient fait ses prédécesseurs, en qualité de vassal de la couronne de France.

Le comte de Flandres, qui avoit obtenu sa liberté, en consentant à tout ce que Philippe exigeoit, s'étoit lié de nouveau avec Edouard. On continua la guerre contre lui; & le comte de Valois conquit presque tous ses états. Il lui persuada de venir trouver le roi. Mais Philippe, sans avoir égard à la parole que son frere avoit donnée au vaincu, le fit arrêter prisonnier avec ses deux fils, & réunit la Flandre à la couronne. Les flamands, opprimés par les vexations du commandant françois, ne tarderent pas à se révolter. Ils prirent les armes, ayant à leur tête un simple tisserand de Bruges, nommé *Pierre le roi*, & remporterent une célébre victoire à Courtrai. Robert d'Artois qui commandoit notre armée, les plus grands seigneurs, &

vingt mille françois périrent dans cette bataille. Philippe marcha en personne contre les flamands, & les battît à Mons en Puelle. On traita avec eux : leur comte, qui fut mis en liberté, étant mort presqu'en même temps, son fils aîné fut rétabli dans ses états, à condition qu'il en feroit hommage à la couronne ; & Philippe retint pour les frais de la guerre Lille, Douai, Orchies & Bethune.

Durant cette guerre, les grands démélés de Philippe & de Boniface VIII, pontife emporté & plein d'ambition, qui vouloit avoir part aux décimes levées sur le clergé de France, avoient éclaté, & étoient devenus très vifs. Il faut convenir que Philippe mériteroit des éloges, s'il s'étoit contenté de résister au Pape avec fermeté. Mais naturellement fier & violent, il passa quelquefois les bornes de la décence & de la modération. Ces querelles avoient engagé Philippe à assembler les trois états du royaume. On croit que ce fut pour la premiere fois que le tiers-état ou les communes furent convoquées.

Au milieu de ces troubles, Philippe s'étoit appliqué à réformer les abus. Il défendit pour toujours les duels en matiere civile, & rendit sédentaire à Paris le parlement, qui avoit été jusqu'alors *ambulatoire* & suivant la cour. Peu de temps après, de concert avec le pape Clément V, il abolit l'ordre des Templiers : les crimes dont on les accusoit sont trop monstrueux, pour qu'ils ne doivent pas être regardés comme des chimeres. En ce même temps le comté de Lyon fut réuni à la couronne par la conquête qu'en fit Louis, fils aîné du roi, sur Pierre de Savoie, archevêque de cette ville, à qui on laissa, ainsi qu'à son chapitre, la qualité de comte de Lyon.

Le comte de Flandres ayant refusé de payer huit cent mille livres qu'il devoit, Philippe fit de grands préparatifs de guerre. Sous ce prétexte, on leva des sommes considérables d'argent, & l'on altéra les monnoies. Ce dernier moyen avoit été plusieurs fois mis en usage, pour remédier à l'épuisement des finances, & avoit causé des séditions & des soulevemens. Sur ces entrefaites, ce prince mourut, après avoir vigoureusement soutenu les droits de la couronne, mais peu regretté de ses peuples qu'il avoit rendu malheureux. Sous son règne l'autorité royale fit de grands progrès, & avança la ruine du gouvernement féodal.

1314. Son fils, Louis X, surnommé *le hutin*, étoit déjà roi de Navarre par la mort de sa mere, héritiere de ce royaume, lorsqu'il monta sur le trône. Quoiqu'il eût atteint sa vingt-troisieme année, le comte de Valois, son oncle, s'empara de toute l'autorité, & commença par en faire un abus bien criminel. L'altération des monnoies avoit été conseillée au feu roi par deux florentins. On l'imputa à Enguerrand de Marigny, sur-intendant des finances. Le comte de Valois n'aimoit pas le ministre. Sur des accusations vagues, & dénuées de preuves, il le fit condamner à être pendu; ce qui fut exécuté à Montfaucon, gibet que Marigny lui-même avoit fait dresser.

Louis continua la guerre sans succès contre le comte de Flandres; &

sous le prétexte de cette guerre, le peuple fut accablé d'impôts : les offices de judicature furent vendus, & les habitans de la campagne, qui étoient encore serfs, se virent forcés de racheter leur liberté. Une maladie violente emporta le jeune roi, qui ne laissa qu'une fille de Marguerite de Bourgogne, sa premiere femme. Mais la reine, Clémence de Hongrie, étoit grosse.

Philippe, comte de Poitiers, frere 1316. du roi, fut nommé régent du royaume de Navarre, pendant la minorité de la fille de Louis, & du royaume de France, en attendant que la reine accouchât. Elle mit au monde un prince qui fut nommé *Jean*, & qui ne vécut que huit jours. Alors il s'éleva de grandes contestations, touchant la succession à la couronne. Eudes de Bourgogne, oncle de Jeanne fille de Louis, prétendoit qu'elle devoit succéder à son pere, à l'exclusion de Philippe son oncle. Mais dans une assemblée nombreuse des trois ordres de l'état, il fut décidé que la loi Salique ne permettoit pas aux femmes de succéder à la couronne; & Philippe, dit *le long*, fut unanimement déclaré roi de France. Il termina les démêlés qui, depuis seize ans, divisoient la France & la Flandre. Les juifs & les lépreux furent accusés d'avoir voulu empoisonner les puits & les fontaines du royaume, à l'instigation des rois de Tunis & de Grenade mahométans, qui craignoient que Philippe n'entreprît une nouvelle croisade. On fit périr par le feu un grand nombre de juifs, & l'on confisqua les biens des *ladreries*, hôpitaux de lépreux. Ce prince mourut sans laisser de postérité, après avoir rendu plusieurs ordonnances très-sages, & avoir formé le projet, que la mort l'empêcha d'exécuter, d'établir partout un même poids, une même mesure & une même monnoie.

1322. Charles, son frere, surnommé *le bel*, lui succéda sans opposition. Il fit une recherche sévere des financiers, presque tous lombards & italiens, & confisqua leurs biens. La Guette, receveur général des finances, avoit acquis de grandes sommes dans le maniement des deniers du roi. Il fut mis à la question, & il y mourut, sans avouer où il avoit caché ses trésors.

Un château en Guienne, qu'Edouard II prétendoit lui appartenir, ralluma la guerre entre la France & l'Angleterre. Le comte de Valois, oncle du roi, passa en Guienne, y enleva plusieurs places aux Anglois, & y fut frappé d'une grande maladie. Les remords qu'il témoigna, en mourant, sur l'exécution d'Enguerrand de Marigny, justifièrent ce ministre : sa mémoire fut réhabilitée, & ses biens furent rendus à sa maison. Sur ces entrefaites, Edouard fut détrôné par l'autorité du parlement d'Angleterre; & son successeur fit la paix avec la France.

Une année avant sa mort, Charles *le bel* érigea en duché-pairie la baronnie de Bourbon, en faveur de Louis I, fils aîné de Robert de France, sixieme fils de S. Louis. *J'espere*, dit le roi dans les lettres d'érection, *que les descendans du nouveau duc contribueront par leur valeur à maintenir la dignité de la couronne.* Ces paroles, dit le président Henault, ont l'air

Suite

d'une prédiction pour Henri IV. Charles mourut sans laisser aucun enfant mâle, & fut le dernier roi de la branche aînée de cette troisieme race, que vous pourrez appeller la branche proprement dite *des Capétiens*. La plus grande partie du royaume étoit alors soumise au gouvernement monarchique. Mais il y avoit encore quatre grands vassaux redoutables : c'étoient les ducs de Guienne, de Bourgogne, de Bretagne & le comte de Flandres. La France essuya bien des revers, avant que ces fiefs fussent entierement réunis à la couronne.

Je suis, &c.

A Marseille, ce 5 Mai 1759.

LETTRE CCCLXXVII.

Suite de la France.

Que de malheurs vont fondre sur la France, durant presque tout le temps que les princes de la maison de *Valois* seront assis sur le trône! Combien de fois, Madame, croirez-vous toucher au moment où la monarchie va être anéantie! Mais plus vous aurez vu la nation françoise affoiblie, abattue, humiliée; plus vous en admirerez le courage, l'intrépidité, le génie & les ressources, lorsque vous la verrez se relevant tout à coup avec gloire, reprendre son premier éclat & son ancienne vigueur. Il vous sera d'ailleurs bien aisé de remarquer, en la voyant sur le penchant de sa ruine, qu'elle aura été presque toujours réduite à cet état déplorable, moins par les forces seules des puissances étrangeres, que par celles des naturels du royaume, sujets ou stipendiaires des rois d'Angleterre, ou par celles de ses propres enfans, divisés par les factions, possédés de l'esprit de révolte, agités de la fureur des discordes civiles.

Philippe *le bel* avoit laissé trois fils, qui, comme vous venez de le voir, regnerent successivement après lui, & une fille nommée *Isabelle*, qu'il avoit mariée à Edouard II, roi d'Angleterre. Le dernier roi étant mort sans enfans, Edouard III, fils d'Isabelle, prétendit à la couronne de France par sa mere, à l'exclusion de *Philippe de Valois*, fils de Charles de Valois, frere de Philippe *le bel*. Edouard auroit dû se rappeller, que dans une pareille contestation, qui s'étoit élevée entre Jeanne fille de Louis *hutin*, & Philippe *le long* frere de ce même Louis, les trois ordres de l'état avoient décidé que la loi salique excluoit les femmes de la couronne. Aussi les douze pairs & les barons du royaume rejetterent unanimement les prétentions non moins injustes que ridicules du monarque anglois; & Philippe VI, dit *de Valois*, fut couronné au gré de toute la nation.

1328. Aussi-tôt qu'il fut monté sur le trône,

ne, il rendit à Jeanne fille de Louis *hutin* le royaume de Navarre, dont Philippe *le long* & Charles *le bel* avoient joui, & qui, selon les loix d'Espagne, appartenoit à cette princesse : par ce moyen, le comte d'Evreux son mari devint roi de Navarre. Mais Philippe s'accommoda dans la suite avec elle, à l'égard des comtés de Champagne & de Brie, dont elle étoit héritiere, & les conserva, en lui donnant d'autres terres en France. C'est là l'époque de l'union irrévocable de ces deux provinces à la couronne.

Philippe brûloit de se signaler par quelque exploit militaire. Les flamands s'étant révoltés contre Louis leur comte, celui-ci vint implorer son secours. Le roi marcha en personne contre les rebelles, les défit complettement près de Cassel, & les força de reconnoître Louis pour leur souverain. Cette victoire enhardit Philippe à sommer le roi d'Angleterre, son vassal, de venir lui rendre hommage pour la Guienne & les autres fiefs relevant de la couronne. Edouard lui fit une réponse fiere,

Tome XXIX. D.

qu'il accompagna d'un refus formel. Mais, sur la menace que lui fit le roi de confisquer ses terres, il se vit contraint de plier & d'obéir; bien résolu pourtant d'humilier Philippe, lorsqu'il seroit en état d'agir à force ouverte. Voici l'occasion qui alluma bientôt entre ces deux princes une guerre sanglante, qui dura, à plusieurs reprises, plus de cent ans.

Le comté d'Artois, après la mort du dernier comte, appartenoit à Mahaut sa fille, suivant la coutume de ce pays. Robert d'Artois, neveu de Mahaut, avoit fait valoir ses prétentions à ce comté, auprès de Philippe *le bel* & de Philippe *le long*, qui avoient rendu un arrêt solemnel contre lui. Ce même Robert, frere de Philippe *de Valois*, revint contre ces deux jugemens authentiques, sous le prétexte de nouveaux titres qu'il représentoit. Ces titres, fabriqués par la nommée *Divion*, demoiselle de Bethune, furent reconnus faux. Sur ces entrefaites, Mahaut & sa fille Jeanne, veuve de Philippe *le long*, moururent subitement, non sans soupçon de poison. On poursuivit ce procès, célébre par toutes les formalités qui y furent observées. La Divion fut condamnée au feu, & Robert ajourné au Parlement. Il auroit pu profiter de l'indulgence de Philippe : mais il se montra constamment opiniâtre, & refusa de comparoître. Le roi tint alors son lit de justice au Louvre, & prononça contre lui l'arrêt qui le condamnoit au bannissement, & qui portoit la confiscation de ses biens.

Robert sortit du royaume, le cœur plein de projets de vengeance. Après avoir tenté vainement de faire assassiner le roi, la reine & le duc de Normandie, leur fils aîné ; après avoir erré pendant trois ans dans les Pays-Bas, il se retira auprès du roi d'Angleterre, & l'engagea à prendre le titre de roi de France, & à déclarer la guerre à Philippe: Edouard n'y étoit que trop disposé. Il prit pour prétexte la restitution de quelques terres de la Guienne, mit dans son parti les flamans, l'empereur Louis de Baviere, le comte de Hainaut, & vint fondre sur la Picardie. Philippe se jetta sur la Flandre, tandis que son fils ravageoit le Hainaut; mais il perdit sur mer la bataille de l'Ecluse. On a attribué la cause de cette défaite au défaut de concert entre les deux amiraux qui commandoient la flotte françoise, forte de six-vingt vaisseaux.

Une treve d'un an suspendit les hostilités. La guerre recommença au sujet des troubles de la Bretagne, que le comte de Montfort, frere du dernier duc, disputoit à sa niece, mariée au comte de Blois, neveu de Philippe. Cette province fut saccagée par les françois & par les anglois. On fit une seconde trêve : mais elle ne tarda pas à être rompue.

Philippe avoit appris qu'Olivier de Clisson & quelques seigneurs bretons étoient d'intelligence avec le roi d'Angleterre. Il les fit tous décapiter sans aucune formalité. Edouard, pour les venger, reprit les armes: conduit par Geoffroi d'Harcourt, rebelle à la France, il fit une descente en Normandie, & s'avança jusqu'à Paris. Mais se voyant sur le point d'être accablé, il voulut se retirer en Flandre, & passa la Somme à gué, poursuivi par l'armée françoise. L'intention de Philippe étoit de donner quelques momens de repos à ses troupes. Malheureusement le comte d'Alençon son frere marcha toujours en avant malgré les ordres du roi; & l'action s'engagea près du village de Créci. Philippe y fit des prodiges de valeur : il perdit son sang par une blessure, & fut entraîné malgré lui hors du champ de bataille. Trente mille François & douze cent princes, seigneurs ou chevaliers périrent dans ce funeste combat, où l'on croit que les anglois firent pour la premiere fois usage de l'artillerie.

Edouard courut aussi-tôt mettre le siege devant Calais. Jean de Vienne, gouverneur de cette place, fit pendant onze mois la plus vigoureuse résistance. Mais les assiégés, pressés par la famine, réduits à manger des chats & des souris, demandent à capituler. Le cruel Edouard veut qu'ils se rendent à discrétion. Mauni, & plusieurs de ses chevaliers viennent à bout de le fléchir. Le monarque anglois consent à faire grace aux calésiens, pourvu que six des plus notables viennent, la corde au col, s'offrir à la mort, pour fauver leurs compatriotes. Euſtache de Saint-Pierre, Jean d'Aire ſon couſin, les deux freres Wifant leurs parens, & deux autres généreux citoyens, dont l'hiſtoire n'a pas conſervé les noms, ne balancent pas à ſe dévouer, & ſe rendent au camp des anglois. Edouard ordonne leur ſupplice : mais la reine ſe jette aux pieds de ſon époux, déſarme ſa colere, & obtient la grace de ces illuſtres victimes.

La miſere des peuples ne pouvoit qu'être la ſuite fâcheuſe de tant de revers. Philippe avoit été au commencement de ſon regne, l'idole de ſes ſujets : ſur la fin de ſes jours, il leur devint odieux par des impoſitions exceſſives & des altérations dans la monnoie. C'eſt à lui qu'on rapporte l'origine de la gabelle. Cependant, ſuivant le préſident Henault, il paroît que Philippe *le long* mit le premier un impôt ſur le ſel : Philippe *de Valois* ne fit que l'augmenter. Ce monarque réunit à la couronne les comtés d'Anjou & du Maine qu'il tenoit de Marguerite ſa mere, fille de Charles, roi de Naples. Le Dauphiné fut cédé à la France en toute souveraineté, à condition que celui des enfans de nos rois qui en jouiroit, prendroit le nom de *Dauphin*.

Nos désastres ont commencé : ils vont s'accroître & se multiplier sous le roi Jean, fils de Philippe *de Valois*. Un acte de violence qu'il fit au commencement de son regne, fut en partie la cause de tous ses malheurs. Le connétable Raoul, comte d'Eu & de Guines, ayant été accusé d'avoir traité avec l'Angleterre, Jean lui fit trancher la tête, sans qu'on observât les formes de la procédure, & nomma connétable Charles d'Espagne de Lacerda, à qui il donna le comté d'Angoulême. Charles d'Evreux, roi de Navarre, surnommé *le mauvais*, prétendit avoir ce comté pour la dot de sa femme, fille du roi. Il fit assassiner Charles d'Espagne, disparut de la cour, & leva bientôt l'étendard de la révolte.

Jean, résolu de se venger de ce perfide vassal & de ce gendre dénaturé, feignit de se réconcilier avec lui, & l'invita à la réception du duc

1350

de Normandie, son fils, qui portoit déja le nom de *Dauphin*. Le roi de Navarre vint à Rouen : Jean l'y fit arrêter prisonnier avec les seigneurs de sa suite, & eut l'imprudence d'en livrer quatre au dernier supplice. Aussi-tôt le frere du roi de Navarre, & ce même Geoffroi d'Harcourt, qui avoit introduit l'Anglois dans le royaume, & à qui Philippe *de Valois* avoit pardonné sa révolte, passent en Angleterre, & reconnoissent Edouard pour roi de France. Le prince de Galles, son fils, surnommé le *prince noir*, vient ravager le Limousin, l'Auvergne, le Berri & le Poitou. Jean marche contre lui, l'atteint à deux lieues de Poitiers, & se laissant emporter par la fougue de son caractere, lui livre bataille dans des vignes d'où il ne pouvoit se sauver. La fleur de la nation françoise périt en combattant autour du roi, qui, couvert de blessures, épuisé de forces, fut fait prisonnier.

A la nouvelle de ce revers terrible, Charles, Dauphin, assembla les états-généraux, pour demander les secours nécessaires. Il s'y forma un parti de séditieux, dont les chefs étoient Robert le Cocq, évêque de Laon, & Marcel, prévôt des marchands de Paris. Avides de s'emparer du gouvernement & des finances, ils ne voulurent accorder un subside, qu'en forçant le dauphin à destituer le chancelier & les premiers magistrats.

Sur ces entrefaites, le roi Jean, prisonnier à Bordeaux, conclut heureusement une trêve de deux ans avec l'Angleterre. Mais le roi de Navarre sortit de sa prison, revint à Paris, où il attenta sur la vie de l'héritier du trône, & leva une armée. D'un autre côté, les paysans se souleverent contre la noblesse, (c'est la faction appellée *la Jacquerie*) & les parisiens, toujours animés par Marcel, se livrerent à tout l'emportement de la révolte. Les maréchaux de Normandie & de Champagne tomberent sous les coups de ce séditieux, en présence & dans la chambre même du dauphin, qui devenu majeur, avoit pris le titre de régent. Il abandonna la capitale, & se retira à Compiegne, où il assembla les états-généraux. Les parisiens y furent généralement condamnés, & plusieurs provinces accorderent un subside considérable.

Cependant le roi de Navarre, maitre absolu dans Paris, s'y portoit aux excès les plus révoltans. Les séditieux, fatigués d'obéir à un homme si tyrannique & si méchant, le forcerent de sortir de la capitale. Marcel va le trouver secrettement, s'engage à l'y introduire & à le faire couronner roi de France. Le jour marqué pour l'exécution arrive : ce scélérat se rend de nuit vers la porte S. Antoine. Mais Jean Maillard, fidelle & courageux citoyen, averti du complot, l'assomme d'un coup de hache. La rebellion est dès ce moment étouffée : le dauphin rentre dans Paris aux acclamations de tout le peuple, & accorde une amnistie générale, en exceptant seulement les plus mutins.

Le roi Jean, prisonnier à Londres, avoit fait un traité capable de ruiner la monarchie. Il avoit cédé au roi d'Angleterre la Normandie, la Guienne, la Saintonge, le Périgord, le Querci, le Limousin, le Poitou, l'Anjou, le Maine, la Touraine, &c. & s'étoit engagé à payer quatre millions d'écus d'or pour sa rançon. Le dauphin régent convoqua les états-généraux, qui frémissant à la lecture de ce traité, le rejetterent unanimement.

On devoit s'attendre à revoir en France Edouard les armes à la main. Il y rentra en effet à la tête de cent mille hommes. Le dauphin, loin d'engager une bataille de laquelle dépendoit le fort de la monarchie, le força, par sa lenteur, à faire la paix, qui fut conclue à Bretigni. La Guienne, le Poitou, la Saintonge, le Limousin demeurerent en toute propriété à Edouard, qui renonça à ses prétentions sur la couronne de France, sur la Normandie, le Maine, la Touraine & l'Anjou ; & le roi Jean recouvra sa liberté après quatre ans de prison.

Ce prince venoit de perdre dans le royaume tout ce que Philippe-Auguste avoit conquis sur les anglois. Mais il acquit la Bourgogne, par la mort du jeune Philippe de Rouvre, dont il fut l'héritier, en qualité de plus proche parent, & la réunit à la couronne. Il la donna peu de temps avant sa mort à Philippe, son quatrième fils, à titre d'appanage, reversible à la couronne faute d'hoirs mâles ; imprudence grossiere qui causa bien des malheurs à la France. Ce monarque étoit vaillant, sincere, généreux, équitable, mais peu prévoyant, mauvais politique, & d'un caractere trop impétueux. Il nous a laissé cette maxime bien précieuse, qu'il répétoit souvent : *Si la justice & la bonne-foi étoient bannies du reste du monde, il faudroit qu'on retrouvât ces vertus dans la bouche & dans le cœur des rois.*

1364. Charles V, surnommé *le sage*, le même qui avoit été régent du royaume durant la captivité de son pere, en fut le restaurateur. L'art de connoître les hommes & de les gouverner, l'a rendu le modele des rois. A peine fut-il monté sur le trône, que le roi de Navarre renouvella sur le duché de Bourgogne de vaines prétentions qu'il avoit déjà voulu faire valoir. Mais il fut battu entre Evreux & Vernon par le célébre Duguesclin ; & la paix lui fut accordée.

Les gens de guerre commettoient en temps de paix, sous le nom de *grandes compagnies* ou de *malandrins*, toutes sortes de brigandages & d'horreurs. Pour ne pas les licencier, Charles mit à leur tête ce brave chevalier, & les envoya au secours de Henri de Transtamare contre son frere Pierre *le cruel*, devenu par ses tyrannies le fleau de la Castille. Le royaume, alors tranquille, vit le monarque entierement appliqué à en réparer les malheurs par la sagesse de son gouvernement. L'agriculture fut ranimée, le commerce favorisé, les subsides considérablement diminués ; & l'état reprenoit insensiblement des forces.

Mais la paix fut bientôt rompue entre la France & l'Angleterre. Le prince de Galles, à qui son pere avoit donné la principauté d'Aquitaine, mit une imposition générale sur toutes les terres de sa souveraineté ; vexation que la noblesse n'avoit point éprouvée sous les rois de France. Le comte d'Armagnac & plusieurs autres seigneurs en porterent leurs plaintes à Charles. Le prince de Galles fut cité à la cour des pairs ; & fur fon refus de comparoître, les terres qu'il poſſédoit en France, furent confiſquées. Alors la guerre ſe ralluma. Malgré nos premiers ſuccès, une armée ennemie vint ravager l'Artois, la Picardie, la Champagne, & s'avança juſqu'aux portes de Paris. Mais Duguefclin, rappellé d'Eſpagne, fut fait connétable, battit partout les anglois, &, dans la campagne ſuivante, leur enleva leurs anciennes conquêtes. Tout ce que le roi Jean avoit perdu, rentra ſous la domination de Charles. Montfort duc de Bretagne, allié d'Edouard, & peu aimé de ſes ſujets, avoit été déclaré rébelle par arrêt du parlement : il fut dépouillé de ſes états. Le pape Grégoire XI s'efforça de réconcilier les deux rois, & obtint une trêve.

Charles, adoré de ſes peuples, ne s'appliquoit qu'à conferver leur amour, en faiſant le bonheur de ſes ſujets, le bien & la gloire de la monarchie. Il amaſſa des tréſors par ſon économie, rendit la fameuſe ordonnance, par laquelle les rois sont déclarés majeurs à quatorze ans, & fit construire trente cinq gros vaisseaux de ligne & une infinité d'autres bâtimens.

Dans l'intervalle de la trêve, le prince de Galles & son pere Edouard moururent. Aussi-tôt qu'elle fut expirée, cinq armées françoises porterent la terreur en divers endroits. Calais & Bordeaux étoient tout ce que les anglois possédoient de leurs anciennes conquêtes. Le roi de Navarre, dont toutes les places furent saisies, sur les preuves qu'on eut qu'il avoit voulu faire empoisonner le roi, leur livra Cherbourg. Le port de Brest leur avoit été livré par le duc de Bretagne, qui s'étoit réfugié chez eux. Charles confisqua ce duché, qu'il voulut réunir à la couronne, sauf le droit des enfans de Charles de Blois. Mais les bretons, qui haïssoient Momfort, passant tout-à-coup au plus vif attachement, rappellerent ce duc, qui renouvella sa ligue avec l'Angleterre, & fut défendre ses états.

Les anglois s'étant montrés dans

les provinces méridionales, Duguesclin y fut envoié, & y périt de maladie, en assiégeant Châteauneuf de Rendon, forteresse d'Auvergne. Charles, plein d'estime pour ce digne chevalier, qui avoit été le défenseur & la gloire de l'état, le fit enterrer dans le tombeau de nos rois.

Quelques mois après, le sage monarque fut enlevé à ses peuples. Charles *le mauvais* l'avoit empoisonné, lorsqu'il n'étoit encore que dauphin. Un medecin suspendit l'effet du poison, en lui ouvrant le bras, & dit que quand cette plaie se refermeroit, il mourroit; ce qui arriva effectivement. *Je ne trouve les rois heureux*, disoit ce monarque, *qu'en ce qu'ils ont le pouvoir de faire du bien.* La foiblesse de sa santé ne lui permit point de paroître à la tête des armées, dont il donna le commandement au connétable Duguesclin. Mais du fond de son cabinet, il sut, par sa rare prudence, réparer les malheurs du royaume, & reprendre sur les anglois tout ce que ses prédécesseurs avoient perdu. La gloire de ce regne fut, comme le dit le président

Henault, d'avoir eu en même temps le monarque le plus sage & le général le plus habile. Charles mérite particulierement cet éloge, qui doit servir d'instruction à tous les rois; c'est que jamais prince ne se plut tant à demander conseil, & ne se laissa moins gouverner que lui.

Mais la France va être accablée des plus affreux revers : elle va devenir un théâtre d'horreurs inouïes, & présenter, dans un bouleversement général, l'image du cahos. Charles VI n'avoit que douze ans, lorsqu'il succéda à son pere. Les ducs d'Anjou, de Berri & de Bourgogne, freres du dernier roi, & le duc de Bourbon son beaufrere, se disputerent vivement la régence. On tint au palais un conseil, où il fut réglé que le roi seroit sacré dans quelques mois; que jusqu'à cette époque, le duc d'Anjou gouverneroit en qualité de régent, & qu'après le sacre, le roi gouverneroit en son propre nom, par le conseil de ses quatre oncles.

1380.

Le duc d'Anjou, prince violent & d'une avarice insatiable, non content de s'emparer du trésor de Charles V, qu'on fait monter à plus de cent soixante-dix millions de notre monnoie, causa des révoltes par l'augmentation des impôts. Les anglois, ligués avec les bretons, profiterent de ces nouveaux troubles, pour échapper au péril qui les menaçoit dans l'intérieur du royaume. On fit la paix avec Montfort, qui vint à Paris demander pardon, & rendre hommage du duché de Bretagne. Bientôt après, le duc d'Anjou, adopté par Jeanne, reine de Naples, partit pour l'Italie, & y périt, après avoir fait de vains efforts pour s'établir sur ce trône.

Charles, devenu majeur, gouverna par les conseils des ducs de Berri & de Bourgogne. Il tailla en pieces les flamans rebelles contre leur prince; qui étant mort peu de tems après sans enfans mâles, laissa ses possessions à sa fille unique, épousé du duc de Bourgogne. Les parisiens persistoient toujours dans leur révolte. Ces rebelles, qu'on appelloit *maillotins*, presque tous de la lie du peuple, s'abandonnerent à des excès sans nombre pendant l'absence du roi. Au retour de son expédition,

Charles fit punir les principaux, & ordonna à tous les mutins de dépofer leurs armes au Louvre. Il s'en trouva de quoi armer cent mille hommes.

En ce même tems, la trêve qui avoit été conclue entre la France & l'Angleterre, fut rompue, à l'occafion du fchifme caufé par la double élection des papes Clément & Urbain. On fit au port de l'Eclufe un armement confidérable, pour aller fondre fur l'Angleterre. Charles étoit à la tête de cette entreprife : mais elle manqua par la jaloufie du duc de Berri, qui n'arriva à l'armée, que lorfque la faifon ne permettoit plus de mettre à la voile.

Le roi gémiffoit depuis long tems d'être maîtrifé par fes oncles. Il prit lui même les rênes du gouvernement, & mit à la tête du confeil le connétable de Cliffon, qui avoit été frere d'armes de Duguefclin. Pierre de Craon, feigneur puiffant & vicieux, ayant été difgracié, & attribuant fa difgrace au connétable, le fit affaffiner, & fe retira chez le duc de Bretagne, ennemi de Cliffon. Le connétable, dont les bleffures n'avoient pas été dangereuses, guérit. Charles jura de le venger, & marcha contre le duc de Bretagne, sur le refus que fit celui-ci de lui livrer Craon. Le roi avoit déja laissé voir quelques égaremens d'esprit : en traversant la forêt du Mans, il perdit tout-à-coup la raison, & entra dans des accès de fureur. Les ducs de Berri & de Bourgogne eurent alors l'administration des affaires, à l'exclusion du duc d'Orléans, frere du roi. Une trêve de vingt-huit ans fut conclue avec Richard II, roi d'Angleterre, qui épousa Isabelle fille de Charles. Elle fut confirmée par Henri IV, qui, quelques années après, succéda à Richard détrôné.

Le duc d'Orléans enleva au duc de Bourgogne une partie de son crédit. Ces deux princes devinrent alors ennemis mortels, & penserent causer l'extinction totale de la monarchie. Le premier avoit des liaisons suspectes avec la reine Isabelle de Baviere, femme née pour la ruine de la France, ou, pour me servir de l'expression d'un historien, au lieu du flambeau de l'Hymen, elle avoit apporté les torches des Furies. Epouſe infidelle, mere ſans entrailles, elle oublia tous les devoirs, les devoirs les plus ſacrés & les plus chers, vivant dans un déſordre public, laiſſant manquer du néceſſaire ſes propres enfans. Leur gouvernante avoua un jour au roi, qui, durant tout le reſte de ſa vie, eut de bons intervalles, que ſouvent ils n'avoient ni habits ni nourriture. *Hélas! diſoit-il, je ne ſuis pas mieux traité.* On aſſure qu'il reſta plus de cinq mois ſans ſe coucher, ni ſans changer de linge. Infortuné monarque! que le ſentiment de ſes propres maux, & plus encore peut être celui des maux de l'état devoient être pénibles & douloureux pour ſon cœur, lorſque ſon imagination, un peu tranquille, lui en retraçoit l'effroyable tableau! On croira ſans peine que cette vue accablante étoit ſeule bien capable de le faire retomber dans ſes accès de délire & de fureur.

Cependant le duc de Bourgogne mourut; & l'ambitieux duc d'Orléans fut le maître de l'état, ſous le titre de lieutenant-général du royaume. Mais Jean, dit *sans peur*, fils du duc de Bourgogne, succéda à son pere dans sa haine implacable contre son rival. Il commença d'abord, en scélérat hypocrite qui vouloit gagner l'amour & l'estime du peuple, par faire de très-vives représentations contre une nouvelle taille générale que proposa le duc d'Orléans. Bientôt, devenu l'idole des parisiens, il se montra avec des troupes, & força la reine & le duc d'Orléans à quitter Paris. Les deux princes étoient sur le point d'en venir aux mains, lorsqu'ils parurent se réconcilier de bonne-foi. Ils coucherent dans le même lit, communierent à la même messe, signerent un acte de confraternité inviolable; & le lendemain le duc de Bourgogne fit assassiner le duc d'Orléans. Bien plus, il eut l'audace de triompher après son crime; il revint à Paris avec un appareil de guerre, y entra aux acclamations du peuple, & trouva dans le cordelier Jean Petit, un orateur fanatique & mercenaire, qui osa, dans une grande assemblée, en présence du dauphin & des autres princes du sang, faire l'apologie de cet assassinat. Quel siecle !

Mais plus le bourguignon croissoit en puissance, plus il irritoit la haine des princes du sang. Le jeune duc d'Orléans résolut de venger la mort de son pere. Le comte d'Armagnac dont il étoit le gendre, se joignit à lui ; & la France fut partagée entre ces deux factions des Bourguignons & des Armagnacs. Il se livra divers combats en divers endroits. Le duc de Bourgogne s'appliquant toujours à gagner la populace, avoit armé en sa faveur les bouchers de Paris, qu'on appelloit *cabochiens*, du nom de Caboche leur chef, & qui exercerent toutes sortes de violences. Les mêmes désordres regnoient dans les provinces : un vertige général paroissoit agiter tous les esprits. Le duc de Bourgogne se laissant emporter par l'envie démesurée de dominer, entreprit d'enlever le roi. Mais dès ce moment, la cour & une partie du peuple ne le regarderent plus que comme un traitre & un assassin. Il fut déclaré ennemi de l'état. Charles marcha en personne contre lui ;

le duc se soumit; trois fois la paix fut conclue, & trois fois elle fut violée.

Henri V, qui venoit de succéder à son pere à la couronne d'Angleterre, profita des calamités de la France pour rompre la trêve. Il vint s'emparer d'Harfleur, & remporta une victoire complette dans la plaine d'Azincourt, où sept princes & près de huit mille gentilshommes françois furent tués. Le connétable d'Albret, à l'ignorance duquel on attribua la perte de cette bataille, y périt. Le comte d'Armagnac eut après lui l'épée de connétable, & fut nommé surintendant des finances.

Le duc de Bourgogne s'étoit déjà lié secrettement avec Henri V, lorsque la reine, irritée de ce qu'on lui avoit enlevé un trésor amassé aux dépens du peuple, (pourquoi ne peut-on pas jetter sur tant d'horreurs consignées dans l'histoire, un voile que la main des hommes ne puisse jamais lever?) la reine se ligua contre l'état avec ce même duc, l'ennemi de son mari & de son fils Charles, troisieme dauphin. Elle établi à Amiens une cour souveraine de justice, pour tenir lieu du parlement : les lettres & les mandemens se faisoient en son nom. Alors tout fut double en France, parlement, grands-officiers, &c. Le duc de Bourgogne, introduit par un traître dans Paris, y fit un massacre horrible : les rues furent inondées de sang; le connétable, plusieurs évêques, plusieurs magistrats, une foule de citoyens furent égorgés.

Tandis que les provinces étoient également en proie aux horreurs de la guerre civile, Henri V s'empara de la Normandie. Mais le Bourguignon voyant le monarque anglois devenu trop puissant par cette conquête, ne rejetta point les propositions d'accommodement que lui fit faire le dauphin. Ils se virent sur le pont de Montereau; & dans cette entrevue le duc tomba percé de coups. (Il seroit encore aujourd'hui bien difficile de nommer le véritable auteur de ce meurtre.) La reine se joignit alors à Philippe *le bon*, fils & successeur du duc de Bourgogne. Le roi d'Angleterre vint les trouver à

Troyes, où se fit un traité, par lequel Henri devoit épouser Catherine fille du roi, gouverner la France, en qualité de régent, & succéder à Charles VI. De plus, il fut réglé qu'on poursuivroit vivement Charles *soi-disant dauphin*, regardé comme l'ennemi de l'état. Le prince anglois fit une entrée magnifique dans Paris, & y établit sa cour.

Le dauphin, à la tête des citoyens fideles, avoit transféré à Poitiers le parlement & l'université, & voyoit encore dans son parti les provinces qui sont au-delà de la Loire. La bataille de Baugé en Anjou, gagnée par le maréchal de la Fayette sur les anglois, en l'absence de Henri qui étoit retourné à Londres, ranima un peu le zele des amis de l'héritier du trône. Henri repassa la mer pour se venger de cette défaite, & vint mourir à Vincennes. Le malheureux Charles VI le suivit de près au tombeau : sa mort sauva la France.

Je ne puis m'empêcher ici de faire usage d'une réflexion très-judicieuse du président Henault. Quand on compare ces temps malheureux, on ne sauroit concevoir l'aveuglement des peuples. Ils abandonnent, sans le moindre murmure, les loix fondamentales de l'état à la fureur d'une reine déshonorée, & à l'imbécillité d'un roi sans volonté, tandis que dans d'autres temps, ils s'opposent avec véhémence à des dispositions sages, & qui sont faites pour les rendre heureux. Isabelle de Baviere est l'objet de la confiance des parisiens; & sous la minorité de Louis XIV, Anne d'Autriche est l'objet de leur haine. Sous Charles VI, les françois consentent à devenir sujets d'un roi d'Angleterre; & ils refusent de reconnoître Henri IV, leur légitime souverain. On fait des reliques du corps de Jacques Clément, assassin de Henri III; & celui de Colbert, le pere du commerce & des arts, court risque d'être déchiré à son enterrement. Sous Louis XIV, la tête de Mazarin est mise à prix; & le coadjuteur est l'ami du peuple.

Après la mort de Henri V, son fils Henri VI, enfant de neuf mois, fut proclamé à Paris roi de France, & le duc de Bedford son oncle, déclaré son tuteur, & régent du royaume pendant sa minorité. Les anglois, le duc de Bourgogne, & le duc de Bretagne qui s'étoit joint à eux contre sa propre inclination, paroissoient devoir anéantir la monarchie. Le roi légitime, qu'on appelloit encore *soi-disant dauphin*, Charles VII prit quelques places : mais il fut battu près de Verneuil par Bedford. Une brouillerie de peu de durée survint entre le régent & le duc de Bourgogne. On en profita, pour négocier un accommodement avec le duc de Bretagne, dont le frere, le comte de Richemont, fut fait connétable. Le comte de Dunois, depuis duc de Longueville & chef de cette maison, fils naturel de ce duc d'Orléans assassiné par ordre du duc de Bourgogne, se signala pour la premiere fois contre les anglois. Après les avoir battus, il leur fit lever le siege de Montargis. Mais Bedford vint avec de nouvelles troupes assiéger Orléans, pour s'ouvrir l'entrée des provinces méridionales.

Le sort de la monarchie alloit être décidé : Charles abattu par les rers, pensoit à se retirer en Dauphiné, lorsqu'une jeune fille, née de parens pauvres, à Domremi, près Vaucouleurs, vient le trouver à Chinon, & lui dit qu'elle est envoiée de Dieu pour faire lever le siege d'Orléans, & ensuite le faire sacrer à Rheims. Elle se met à la tête des françois, qu'elle remplit d'une nouvelle ardeur : dirigée par les conseils de Dunois, elle entre dans Orléans, bat plusieurs fois les anglois, & les force de se retirer. Après cet exploit décisif, cette héroïne presse le roi de venir se faire sacrer à Rheims, quoiqu'il fallût traverser quatre-vingt lieues de pays occupé par les anglois. Ils sont battus à Pataï, où le comte de Richemont fait prisonnier le fameux Talbot. Auxerre fournit des provisions ; Troyes, Châlons, Soissons, &c. se soumettent ; Rheims ouvre ses portes ; & Charles VII est sacré. La Pucelle vole delà à Compiegne qu'assiégeoit le duc de Bourgogne : Mais dans une sortie elle est blessée, & tombe entre les mains des anglois, qui la déshonorent, en la condamnant au feu comme forciere & hérétique.

Cependant le jeune Henri VI, pour ranimer son parti, quitta l'Angleterre, & vint se faire couronner à Paris. La fortune balança durant quatre années de guerre entre les royalistes & les anglois. Le roi signala sa valeur par la prise de Montereau. Il avoit jusqu'alors préféré le plaisir aux affaires, ne s'occupant que de fêtes & de galanteries. Sans doute il voulut effacer le souvenir de sa mollesse, en montant à l'assaut comme un soldat, & sautant un des premiers sur le rempart. Le duc de Bourgogne, choqué des hauteurs du duc de Bedford, & peut-être affligé dans le fond de son ame, des désastres de la France & des malheurs de sa propre maison, conclut la paix avec le roi à Arras. La reine mere mourut; & Paris, mécontent de la domination angloise, ouvrit ses portes à Charles, qui y fut reçu en triomphe.

A peine ce monarque commença-t-il à jouir de sa puissance, qu'il devint un autre homme. Il s'appliqua dès-lors au gouvernement de son royaume, & travailla avec succès au bonheur de la nation. Les affaires ecclésiastiques furent l'objet de ses premiers soins : il assembla le clergé à Bourges, où fut faite cette célèbre Pragmatique-Sanction, composée de plusieurs decrets du concile de Bâle, & par laquelle on rétablit l'usage des anciennes élections que faisoit le clergé, avec l'agrément du roi : on abolit les réserves, les expectatives, les annates, c'est à-dire, le droit que les papes s'étoient attribué de se réserver la collation d'un grand nombre de bénéfices, d'y nommer avant qu'ils fussent vacans, & d'en percevoir les revenus d'une année.

Charles voulut ensuite rétablir la discipline parmi les gens de guerre, qui exerçoient toujours leurs brigandages. Il se forma aussi tôt un parti de factieux, à la tête duquel étoit le dauphin, excité par le duc d'Alençon. Mais ce parti, nommé *la praguerie* fut dissipé en un instant par la vigueur du roi. Le dauphin se soumit & obtint sa grace.

Ici l'histoire fait mention d'un trait de générosité, qui, par-là même qu'il a été fait dans un siecle plein de trahisons, de perfidies & d'assassinats, n'en est que plus digne d'être admiré des belles âmes. Le duc d'Orléans, fils de celui qui avoit été assassiné, étoit prisonnier en Angleterre depuis la bataille d'Azincourt. Ce même Philippe *le bon*, duc de Bourgogne, nouvellement réconcilié avec le roi, étouffant la haine qui divisoit les deux maisons, obtint la liberté du duc d'Orléans, en payant sa rançon, & devint son ami.

Cependant Charles, à la tête de ses troupes, poursuivoit le cours de ses conquêtes. Il s'empara de Pontoise, où il acquit beaucoup de gloire, parcourut le Poitou, l'Angoumois, le Limousin, la Gascogne, & se rendit maître du comté de Comminge. On fit une trêve, durant laquelle il exécuta son projet de réforme militaire : il établit des troupes réglées ; & dans la vue de pourvoir à leur entretien, il rendit perpétuelle la taille que les peuples avoient commencé de payer, pour se délivrer des gens de guerre. En ce même temps, Gênes se donna à la France: république inconstante, qui, suivant les factions dont elle fut agitée, prit tour à tour pour ses maîtres presque tous les princes d'Italie.

La rupture de la trêve par les anglois fut le terme de nos disgraces. Charles, soit par lui-même, soit par ses généraux, s'empara successivement de la Normandie & de la Guienne, où périt le brave Talbot, & chassa du royaume les anglois, auxquels il ne restoit plus que Calais & Guines. Ainsi la France qui avoit perdu sous le roi Jean tout ce que Philippe-Auguste avoit conquis sur les anglois; qui s'en étoit remise en possession sous Charles V; qui l'avoit une seconde fois perdu sous Charles VI, le reprit sans retour sous Charles VII.

C'est ici, dit le président Hénault, l'époque de la réunion des pairies laïques anciennes à la couronne: ces pairies, quelle qu'en soit l'origine, existoient déjà sous Hugues Capet, vers l'an 992. Elles parurent dans toute leur éclat sous le regne de Philippe-

Auguste; & depuis ce prince, elles rentrerent successivement dans le domaine royal, d'où elles étoient sorties.

Le bonheur de Charles fut encore troublé par la révolte du dauphin, qui se retira en Dauphiné. Il y regna en souverain, & y créa le parlement de Grenoble. Mais sachant que le roi vouloit s'assurer de sa personne, il demanda un asyle au duc de Bourgogne, qui le reçut par générosité dans le Brabant, sans participer jamais à ses projets séditieux. Quelques années après, la crainte & le chagrin causerent la mort du roi, à qui l'on avoit persuadé que le dauphin vouloit le faire empoisonner.

1461. A peine vit-on sur le trône, sous le nom de *Louis XI*, ce prince d'un caractere dur, inquiet & méchant, qu'on ressentit les effets d'un gouvernement bizarre & despotique. Le premier fruit qu'en recueillit le nouveau monarque, fut la haine des grands & du peuple. Le comte de Charolois, fils de Philippe *le bon*, les ducs de Bretagne & de Bourbon, le comte de Dunois, le duc de Berri même, frere du roi, & plusieurs seigneurs, qui avoient été dépouillés de leurs charges, formerent une ligue qui eut pour prétexte le soulagement des peuples, & qui delà fut appellée *ligue du bien public*. Il se livra près de Montlhéri une bataille sanglante, où la victoire fut indécise. La paix se fit à Conflans : Louis accorda tout, espérant tout ravoir par ses intrigues, & céda la Normandie à son frere. Mais la division s'étant mise, comme il l'avoit prévu, entre le duc de Berri & le duc de Bretagne, il en profita pour reprendre la Normandie. Il voulut cependant justifier sa conduite à l'égard de son frere, & convoqua les états à Tours : il y fut arrêté, que la Normandie ne pouvoit se démembrer de la couronne, pour être donnée au frere du roi.

Le comte de Charolois étoit devenu, par la mort de son pere, duc de Bourgogne. Ce prince, si connu sous le nom de Charles *le téméraire*, ennemi irréconciliable de Louis XI, se plaignit de l'inexécution du traité de Conflans, & fit des préparatifs de guerre. Louis, suivant le conseil du cardinal Balue, évêque d'Evreux, eut l'imprudence de s'aboucher avec le duc à Peronne, en même temps qu'il travailloit secrettement à soulever les liégeois contre lui. Durant cette entrevue, Charles *le téméraire* apprit en effet la révolte des liégeois; & ne doutant point qu'elle ne fût l'ouvrage du roi, il le retint prisonnier, le força de conclure un traité qui lui fut très-avantageux, & de le suivre contre les liégeois qu'il soumit, après avoir exercé mille cruautés dans leur ville.

Louis desiroit de s'accommoder aussi avec le duc de Berri son frere. Il lui persuada de recevoir la Guienne pour son appanage, au lieu de la Champagne & de la Brie qu'il lui avoit promises. Peu de temps après, le nouveau duc de Guienne mourut empoisonné. Charles *le téméraire* publia aussi-tôt un manifeste, dans lequel il jetta des soupçons injurieux sur Louis XI. On croira sans doute, que celui qui avoit été accusé, non sans fondement, d'avoir tenté un parricide, pouvoit être soupçonné d'avoir hâté les jours de son frere.

La paix signée à Péronne avoit été déjà rompue. Charles se remit en campagne, & vint assiéger Beauvais, où les femmes ayant à leur tête la nommée *Jeanne Hachette*, combattirent vaillamment sur les remparts, & contribuerent beaucoup à faire lever le siege. Un nouveau traité fut conclu entre le roi & Charles : mais toutes leurs négociations n'étoient qu'un tissu de mensonges & de fourberies. L'un & l'autre reprirent bientôt les armes. Louis avoit alors traité secrettement avec les suisses : c'est la premiere alliance faite avec eux.

Les anglois étoient encore les plus redoutables ennemis de la France. Mais les révolutions qui les occupoient chez eux, avoient garanti le royaume de leurs invasions. Edouard IV, parvenu à la couronne, renouvella ses prétentions sur la Normandie & la Guienne, menaçant de repasser en France, si l'on ne s'empressoit de les lui restituer. Louis XI, qui préféra toujours les négociations aux batailles, parce qu'il comptoit moins sur ses armes que sur sa politique, acheta une tréve de sept années, au prix de cinquante mille écus d'or qu'il devoit lui payer tous les ans. Charles *le téméraire*, privé du secours des anglois, fit à son tour un traité avec le roi, & abandonna le connétable Louis de Luxembourg, comte de S. Paul, qui s'étoit jetté dans son parti. Louis qui, pour contenir & humilier les grands, aimoit à leur offrir des exemples éclatans de sa justice sévere, fit périr le connétable sur un échaffaud.

Bientôt après, le duc de Bourgogne, depuis long-temps animé contre les suisses, les attaqua, fut battu à Granson & à Morat, où le duc de Lorraine combattoit avec ces républicains, & fut tué sous les murailles de Nanci, dont il s'étoit obstiné à faire le siege, malgré la rigueur de la saison qui avoit presque détruit son armée. Ce duc n'ayant laissé qu'une fille, nommée *Marie*, une partie de ses états devoit, selon la loi des appanages, retourner à la couronne. La Bourgogne se soumit sans résistance : mais la Flandre & l'Artois se déclarerent pour la princesse. Louis, par une politique m entendue, ne voulut point marier le dauphin, avec Marie de Bourgogne, qui épousa Maximilien d'Autriche, fils de l'empereur Frédéric III, & lui apporta pour dot ces deux provinces avec la Franche-Comté. Ce mariage fut l'origine des querelles qui coûterent tant de sang à la France & à la maison d'Autriche, peu redoutable avant cette époque, & qui commença à devenir notre rivale. C'est ce qui fit dire à Louis XV étant à Bruges en 1745, en voyant les mausolées de Charles *le téméraire* & de Marie de Bourgogne: *Voilà le berceau de toutes nos guerres.*

Les actes de justice que faisoit Louis XI envers les grands, portoient toujours le caractere d'une cruauté odieuse. Jacques d'Armagnac, duc de Nemours, comte de la Marche, ayant été convaincu du crime de leze-majesté, fut exécuté aux halles de Paris. On vit ses enfans traînés sous l'échaffaud par l'ordre barbare de Louis XI, pour être arrosés du sang de leur pere. Ce seul trait décéle l'ame d'un Néron.

Cependant Maximilien fut à peine

marié, qu'il prit les armes contre la France, quoiqu'il fût encore très-foible: mais le roi n'aimoit pas la guerre, & fit une trêve avec lui. Bientôt après, il fut conclu entre Louis & Édouard un traité de trêve durant leur vie, & cent ans après la mort de l'un ou de l'autre Louis XI s'engageoit à payer à l'Angleterre cinquante mille écus par lui ou par ses successeurs, pendant cent ans, à compter du jour de la mort de l'un des deux. « Cette trêve, dit le président Hénault, doit être regardée comme un chef-d'œuvre en fait de politique. Premierement elle empêchoit Édouard de se joindre à Maximilien. En second lieu, en laissant tous les droits indécis, elle ne troubloit point les anglois dans leurs vaines prétentions sur la Normandie & les provinces qui sont au delà de la Loire: Elle donnoit cependant le temps aux françois de ces provinces de reprendre l'habitude de leur légitime dépendance, & à nos rois d'en profiter pour se fortifier, & se mettre enfin en état, comme il arriva sous Henri II, d'achever de reconquérir sur les anglois tout ce qu'ils avoient usurpé sur le royaume de France ».

Maximilien, quoique sans espoir de se liguer avec les anglois, reprit les armes contre Louis. La Franche-Comté lui fut enlevée en une campagne; & il se livra à Guinegate en Artois une bataille, où l'avantage fut égal de part & d'autre. On fit la paix à Arras: le mariage du dauphin avec Marguerite, fille de Maximilien, y fut arrêté. Cette princesse, âgée de quatre ans, devoit avoir l'Artois & la Franche-Comté pour dot, & fut amenée en France.

Peu d'années avant sa mort, Louis XI réunit à la couronne la Provence, que Charles, comte du Maine, dernier prince de la maison d'Anjou, lui laissa par testament, ainsi que ses droits sur le royaume de Naples & de Sicile. Il finit ses jours, dévoré de terreurs & de soupçons. L'objet principal de sa politique artificieuse avoit été d'abaisser les grands; & il y avoit réussi. Ce prince, quoique bien souvent injuste, veilla exactement à l'administration de la justice,

& encouragea le commerce. Il étoit rusé, mais cruel à l'excès : » avare par goût, dit le président Hénault, & prodigue par politique, méprisant les bienséances, incapable de sentiment, confondant l'habileté avec la finesse, préférant celle-ci à toutes les vertus, & la regardant, non comme le moyen, mais comme l'objet principal ; enfin, moins habile à prévenir le danger qu'à s'en tirer ; né cependant avec de grands talens dans l'esprit, &, ce qui est singulier, ayant relevé l'autorité royale, tandis que sa forme de vie, son caractere & tout son extérieur auroient semblé devoir l'avilir ». Ce fut lui qui établit l'usage des postes jusqu'alors inconnu. Il institua l'ordre de S. Michel, & fut le premier roi de France qui porta le titre de *roi très chrétien*, & auquel on donna celui de *majesté*. Il avoit fait élever le dauphin à Amboise, & n'avoit point voulu qu'on lui apprît d'autre latin que cette maxime : *qui nescit dissimulare nescit regnare* ; (qui ne sait pas dissimuler, ne sait pas regner).

1483. Charles VIII étoit âgé de treize

ans, lorsqu'il succéda à son pere. Anne de France sa sœur ainée, épouse de Pierre de Bourbon, seigneur de Beaujeu, devoit par le testament de Louis XI, avoir le gouvernement de la personne du roi, sans qu'il y eût de régent en France. Le duc d'Orléans, fils de celui qui avoit été fait prisonnier à la bataille d'Azincourt, prétendit avoir la principale autorité, en sa qualité de premier prince du sang. Mais les états-généraux, assemblés à Tours, confirmerent le choix de Louis XI.

Quelque temps après, le duc d'Orléans, toujours plein de ressentiment & mécontent de la dame de Beaujeu, se retira en Bretagne, se ligua avec le duc & Maximilien d'Autriche, élu roi des romains. Charles fit marcher contr'eux une armée commandée par la Trimouille, qui gagna la bataille de S. Aubin, où le duc d'Orléans fut fait prisonnier. Bientôt le duc de Bretagne mourut sans enfans mâles. On résolut de faire épouser au roi la princesse Anne qui en étoit l'héritiere. Le duc d'Orléans, à qui Charles avoit rendu la liberté, servit le roi avec zele dans cette négociation, quoiqu'il fût lui-même amoureux de la duchesse, & ne contribua pas peu au succès. Charles & Anne se céderent mutuellement leurs droits sur la Bretagne. Le roi renvoya à Maximilien sa fille Marguerite qu'il avoit déja fiancée, en lui restituant l'Artois & la Franche-Comté.

Tout étoit tranquille, lorsque le jeune monarque entraîné par l'amour des conquêtes étrangeres, voulut faire valoir ses droits sur le royaume de Naples, que les rois d'Arragon avoient usurpé sur la maison d'Anjou. Le Roussillon & la Cerdagne avoient été engagés à Louis XI pour trois cent mille écus d'or qu'il avoit prêtés. On rendit, sans exiger le remboursement de cette somme, ces deux provinces à Ferdinand *le catholique*, roi d'Espagne, pour qu'il gardât la neutralité dans cette guerre.

Charles passa en Italie, & fit en moins de six mois la conquête de tout le royaume de Naples. Mais il le perdit presqu'aussi-tôt, par la jalousie des princes italiens, ligués contre lui avec l'empereur Maximilien, l'Archiduc Philippe son fils, & Henri VII roi d'Angleterre. Le moteur de cette ligue fut Alexandre VI, pontife souillé de tous les crimes, qui avoit d'abord exhorté le roi à s'engager dans cette expédition. Forcé de revenir en France avec sept ou huit mille hommes seulement, Charles fut attaqué à Fornoue, prés de Parme, par une armée de trente mille hommes, contre laquelle il donna les plus grandes preuves de valeur, & qu'il défit en moins d'une heure. Cette victoire ne lui fut d'aucun avantage. Les troupes qu'il avoit laissées à Naples, furent bientôt chassées par Gonzalve de Cordoue, général de Ferdinand le *catholique*, qui avoit eu la perfidie de se mêler de cette guerre, aussi-tôt que Charles étoit parti pour l'Italie.

Malgré le peu de succès de cette entreprise, on vouloit en tenter une seconde, pour reconquérir le royaume de Naples, ou du moins pour s'emparer de Gênes qui s'étoit soustraite à la domination françoise. Mais le roi, dont la santé étoit depuis long-temps chancelante, mourut âgé de vingt-huit ans. *Il étoit si bon*, dit Comines, *qu'il n'est pas possible de voir une meilleure créature.* Il avoit eu d'Anne de Bretagne quatre enfans, tous morts en bas âge. En lui finit la premiere branche de cette maison, ou, si vous voulez, la branche proprement dite *des Valois.*

Je suis, &c.

A Marseille, ce 20 *Mai* 1759.

LETTRE CCCLXXVIII.

Suite de la France.

CE même duc d'Orléans qui, dans la fougue de sa jeunesse, avoit pris les armes contre Charles VIII, lui succéda à l'âge de trente-six ans, sous le nom de Louis XII. Il étoit fils, comme je l'ai déjà dit, de Charles, duc d'Orléans, qui fut fait prisonnier à la bataille d'Azincourt, petit-fils de Louis duc d'Orléans, assassiné par ordre du duc de Bourgogne, & arriere-petit-fils de Charles V. Son regne fut un des plus heureux pour la France; & ce roi généreux, équitable, humain, bienfaisant, digne d'être à jamais le modele de tous les rois, reçut de la nation le plus beau titre qui puisse flatter un grand prince, celui de *pere du peuple*.

La premiere marque qu'il donna de son désintéressement & du desir qu'il avoit de faire naître l'abondance dans le royaume, fut d'acquitter de ses propres deniers les frais des funérailles de son prédécesseur, ceux de son sacre & de son couronnement, & d'exempter ses sujets du don qu'ils étoient dans l'usage de faire à chaque nouveau monarque, pour le joyeux avénement à la couronne. Il ne donna pas une moins grande preuve de son discernement, en mettant à la tête du conseil qu'il se forma, le cardinal d'Amboise, ministre aussi zélé que modeste, qui, durant toute sa vie, n'eut constamment en vue que la gloire du roi & le bonheur de l'état. Quelques courtisans ayant tenté d'inspirer à Louis des sentimens de vengeance contre les seigneurs qui lui avoient été les plus contraires sous le regne précédent, & particulierement contre la Trimouille qui l'avoit fait prisonnier à la bataille de S. Aubin : *Le roi de France*, répondit-il, *ne venge pas les injures du duc d'Orléans.*

Occupé uniquement de faire le bonheur de son peuple, Louis, dès la premiere année de son regne, diminua les impôts d'un dixieme, ensuite d'un tiers, & enfin de plus de moitié.

moitié. Ses regards se porterent en même temps sur les abus qui s'étoient glissés dans l'administration de la justice; & il travailla efficacement à les extirper. On le vit plusieurs fois aller au parlement pour exhorter cette compagnie à ne point laisser trainer en longueurs, le jugement des causes portées à son tribunal. Dès lors les formes de la procédure furent abrégées; la justice rendue promptement & presque sans frais; les charges de judicature données seulement à des hommes qui, après avoir fait preuve de leur science dans la législation, s'étoient montrés capables de les remplir avec honneur; le grand-conseil (c'étoit le conseil d'état) reçut une forme stable & permanente; la cour souveraine de Normandie, dite *l'échiquier*, fut érigée en parlement; un autre fut établi en Provence: enfin la justice ne fut jamais administrée avec autant de rigueur & d'exactitude que sous ce prince: témoin cet édit célébre, par lequel il est ordonné *qu'on suive toujours la loi, malgré les ordres contraires à la loi, que l'importunité pourroit arracher du monarque :* édit bien digne du souverain qui, après avoir mérité de la part de ses sujets le surnom de *pere du peuple*, mérita, de la part des étrangers même, celui de *juste* ! Etant roi, disoit-il, je suis protecteur des loix, & par là obligé de les faire observer, aux dépens même de mes meilleurs amis.

Au milieu de tous ces soins, si propres à assurer la fortune & la tranquillité des peuples, Louis ne manqua point de réprimer les excès des étudians de l'université, & de réformer les abus qui s'étoient introduits dans cette école. Mais un objet non moins essentiel sans doute devoit fixer l'attention & la vigilance du monarque. La discipline militaire s'étoit extrêmement énervée sous le dernier regne. Les gens de guerre avoient recommencé leurs violences & leurs brigandages contre les citoyens & les laboureurs. Louis rendit contre eux des ordonnances séveres, qui furent ponctuellement exécutées. Il fit même un exemple sur quelques-uns des plus licentieux; & la discipline fut rétablie dans toute sa vigueur.

Après avoir rectifié ou perfectionné ces différentes parties de l'administration, Louis s'occupa d'une affaire sérieuse qui intéressoit tout l'état. A la mort de Charles VIII, la reine Anne s'étoit remise en possession de la Bretagne, en vertu du traité conclu, lors de son mariage, avec les états de cette province. Mais dans le même traité, il avoit été arrêté, que si le feu roi mouroit sans enfans avant la duchesse, elle épouseroit son successeur. Louis étoit marié depuis long temps avec Jeanne de France, fille de Louis XI, princesse vertueuse, mais difforme, de laquelle on n'avoit pas lieu d'attendre un héritier du trône. Il l'avoit épousée avec des protestations de la violence que Louis XI lui avoit faite. A la mort de ce roi, il avoit demandé à la cour de Rome la dissolution de son mariage, qu'il auroit vraisemblablement obtenue sans les oppositions de la dame de Beaujeu. Enfin il étoit de la plus grande importance pour la nation, que la Bretagne ne fût point détachée de la France. Ainsi en songeant à faire casser son mariage, pour épouser la duchesse, Louis consultoit moins son ancienne inclination que la justice & la raison d'état.

Le pape Alexandre VI, qui vouloit former dans la Romagne un état considérable pour Cesar Borgia, son fils naturel, trouva son intérêt à favoriser le roi dans une affaire si délicate. Tout ce que le pontife desiroit pour parvenir à ses fins, lui fut accordé. Louis promit un secours de troupes, & donna à Borgia le duché de Valentinois. Trois commissaires du pape vinrent en France : le roi affirma en leur présence que ce mariage n'avoit point été consommé, ni ne pouvoit l'être. Après un examen juridique, la sentence de divorce fut prononcée, & le roi épousa Anne de Bretagne.

Le bonheur des françois paroissoit devoir être inaltérable, & le royaume devenir plus florissant que jamais sous un roi tel que Louis XII. Mais malheureusement il avoit sur le duché de Milan, usurpé par les Sforces, des droits que lui avoit transmis Valentine Visconti sa grand'mere :

avoit sur le royaume de Naples ceux que le dernier prince de la maison d'Anjou avoit cédés à Louis XI; & il crut que l'honneur de sa couronne & l'intérêt de sa propre gloire l'obligeoient à les faire valoir par les armes. Une expédition en Italie fut donc résolue. Après avoir fait divers traités avec les puissances qui auroient pu traverser cette entreprise, il envoya au-delà des Alpes une armée commandée par Trivulce. Le Milanès & l'état de Gênes furent conquis en vingt jours. Louis alla faire son entrée à Milan où il fut reçu en triomphe, & où il traita les habitans avec beaucoup de douceur & d'humanité. A peine fut-il sorti de l'Italie, que Ludovic Sforce reprit le Milanès. Mais les françois, commandés par la Trimouille, le lui enleverent presqu'aussitôt. Le duc fut amené en France où il mourut au bout de dix ans de captivité.

Cette conquête devoit entrainer presque d'un seul coup celle du royaume de Naples. Louis & Ferdinand le *catholique* convinrent par un traité secret, de partager ce royaume. Il fut entierement conquis par ces deux puissances, en moins de quatre mois. Mais le partage qui en fut fait, devint la cause d'une guerre ouverte. Frédéric, roi de Naples, avoit demandé & obtenu un asyle en France. Les troupes françoises eurent d'abord l'avantage sur les espagnols. On entra en négociation: on en vint même jusqu'à faire un traité à Lyon, par lequel Louis devoit se dessaisir du royaume de Naples, & Ferdinand des duchés de Calabre & de la Pouille. Les deux rois envoyerent ordre à leurs généraux de ne rien entreprendre. Mais le perfide Ferdinand écrivit secretement à Gonzalve, de n'avoir point égard à ses ordres. Ce général battit les françois à Cérignoles, où le duc de Nemours fut tué, & ensuite au passage du Garillan, où le célèbre Bayard, surnommé le chevalier *sans peur & sans reproche*, arrêta lui seul deux cents espagnols à la barriere d'un pont. Les parjures ne coûtoient rien à Ferdinand. Louis se plaignit de ce qu'il l'avoit trompé deux fois. *Deux fois*, répondit le monarque espagnol, *par Dieu, il a bien menti, l'ivrogne, je l'ai trompé plus de dix.*

Enfin la paix se conclut définitivement à Blois. Louis confirma la promesse qu'il avoit faite de donner en mariage à Charles d'Autriche, petit-fils de l'empereur Maximilien (depuis Charles - Quint), Claude de France, sa fille ainée, qui devoit avoir pour dot la Bretagne, la Bourgogne, Milan & Gênes. Mais les états généraux assemblés à Tours l'année suivante, représenterent au roi les maux qu'alloit causer à la France un tel démembrement, & le supplierent, au nom de toute la nation, d'accorder la princesse à François, comte d'Angoulême, héritier présomptif de la couronne. Les députés des états de Bretagne joignirent leurs prieres à celles des états de la France. Le roi, sur l'avis de son conseil, se rendit à leurs représentations ; & la princesse Claude fut fiancée au comte d'Angoulême. C'est dans cette brillante & nombreuse assemblée, que Louis XII reçut unanimement le glorieux titre de *pere du peuple.*

Jules II, pontife guerrier, d'un caractere fier & impétueux, homme né avec de grands talens, dit le Pere Daniel, pour le gouvernement de tout autre état que celui de l'église, dévoré de l'ambition de conquérir toute l'Italie, & d'y regner sans rival; Jules qui, par les secours que lui avoit fournis Louis XII, venoit de s'emparer de Perouse & de Boulogne, alluma le feu de la révolte dans Gênes. Le roi, après avoir pris vainement toutes les voies de la douceur, pour ramener les rebelles à leur devoir, repassa les monts; entra dans leur ville en vainqueur & leur pardonna. Il avoit fait représenter sur sa cotte d'armes un essaim d'abeilles qui environnoient leur roi, avec cette devise : *Non utitur aculeo re cui paremus.* (*Le roi auquel nous obéissons, ne fait point usage de son aiguillon.*)

La république de Venise, dans son origine, composée de pêcheurs, s'étoit considérablement agrandie aux dépens de ses voisins, & pouvoit être comptée au nombre des puissances les plus formidables. L'Europe se réunit pour l'écraser & la dépouiller. Le pape, l'empereur, le roi de France, le roi d'Espagne & d'autres princes d'Italie formerent la fameuse ligue de Cambrai. Louis, impatient de combattre, passa en Italie à la tête de son armée, & remporta une victoire complette sur les Vénitiens, dans les plaines d'Agnadel. Le pape se voyant alors maître de la Romagne, & craignant que les françois ne s'établissent en Italie, leur suscita des ennemis, & se ligua contre eux avec le roi d'Espagne, les vénitiens, Henri VIII, roi d'Angleterre & les suisses. On vit aussi tôt ce pontife à la tête des armées, presser vivement la guerre contre le duc de Ferrare, allié de la France : il manqua deux fois d'être pris, dans Boulogne par Chaumont, & dans la petite ville de S. Felix par Bayard.

Louis, plein de respect pour le Saint-Siege, ne prit les armes qu'après avoir consulté le clergé de son royaume, qui décida que la guerre étoit légitime. Jules, loin d'être effrayé aux approches de l'armée françoise, assiégea la Mirandole, combattant en soldat, montant à la breche, & s'en empara. Le roi & l'empereur le firent citer à un concile général, convoqué à Pise. Jules de son côté en convoqua un au palais de Latran.

Cependant Bayard défit les troupes des confédérés. Trivulce, après avoir pris Boulogne, mit en déroute l'armée du pape & des vénitiens. Les espagnols vinrent assiéger cette ville. Gaston de Foix, duc de Nemours, neveu de Louis, les força de se retirer, courut ensuite au secours de Bresse qu'il reprit sur les vénitiens, & tailla en pieces les espagnols à Ravenne. Mais ce sage & vaillant général, après avoir fait des prodiges de valeur, secondé de Bayard, voulut envelopper un reste d'Espagnols qui se tenoient en bon ordre, & fut tué à l'âge de vingt-trois ans. A la nouvelle de sa mort, Louis XII s'écria : *Je voudrois n'avoir pas un pouce de terre en Italie, & pouvoir à ce prix faire revivre mon neveu Gaston de Foix, & tous les braves hommes qui ont péri avec lui.* Trivulce prit le commandement de l'armée françoise.

Mais il ne put empêcher que les suisses ne fondissent sur le Milanès qu'on fut forcé d'évacuer. L'empereur trahit la France qu'il avoit souvent trompée ; & Ferdinand enleva le royaume de Navarre à Jean d'Albret, parent & allié de Louis.

Sur ces entrefaites le pape mourut. Les françois, devenus les alliés des vénitiens, & commandés par la Trimouille, rentrerent dans le Milanès, qui bientôt après fut repris par les suisses. Les inconstans & séditieux génois se révolterent de nouveau. Henri VIII fit en même temps une irruption en Picardie, ayant avec lui l'empereur Maximilien à sa solde, & qui ne rougissoit pas d'en recevoir pour sa table un écu par jour. Les françois furent mis en déroute à Guinegate (*la journée des éperons*) : Therouenne & Tournai furent pris, & Dijon assiégé par les suisses. Heureusement la Trimouille gouverneur de la Bourgogne, eut l'adresse de traiter avec eux.

Durant ces revers, Louis perdit la reine, & devint l'époux de la sœur du roi d'Angleterre, avec lequel il se ligua. Il s'étoit racommodé avec Léon X, successeur de Jules, en renonçant au concile de Pise, & en reconnoissant celui de Latran : il se voyoit en état de réparer ses malheurs, lorsqu'il fut enlevé aux vœux de ses sujets. A sa mort, les *crieurs des corps*, en sonnant leurs clochettes, crioient : *Le bon roi Louis, pere du peuple, est mort*. Il avoit diminué, comme je l'ai déja dit, les impôts de plus de moitié ; & il n'exigea jamais de nouveaux subsides pour les dépenses de la guerre. Il employa, il est vrai, la ressource dangereuse & jusqu'alors inconnue de la vénalité des charges : mais il ne l'étendit point aux charges de judicature. Son économie, qu'on trouvoit mal placée & mal entendue, fut l'objet des plaisanteries & de la critique des courtisans : mais ce pere du peuple disoit à ce sujet : *J'aime mieux voir les courtisans rire de mon avarice, que de voir mon peuple pleurer de mes dépenses*. Il ne laissa point d'enfans mâles, & fut le seul prince de la seconde branche des *Valois*, qu'on peut appeller la branche *des Valois-Orléans*.

C'est ce qui m'engage à terminer ici cette lettre, en renvoyant à la suivante ce que j'ai à dire de la troisieme branche de cette maison.

Je suis, &c.

A Marseille, ce 23 Mai 1759.

LETTRE CCCLXXIX.

Suite de la France.

François I, en sa qualité de premier prince du sang, succéda à Louis XII, dont il avoit épousé la fille. Il étoit fils de Charles, comte d'Angoulême; petit-fils de Jean, comte d'Angoulême, qui fut fait prisonnier avec Charles son frere aîné, duc d'Orléans, à la bataille d'Azincourt; & arriere petit-fils de ce duc d'Orléans assassiné, qui étoit fils du roi Charles V. Ainsi vous voyez, Madame, que ce prince étoit de la branche cadette d'Orléans. Vous pourrez donc appeller cette troisieme branche *des Valois*, qui commença en lui, la branche des *Valois-Orléans-Angoulême*, ou simplement la branche des *Valois-Angoulême*.

Ce jeune monarque, plein de talens, de courage & de grandeur d'ame, à qui, suivant le président Henault, il ne manqua, pour être le premier prince de son temps, que d'être heureux, résolut de profiter des préparatifs d'une nouvelle expédition en Italie, qu'avoit faits Louis XII. Mais comme il avoit besoin d'argent, le chancelier Duprat lui conseilla de vendre les charges de judicature. Cette vénalité s'établit par le fait plutôt que par le droit; car, comme l'observe l'auteur que je viens de citer, nous ne connoissons point de loi à ce sujet de ce temps-là; & même long-temps depuis François I, on faisoit encore serment au parlement de n'avoir pas acheté son office.

François ayant passé les Alpes, pénétra dans le Milanès, où il fut tout-à-coup attaqué par trente-six mille suisses, près de Marignan. On combattit avec le plus vif acharnement durant deux jours entiers. Le maréchal de Trivulce, qui s'étoit trouvé à dix-huit batailles, dit que celle-ci étoit un *combat de géans*, & les autres des jeux d'enfans. Les suisses furent défaits, & perdirent plus de dix mille hommes. François I y fit des prodiges de valeur, & acquit la réputation du plus vaillant prince de l'Europe. La veille de cette bataille, il s'étoit fait armer chevalier par Bayard, & avoit passé la nuit sur un affût de canon, à cinquante pas d'un bataillon ennemi. Cette victoire le rendit maître du Milanès, dont Maximilien Sforce lui fit cession.

La paix se fit à Noyon avec Charles-Quint, qui venoit de succéder à son grand-pere Ferdinand, roi d'Espagne. Le pape, effrayé des succès du roi, traita aussi avec lui. Ils se virent à Boulogne, où furent jettés les fondemens du concordat qui fut confirmé l'année suivante au concile de Latran. Par ce traité, la nomination aux évêchés & aux abbayes fut accordée au roi qui devoit présenter au pape les sujets nommés; les réserves & les expectatives abolies d'une part; & de l'autre, la supériorité du concile général sur le pape, passée sous silence : les élections canoniques furent de nouveau supprimées, & les annates rendues à la cour de Rome; car on étoit convenu de ce point, sans l'insérer dans le concordat ; & il a toujours subsisté depuis. Ce traité essuya en France les plus fortes oppositions de la part du clergé, de l'université & du parlement : mais il fut publié & reçu par un ordre absolu du roi.

En ce même temps Luther commençoit à répandre sa nouvelle doctrine. Ce moine, de l'ordre de Saint-Augustin, jaloux de ce que Léon X avoit fait prêcher aux dominicains des indulgences en Allemagne, invectiva contre l'église, & n'épargna point les dogmes de la foi.

François I avoit conclu un traité de *paix perpétuelle* avec les suisses, qui en effet sont toujours restés fermes dans notre alliance. Mais il vit un redoutable ennemi dans Charles-Quint, qui venoit d'être élu empereur, après la mort de Maximilien son ayeul. Le roi de France avoit ambitionné le trône impérial ; & il ne pardonna jamais à son concurrent de lui avoir été préféré. Son premier soin fut de s'attacher Henri VIII, roi d'Angleterre. Il eut avec ce monarque une entrevue, près de Calais, appellée *le camp de drap d'or*, parce que François I avoit une tente de drap d'or. Mais Charles-Quint passant par Douvres, pour aller se faire couronner en Allemagne, avoit rompu d'avance toutes les mesures du roi, en gagnant le cardinal Volsey, tout puissant à la cour de Londres ; & cette entrevue se passa en fêtes & en divertissemens.

Les animosités ne tarderent pas à éclater entre les deux monarques rivaux, qui en vinrent à une guerre ouverte. Ce fut d'abord une alternative de bons & de mauvais succès. On vit les françois conquérir la Navarre qu'ils perdirent presqu'aussi-tôt ; Charles-Quint prendre Mouzon, que le roi reprit bientôt après ; Bayard faire lever le siege de Mézieres ; l'amiral Bonivet s'emparer de Fontarabie, que les espagnols ne tarderent pas à reprendre ; les impériaux se rendre maîtres de Tournai, & le roi dédommagé de cette perte par la prise d'Hesdin. Mais le Milanès nous fut enlevé par les intrigues de Leon X, & par les secours de

Charles Quint, qui vouloit y rétablir François Sforce, frere du dernier duc.

Ce revers fut suivi d'une ligue formée contre la France par le pape Adrien VI, successeur de Leon X, l'empereur, l'Angleterre, Ferdinand archiduc d'Autriche, le duc de Milan, les vénitiens, les florentins & les génois. Pour surcroit de malheur, la duchesse d'Angoulême, mere de François I, piquée du refus qu'elle avoit essuyé de la part du connétable de Bourbon, à qui elle avoit fait des propositions de mariage, lui suscita un procès, dont la perte le priva d'une grande partie de ses biens. Ce prince furieux se retira auprès de Charles-Quint, qui lui donna le commandement de ses armées.

Une ligue si formidable n'ébranla pas le courage de François I. La révolte du connétable l'engagea à rester dans le royaume; & il se contenta d'envoyer l'amiral Bonivet en Italie. Les françois se défendirent vigoureusement en Picardie, en Flandre & du côté de l'Espagne. Les impériaux & les anglois furent partout repoussés par le duc de Guise, le duc de Vendôme & le sire de la Trimouille. Mais Bonivet fut battu dans le Milanès par le duc de Bourbon. Là périt le brave Bayard : il étoit sur le point d'expirer, lorsque le duc de Bourbon arriva, & lui témoigna son estime & sa compassion. *Ce n'est pas moi qui suis à plaindre*, lui répondit ce digne chevalier ; *je meurs en homme de bien. Mais j'ai pitié de vous, qui combattez contre votre roi, votre patrie & vos sermens.* Après cette victoire, le duc de Bourbon vint avec le marquis de Pescaire faire le siege de Marseille, qu'il fut forcé de lever.

Ces mauvais succès ne rebuterent point François I. Il repassa les monts, & rentra dans le Milanès. Dirigé par les conseils de Bonivet, il assiégea Pavie, contre le sentiment des vieux capitaines, & affoiblit son armée par deux détachemens qu'il fit vers Naples & vers Savonne. Le duc de Bourbon vint l'attaquer. François combattit comme un lion, & fut fait prisonnier. *Madame,* écrivit il à

DE LA FRANCE. 141

la duchesse d'Angoulême, *tout est perdu, hormis l'honneur.* Bonnivet se fit tuer de désespoir dans cette bataille. Le connétable qui l'avoit toujours regardé comme son ennemi personnel, dit en le voyant mort : *Ah malheureux ! tu es cause de la ruine de la France & de la mienne.*

Charles-Quint ne vouloit rendre la liberté à son illustre prisonnier qu'aux conditions les plus dures & les plus odieuses. François I fit éclater la grandeur de son ame, en protestant qu'il finiroit ses jours en prison, plutôt que de les accepter. Enfin on conclut à Madrid un traité, par lequel le roi cédoit la Bourgogne & ses droits de suzeraineté sur l'Artois, la Flandre, &c. Charles-Quint avoit demandé pour ôtages les deux enfans de France, ou un nombre de nos plus grands capitaines. La duchesse d'Angoulême, qui étoit régente du royaume, montra un courage d'esprit extraordinaire, & fit un coup très habile : elle envoya les deux jeunes princes, pour ne pas priver la France des guerriers qui en étoient la seule ressource. Un ambassadeur de Charles-Quint vint bientôt après demander la ratification du traité de Madrid. Le roi, pour toute réponse, le fit assister à l'audience des députés de Bourgogne, qui déclarerent à sa majesté, qu'ils ne consentiroient jamais à la cession qu'elle avoit faite de cette province.

Le pape Clément VII, François I, Henri VIII & les vénitiens venoient de se liguer, pour empêcher Charles-Quint de s'emparer du duché de Milan. Mais le duc de Bourbon, à qui l'investiture en avoit été promise, se hâta d'en achever la conquête, & alla mettre le siege devant Rome: il y périt, âgé de trente-huit ans, en donnant l'assaut. La révolte du connétable, si fatale à la France, dit le président Hénault, & les entreprises des Guises, qui porterent leurs vues jusqu'à la couronne, apprennent aux rois, qu'il est également dangereux de persécuter les hommes d'un grand mérite, & de leur laisser trop d'autorité.

La guerre se fit en Italie avec un nouvel acharnement. Lautrec força les impériaux de conclure avec le

[...]pe, investi dans le château Saint-[A]nge, & d'évacuer l'état ecclésiasti[q]ue. Il soumit Genes, saccagea Pa[v]ie, en mémoire de la défaite & de [la] prison du roi, & assiegea Naples. [M]ais cette ville fut délivrée, & le [M]ilanès ne fut point conquis. Fran[ç]ois & Charles-Quint se donnerent [d]es défis mutuels, indignes de la [m]ajesté royale; & bientôt après, la [p]aix se fit à Cambrai. Les plénipo[t]entiaires furent deux femmes; la [d]uchesse d'Angoulême pour Fran[ç]ois I, & Marguerite d'Autriche, [g]ouvernante des Pays-Bas, pour [C]harles-Quint. L'empereur se désista [d]e ses poursuites sur la Bourgogne. [L]e roi renonça à toute souveraineté [sur] la Flandre & sur l'Artois, & pro[m]it deux millions d'écus d'or pour la [ra]nçon de ses enfans. Peu de temps [ap]rès, la Bretagne fut réunie à la [c]ouronne.

Le luthéranisme avoit fait alors [d]es progrès très-rapides en Allema[gn]e: plusieurs états s'étoient séparés [du] S. Siege. Il fut rendu dans la [di]ete de Spire, un decret en faveur [de] la religion romaine. Les luthériens protesterent contre ce decret, & prirent delà le nom de *protestans*.

Cependant François Sforce étant mort, le roi qui, par le traité de Cambrai, n'avoit fait la cession du Milanès qu'en sa faveur, déclara hautement ses prétentions, & ralluma la guerre. Charles-Quint avoit la folle ambition de conquérir la France, se flattant de commencer par ce grand exploit l'établissement de cette monarchie universelle qu'un amour-propre non moins aveugle qu'excessif lui représentoit comme possible. Il fit une irruption en Provence, dont le perfide marquis de Saluces lui ouvrit les portes : mais il en fut chassé par le connétable Anne de Montmorenci. Les flamands qui étoient entrés en Picardie, eurent le même sort. On vit alors une chose assez remarquable par sa singularité. L'orgueilleux Charles-Quint, ce fier & puissant empereur, maitre de tant de royaumes, fut cité à Paris comme un vassal coupable de félonie, & ajourné à la cour des pairs, sous prétexte qu'il avoit violé le traité de Cambrai, que par conséquent il avoit rendu

rendu nulle la cession des droits de suzeraineté sur la Flandre & l'Artois; le parlement, où se trouverent les princes & les pairs, déclara *Charles d'Autriche* atteint notoirement de rébellion & de félonie, & ses comtés de Flandres & d'Artois confisqués & réunis à la couronne. On juge bien qu'un pareil arrêt n'épouvanta gueres Charles-Quint. Mais l'alliance que François I conclut avec Soliman empereur des Turcs, diminua son éloignement pour la paix; & il signa une trêve de dix ans.

Les gantois s'étant révoltés contre l'empereur, celui-ci demanda le passage en France, pour aller les soumettre. Le roi le lui accorda, à condition qu'il donneroit l'investiture du Milanès. Charles-Quint engagea sa parole : mais à peine fut il arrivé en Flandre, qu'il ne craignit pas de dire hardiment qu'il n'avoit rien promis. Le roi, irrité de cette perfidie, apprenant en même temps que deux ambassadeurs qu'il avoit envoyés à Venise & à Constantinople, venoient d'être assassinés en chemin par l'ordre du marquis de Guasto, Gouverneur du Milanès, ne balança pas à rompre la trêve. Cinq armées françoises furent aussitôt sur pied. Le duc d'Orléans, second fils du roi, fit des conquêtes en Flandre: mais le dauphin Henri échoua au siege de Perpignan. Le comte d'Enguien, frere d'Antoine de Bourbon, qui dans la suite devint roi de Navarre, fut pareillement obligé de lever celui de Nice. Mais l'année suivante, il gagna la fameuse bataille de Cerizoles en Italie, dans laquelle le brave Montluc, gentilhomme gascon, officier subalterne, se signala autant par la sagesse de ses conseils, que par son courage & sa valeur. Henri VIII, piqué contre le roi, à cause des confidences qu'il avoit faites indiscrettement à l'empereur, s'étoit ligué avec celui-ci, & s'empara de Boulogne. Bientôt l'empereur vint jusqu'à Soissons: mais on négocia de nouveau avec lui; & la paix se fit à Crépi. Charles-Quint, en signant ce traité, promit au duc d'Orléans les Pays Bas ou le Milanès avec sa fille. La mort de ce jeune prince le déchargea de cette obligation.

Sur ces entrefaites, Calvin, chanoine de l'église de Noyon, dont la doctrine étoit différente en quelques points de celle de Luther, voyoit grossir, dans toute l'étendue du royaume, la foule de ses ardens sectateurs, qui prirent, comme les luthériens, le nom de *protestans*. Les habitans de Cabrieres, petite ville du comtat, & ceux de Merindol, gros bourg de Provence, qui conservoient les erreurs des anciens vaudois, adopterent les nouvelles opinions. Le parlement d'Aix rendit contre eux un arrêt barbare, dont l'exécution fut suspendue. Mais le premier président d'Oppéde les peignit des plus noires couleurs. Le cardinal de Tournon, qui étoit à la tête des affaires, fut trompé par les accusations dont on les chargeoit : le roi ordonna l'exécution de l'arrêt ; & ces malheureux devinrent les tristes victimes des plus horribles cruautés. La guerre avoit continué entre la France & l'Angleterre avec divers succès de part & d'autre. On venoit de conclure la paix, lorsque Henri VIII mourut. François I ne lui survécut

G 2

que deux mois. Ce monarque partagea avec Leon X la gloire d'avoir fait fleurir les sciences & les arts dans l'Europe, & mérita qu'on lui donnât le titre de *restaurateur des lettres*. Il avoit de grandes qualités soit du cœur soit de l'esprit ; mais il ne les fit jamais mieux éclater que dans l'adversité. Sur la fin de son regne, lorsqu'il eut perdu le goût des plaisirs, il s'appliqua sérieusement aux affaires, & vint à bout de les rétablir. Il créa un troisieme maréchal de France, & en ajouta même un quatrieme, déclarant toutefois que ce grade n'étoit à l'égard de celui qu'une expectative pour remplacer un des trois qui manqueroit : le nombre n'en fut plus fixe dans la suite. Le président Henault remarque à ce sujet, que jusqu'à ce regne ce n'étoit que des commissions, & que François I les créa à vie.

1547. Henri II, son fils & son successeur eut la bonne politique de prévenir le mariage projetté du jeune Edouard, roi d'Angleterre, avec Marie Stuart, reine d'Ecosse. Il attira en France cette princesse, qui fut ensuite mariée au dauphin. Cette même année Jeanne d'Albret, fille unique de Henri, roi de Navarre, & de Marguerite, sœur de François I, épousa Antoine de Bourbon, qu'elle fit roi de Navarre.

Les princes d'Allemagne étoient depuis quelque temps révoltés du despotisme de Charles-Quint. Ils se liguerent pour défendre la liberté germanique; & Henri s'unit à eux. Le monarque françois étant entré dans la Lorraine, s'empara de Metz, Toul & Verdun, trois évêchés sur lesquels il avoit des droits très-anciens & très-bien prouvés. Mais il fut tout à coup abandonné de ses alliés qui firent la paix ; & les ravages qu'exerçoit sur les frontieres de Picardie Marie d'Autriche, reine de Hongrie, sœur de Charles-Quint & gouvernante des Pays Bas, le rappellerent en France.

L'empereur voyant l'Allemagne tranquille, vint assiéger Metz, avec l'armée la plus nombreuse qu'il eût jamais mise en campagne. François de Lorraine, duc de Guise, dont le pere, second fils de René, duc de

G 3

Lorraine, étoit venu s'établir en France, défendit vigoureusement cette place, à la tête de presque toute la haute noblesse du royaume. L'empereur, forcé de se retirer après soixante-cinq jours de siege, alla épuiser sa vindicative fureur sur Therouenne, ville forte des Pays-Bas, qu'il prit d'assaut & fit raser de fond en comble : le nom seul en est resté. La ville de Hesdin nous fut aussi enlevée par Emmanuel Philibert de Savoie, général de Charles-Quint, & l'un des plus grands généraux de son siecle. L'année suivante, Henri ravagea le Brabant, le Hainaut, le Cambresis, & défit l'empereur à la bataille de Renti. Mais les françois échouerent en Italie, faute de secours assez considérables : ils furent battus à Marciano, & perdirent Sienne après un siege de dix mois, soutenu par le brave Montluc.

Bientôt le système politique changea par la retraite de Charles Quint, qui, au grand étonnement de toute l'Europe, se jetta dans un monastere, laissant la couronne d'Espagne à Philippe II son fils, & l'empire à Ferdinand son frere, déja élu roi des romains. Les papes de la maison de Médicis avoient fait leurs parens ducs de Toscane: Paul III, qui avoit été marié avant de prendre les ordres sacrés, avoit donné Parme & Plaisance à son fils Farnése. Les Caraffés voulurent de même, sous le pontificat de Paul IV, tenter de mettre une principauté dans leur maison. Ce pape proposa une ligue à Henri II, pour conquérir conjointement le royaume de Naples, & se le partager. Le roi l'accepta, malgré les sages remontrances du connétable de Montmorenci, du cardinal de Tournon, & du maréchal de Brissac. Il y fut engagé par le cardinal de Lorraine, qui ambitionnoit, dit-on, le pontificat, & par le duc de Guise, son frere, qui devoit commander l'armée. Ce général en effet fut envoyé en Italie, où il fit une guerre malheureuse, manquant des secours que le pape avoit promis.

Sur ces entrefaites, le duc de Savoie assiégea S. Quentin. Le connétable de Montmorenci s'avança pour jetter des secours dans cette place:

mais il fut attaqué, vaincu, & fait prisonnier avec un très-grand nombre de seigneurs : un aussi grand nombre & le duc d'Enguien y furent tués. La perte de cette bataille allarma toute la France. Une assemblée de notables est convoquée : la noblesse accourt de toutes parts : les villes fournissent des secours : le zele de la nation se ranime ; & le duc de Guise, rappellé d'Italie, est fait lieutenant-général du royaume. Ce grand capitaine attaque d'abord les anglois qui venoient de se déclarer contre nous. Il force en huit jours, au mois de janvier, Calais, la seule place qui leur restoit en France, & qui avoit coûté onze mois de siege à Edouard III. Delà, il court assiéger Guines, qu'il emporte d'assaut ; & par la prise de Thionville, il hâte la conclusion de la paix.

L'Angleterre & l'Espagne traiterent séparément avec la France. Henri ne sut point profiter de ses avantages. Tout fut rendu de part & d'autre, excepté les trois importantes villes de Metz, Toul & Verdun, qui nous resterent. La reine Elisabeth céda Calais pour huit années seulement, passé lequel tems elle devoit le reprendre, sous la condition néanmoins, que durant cet intervalle elle n'entreprendroit rien contre la France. Mais elle manqua à cette condition ; & Calais nous resta pour toujours. Par le traité de paix, le duc de Savoie, qui recouvra une grande partie de ses états, devoit épouser Marguerite, sœur du roi. Dans un tournois, donné à l'occasion de ce mariage, Henri joutant avec le comte de Montgommeri, fut blessé à l'œil d'un coup de lance dont il mourut, laissant quatre enfans mâles. La reine Catherine de Médicis ne pardonna jamais à ce seigneur la mort de son époux.

Le fameux édit, par lequel ce monarque punit de mort les protestans, & la trop sévère exactitude avec laquelle on le mit en exécution, déchirent le cœur de l'homme sensible, du bon citoyen & du vrai catholique. Oui, sans doute, ces rigueurs furent portées à un excès à jamais condamnable. Mais osons le dire : la saine raison peut-elle justifier les protestans aux yeux de la postérité la plus reculée ? De quel droit Luther, Calvin & ses disciples venoient-ils attaquer les dogmes d'une religion existante depuis plus de seize siecles; dont la vérité, la pureté, la sublimité avoient été si souvent démontrées, au sein de laquelle les peuples jouissoient du calme de la conscience, & goûtoient le vrai bonheur ? De quel droit vouloient-ils, en prêchant leur doctrine, en se faisant des prosélytes dans toutes les parties du royaume, en invectivant contre l'église, en un mot, en décriant la religion du prince & de l'état, introduire un nouveau culte, dont l'établissement ne pouvoit qu'entraîner les plus grands désordres & les plus affreux malheurs ? Nul souverain ne peut ôter à ses sujets la liberté de penser; cela est vrai : mais il peut & il doit les empêcher de la manifester par des actes extérieurs, lorsqu'elle est contraire au bien actuel de ses peuples. Tolérer les protestans, lors de la naissance du luthéranisme & du calvinisme, ç'auroit été leur donner l'entiere liberté de répandre partout leurs opinions; c'auroit été les enhardir à mettre en usage tous les moyens imaginables pour séduire les peuples, toujours épris des charmes de la nouveauté; c'auroit été s'exposer à les voir bientôt former un corps nombreux & puissant, qui se seroit soustrait à l'autorité monarchique; c'auroit été peut-être armer leurs mains de la torche enflammée, qui auroit produit un embrâsement général. Il y a tout lieu de croire en effet, (& ne pourroit-on pas l'assurer, après ce qu'on a vu dans plusieurs circonstances malheureuses?) que si, dans ces premiers temps, les protestans avoient été les plus forts, ils auroient été les plus persécuteurs. Jettez un coup-d'œil sur la conduite de leur apôtre: voyez Calvin démentir, par son fanatisme, tout ce qu'il s'étoit efforcé d'établir, touchant les exécutions pratiquées contre les hérétiques. Michel Servet, arragonois, est accusé de ne pas croire la Trinité: il est arrêté à Vienne; échappé de sa prison, il se sauve à Geneve, qui depuis vingt ans avoit embrassé la religion protestante. Calvin fait procéder contre lui avec toute la rigueur possible : il sollicite, presse les juges, emploie le crédit de ceux qu'il dirige, crie & fait crier que *Dieu demande le supplice de cet anti-Trinitaire*, & parvient à le faire brûler vif. Des historiens ajoutent qu'il l'accompagna jusqu'au bûcher. Ce qu'il y a de vrai, c'est qu'il osa faire l'apologie de sa conduite envers Servet, & qu'il entreprit de prouver dans un ouvrage, qu'il falloit faire mourir les hérétiques.

Permettez-moi Madame, d'ajouter à ce fait la réflexion d'un de nos plus graves & des plus judicieux écrivains. C'est l'auteur que j'ai cité plusieurs fois, le président Hénault. » Le tolérantisme, dit il, est toujours la prétention du parti le plus foible. Il s'autorise de ce que la religion romaine est la seule qui ne l'admet pas, & que la religion payenne n'a jamais persécuté. On trouvera la preuve du contraire dans Tacite & dans Dion. « Ceux qui introduisent un nouveau » culte, disoit Mécénas à Auguste, » ouvrent la porte à de nouvelles » lois, d'où naissent enfin les caba-

„les, les factions, les conspirations ». Quand on dit que les payens étoient tolérans, cela s'entend des différens systêmes adoptés par les payens, qui leur étoient tous égaux, parce qu'ils étoient d'accord sur le dogme, & que leurs dieux, loin de se nuire, se fortifioient en se multipliant; mais que quand on en vouloit au paganisme, ils cessoient d'être tolérans: témoin Socrate à qui il en coûta la vie. Tout le monde sait cela: mais il ne faut pas oublier que la persécution est indigne d'un chrétien ».

Les erreurs des deux hérésiarques avoient excité la plus violente fermentation dans les esprits, lorsque François II, âgé de seize ans, monta 1559. sur le trône de son pere. Le jeune roi se voyoit environné d'une foule d'hommes d'un esprit vraiment supérieur & d'un courage héroïque. Heureux les peuples, si ces illustres personnages avoient fait servir leurs talens au bien de l'état! Hélas! ils en devinrent le plus terrible fléau, par l'excès de leur ambition. Avides de partager, peut-être même d'usurper l'autorité souveraine, ils ne furent que trop bien profiter de ces querelles de religion, pour armer le fanatisme des peuples, afin de parvenir à l'exécution de leurs desseins. Nous allons donc voir sous ce regne, de dix-sept mois, les premieres étincelles des guerres civiles qui, durant plus de soixante ans, embrâserent toute la France.

La cour étoit divisée par trois puissantes factions, qui prétendoient avoir droit au gouvernement, à cause de la jeunesse du roi : c'étoient celle des princes du sang, Antoine de Bourbon, roi de Navarre, & Louis son frere, prince de Condé ; celle du duc de Guise & du cardinal de Lorraine, oncles de la reine, Marie Stuart; & celle des Montmorencis, qui avoit pour chef le connétable de même nom. La reine mere, Catherine de Médicis, s'étant déclarée pour les Guises, dont elle crut avoir besoin, le connétable fut disgracié, & le roi de Navarre adroitement éloigné de la cour. Sur ces entrefaites, Antoine Minard, président au parlement, magistrat distingué par ses talens, & fort attaché à la véritable religion, fut assassiné par Jacques Stuard, que les protestans avoient aposté : c'étoit un gentilhomme écossois, fameux par plusieurs attentats de cette espece. Ce meurtre hâta la condamnation d'Anne du Bourg, conseiller-clerc au parlement, qui fut pendu & brûlé comme hérétique.

Cependant Condé, aussi vif & aussi entreprenant que son frere étoit flegmatique & irrésolu, avoit comploté avec l'amiral de Coligny & d'Andelot, neveu du connétable, & partisans déclarés du Calvinisme. Plusieurs corps de protestans devoient se rendre à un jour marqué à Amboise, où étoit la cour, & enlever le roi & les Guises. Le prince de Condé passoit pour être le chef muet de cette conspiration : un gentilhomme périgourdin, nommé la Renaudie, qui devoit la vie au duc de Guise, en étoit le conducteur. Les protestans ne se proposoient rien moins, que d'établir en France le gouvernement républicain. Heureusement le confident de la Renaudie trahit le secret de la conspiration. Le duc de Guise fut déclaré lieutenant-général du royaume : on attendit les protêſtans, qui furent ſurpris & entierement défaits; pluſieurs d'entr'eux périrent avec leur conducteur, les armes à la main. On tint auſſi-tôt une aſſemblée à Fontainebleau, dont le réſultat fut la convocation des Etats-généraux à Orléans. François II manda le roi de Navarre & le prince de Condé, leur promettant sûreté entiere. Ils arriverent : mais Condé fut mis en priſon, & le roi de Navarre gardé à vue. Les Guiſes étoient plus puiſſans que jamais, lorſque le roi mourut, laiſſant le trône à Charles IX ſon frere, âgé d'environ dix ans.

1560.

Catherine de Médicis eut l'adminiſtration des affaires pendant la minorité du roi. Cette princeſſe, d'un génie ſouple & artificieux, voulut ménager tous les partis. Elle ſe réconcilia avec le roi de Navarre, mit en liberté le prince de Condé, & rappella le connétable de Montmorenci. On tint les états à Orléans : ils ne produiſirent aucun bien.

La reine mere ne ſe montra pas moins empreſſée à ſe rendre aux vœux des proteſtans, qu'on nommoit alors *huguenots*. Elle leur accorda des conférences publiques, connues sous le nom de *colloque de Poiſſi*. On y parla avec éloquence de part & d'autre; & chacun des deux partis n'en devint que plus ferme & plus opiniâtre dans son sentiment. Le P. Lainez, qui accompagnoit un légat envoyé par le pape, & second général des Jésuites, y obtint pour sa compagnie un établissement dans le royaume, en forme de college. C'est au sujet de ces conférences, que Henri IV disoit dans sa réponse aux remontrances du parlement, concernant le rétablissement des Jésuites : *Je veux donc que vous ſachiez touchant Poiſſi, que ſi vous euſſiez auſſi bien fait qu'un ou deux Jéſuites, qui s'y trouverent à propos, les choſes y fuſſent mieux allées pour les catholiques* : on reconnut dès-lors, non leur ambition, mais bien leur suffisance.

Cependant le connétable s'étoit uni avec le duc de Guise & le maréchal d'Albon de S. André : cette union fut appellée le *triumvirat*. On dit que Montmorenci avoit cédé aux sollicitations de Charles IX : mais on fait aussi que sa grande maxime étoit en trois mots, *une foi, une loi, un roi.* Le roi de Navarre, devenu catholique, se joignit à eux. La reine, qui ne cherchoit qu'à diviser pour regner, voyant que ce parti étoit très puissant, songea à l'affoiblir, en favorisant le parti contraire. Il fut rendu un édit, par lequel on accorda aux protestans l'exercice public de leur religion ; édit qui ne fut enregitré au parlement qu'après deux lettres de jussion. Dès-lors la foule des nouveaux prosélytes grossit de jour en jour. On accouroit aux prêches de toutes parts ; les couvens même étoient désertés. Fiers de leurs avantages, les protestans ne cessoient d'insulter les catholiques, dont ils étoient insultés à leur tour, & n'attendoient qu'un prétexte pour se révolter. Le duc de Guise passant par Vassi en Champagne, quelques-uns de ses gens allerent troubler le prêche, & y exciterent un tumulte Le duc y accourut pour l'appaiser : il fut blessé d'un coup de pierre; & il se fit au même inſtant un maſſacre, qui devint le ſignal d'une guerre civile.

Le roi de Navarre & le triumvirat, pour ne pas perdre de vue la perſonne du roi, l'obligerent de les ſuivre à Paris. La reine mere ſollicita Condé de venir le tirer d'entre leurs mains. Ce prince, déclaré chef des proteſtans, ſurprit Orléans, qui devint le boulevard de l'héréſie, & acheta le ſecours d'Eliſabeth, reine d'Angleterre, en lui livrant le Havre. Les proteſtans, après s'être rendus maitres de pluſieurs villes, s'emparerent auſſi de Rouen. Mais il fut bientôt repris par les royaliſtes : le roi de Navarre y reçut à la tranchée une bleſſure dont il mourut. Tandis qu'on s'égorgeoit dans les provinces, les deux armées ſe livrerent à Dreux une bataille ſanglante, où périt le maréchal de S. André, & où furent faits priſonniers les généraux des deux armées, le prince de Condé & le connétable. L'honneur de la victoire remportée par les royaliſtes fut dû au duc de Guiſe, quoiqu'il n'eût point de commandement. Le ſoir de la bataille, Guise & Condé son prisonnier couchèrent dans le même lit. Le lendemain matin, le prince assura qu'il n'avoit pu fermer l'œil, & que le duc avoit dormi à côté de lui, aussi profondément que s'ils avoient été liés de l'amitié la plus intime. La méfiance & la crainte envers un ennemi généreux sont inconnues aux belles ames.

Il ne restoit plus qu'Orléans au parti des rébelles. La prise de cette ville l'auroit vraisemblablement anéanti: aussi le duc de Guise ne tarda pas à en entreprendre le siege. Un des fauxbourgs avoit été emporté d'assaut, lorsque ce grand homme fut assassiné par Poltrot, jeune gentilhomme protestant. Ce lâche fanatique fut arrêté: il accusa l'amiral de Coligny de l'avoir sollicité à ce crime, & périt du dernier supplice. Dès ce moment, Henri de Guise, fils ainé du mort, conçut le dessein de venger l'assassinat de son pere. Un traité de paix termina la guerre, & la liberté de conscience fut confirmée. Durant ce moment de calme, Charles IX se fit déclarer majour au parlement, (c'est le premier de nos rois) quoiqu'il ne fût âgé que de treize ans, & déclara lui-même dans cette assemblée qu'il continuoit à sa mere l'administration des affaires.

Cependant les protestans des Pays-Bas s'étoient soulevés contre Philippe II, roi d'Espagne. Le duc d'Albe, général de ce monarque, devoit passer par la France pour aller les soumettre. Catherine de Médicis, qui, en parcourant les provinces avec le roi, avoit eu à Bayeux de fréquentes conférences avec le duc, fit des levées de troupes, pour se précautionner, disoit-elle, en cas que cette armée étrangere voulût faire des ravages dans le royaume. Les protestans se servant aussi-tôt de ce prétexte, crierent qu'on vouloit les opprimer, & arborerent l'étendard de la révolte. Ainsi Catherine de Médicis, toujours prête à changer d'intérêts & d'amis, qui avoit allumé la premiere guerre civile, en favorisant les huguenots, causa la seconde en les irritant.

Peu s'en fallut que le prince de Condé & l'amiral de Coligny ne se rendissent maîtres de la personne du roi, qui étoit à Monceaux avec la reine, & qui se retira à Meaux, d'où les suisses le ramenerent à Paris. Il se livra à S. Denis une bataille où l'armée du roi eut quelque avantage. L'illustre Montmorenci y fut tué, & ne fut point remplacé dans sa charge de connétable. Henri, duc d'Anjou, frere du roi, jeune prince qui donnoit les plus belles espérances, fut nommé lieutenant-général du royaume. La paix se fit encore; & la liberté de conscience fut de nouveau confirmée.

Mais bientôt les protestans, instruits que la reine-mere avoit formé le projet de faire arrêter Condé & Coligny, qui s'étoient retirés dans leurs terres, rallumerent la guerre, secourus par les allemands & par l'Angleterre. Le duc d'Anjou les battit à Jarnac vers la Saintonge, où Condé, après avoir rendu les armes, fut tué de sang-froid par Montesquiou. Jeanne d'Albret, reine de Navarre, protectrice des calvinistes, leur amena son fils, le prince de Béarn, & son neveu Henri, fils du prince de Condé. Le jeune prince de Béarn fut déclaré chef du parti.

Coligny avoit sauvé les débris de l'armée protestante, qui se vit bientôt fortifiée par les secours de douze mille allemands, que commandoit le duc de Deux-ponts. Il marcha vers Poitiers dont il fit le siege : mais le jeune Henri, duc de Guise, qui défendoit cette ville, le força de se retirer. Bientôt après, le duc d'Anjou remporta sur lui une victoire complette à Montcontour. Cette quatrieme bataille, perdue par les rebelles, ne les mit pas hors d'état de résister à la puissance royale. Il sembloit que leur fureur, aigrie par les mauvais succès, ne faisoit qu'accroître leurs forces. Toutes les provinces devinrent un théâtre de carnage. Les huguenots ne vouloient la paix, qu'aux conditions les plus avantageuses, & vinrent à bout de les obtenir. Les prêches, quatre villes de sûreté, entr'autres la Rochelle, & le droit de posséder toutes les charges leur furent accordés.

Tous ces grands avantages firent naître des soupçons dans l'esprit des chefs du parti protestant. Mais Catherine de Médicis les dissipa, en proposant le mariage de Marguerite, sœur du roi, avec Henri prince de Béarn, & en offrant à Coligny la conduite de la guerre qu'on feignoit vouloir porter dans les Pays-Bas. Jeanne d'Albret, les deux princes, & l'amiral se rendirent à la cour. Le prince de Béarn, devenu par la mort précipitée de sa mere, roi de Navarre, épousa en effet la sœur de Charles IX: c'étoit le 17 du mois d'août 1572; & la nuit du 24 au 25, se fit un horrible carnage, connu sous le nom de *massacre de la Saint-Barthelemi*; action exécrable, dit un auteur, qui n'avoit jamais eu, & qui n'aura, s'il plaît à Dieu, jamais de semblable. Coligny y fut assassiné par Besme, domestique du duc de Guise, qui avoit juré de venger la mort de son pere. Le roi de Navarre & le prince de Condé firent abjuration pour sauver leur vie.

On voulut obliger les huguenots à rendre les villes de sûreté qui leur avoient été accordées. Le refus qu'ils en firent, ralluma la guerre avec
plus

plus de fureur que jamais. Une armée très-nombreuse, commandée par le duc d'Anjou, périt presque toute entiere sous les murs de la Rochelle, qui soutint neuf grands assauts & une infinité d'autres attaques. Les rochelois, en se rendant, demeurerent les plus forts dans leur ville, & firent comprendre dans leur capitulation Nîmes & Montauban. La petite ville de Sancerre soutint un siege plus mémorable encore par les cruelles extrémités où furent réduits les habitans. Ils mangerent les animaux, les cuirs, les parchemins, & quelques-uns même, dit-on, leurs propres enfans. Après plus de sept mois de siege, ils se rendirent, mais en obtenant la liberté de conscience. Il se fit une quatrieme paix avantageuse aux huguenots : tant le gouvernement étoit encore foible, & les rebelles encore redoutables !

En ce même temps, les polonois, après la mort de Sigismond II, venoient d'élire pour leur roi le duc d'Anjou, qui partit pour aller prendre possession de cette couronne. Bientôt il se forma dans l'état un nouveau parti, nommé *des politiques*, dont le prétexte étoit la réformation du royaume. Le duc d'Alençon, frere du roi, & les Montmorencis étoient à la tête. Les protestans s'y joignirent, ainsi que le roi de Navarre & le prince de Condé. La reine mere avertie fit arrêter le duc d'Alençon & le roi de Navarre, & f[it] emprisonner plusieurs seigneurs. Su[r] ces entrefaites Charles IX mouru[t] sans enfans mâles.

Il est bien surprenant, que sous c[e] regne, plein de divisions, de meur tres & d'horreurs, notre législatio[n] ait été perfectionnée, & nos plus sa ges loix établies. Nous avons u[ne] foule d'ordonnances, où la force [&] la sagesse réunies font oublier la fo[i] blesse & les vices du gouvernement sous lequel elles ont été rendue[s.] Elles furent l'ouvrage du chancelie[r] de l'Hôpital, un des plus grands m[a] gistrats & des plus grands jurisco[n] sultes qu'ait eus la France. Ce siecl[e,] dit le président Henault, fut le be[au] siecle de la jurisprudence : jama[is] tant de grands hommes ne paruren[t] successivement. C'est sous ce regn[e] que fut rendue cette ordonnance de Rouffillon, qui porte que l'année commencera dans la fuite au premier janvier, au lieu qu'elle ne commençoit que le famedi faint après vépres. Elle eft de l'année 1564 : le parlement ne confentit à ce changement que vers l'an 1567.

Catherine de Médicis avoit été déclarée par Charles IX régente du royaume, jufqu'au retour de fon fucceffeur. Le malheureux Montgommeri, toujours coupable à fes yeux de la mort de fon époux, & qui, fous le regne précédent, avoit été pris les armes à la main dans Domfront, fut condamné à mort. Ses enfans furent, par le même arrêt, déclarés roturiers. S'ils n'ont la vertu des nobles, pour fe relever, dit il en mourant, je confens à l'arrêt.

Auffi-tôt que Henri III eut appris la mort de fon frere, il quitta fecrettement la Pologne, pour venir regner dans fa patrie. Ce prince, jufqu'alors fi recommandable par fa valeur, fes exploits & fa brillante réputation, devint fur le trône un roi foible, léger, ennemi des affaires,

1574.

indignement livré à ses favoris, & autant méprisable par son hypocrisie que par ses infâmes débauches. On tint une grande assemblée où la guerre fut résolue contre les huguenots, qui avoient à leur tête le prince de Condé & le maréchal d'Anville: elle éclata bientôt dans les provinces. Montbrun, chef du parti protestant en Dauphiné, fut fait prisonnier, & eut la tête tranchée. Il avoit eu l'audace de piller le bagage du roi, au sortir du pont de Beauvoisin, lorsque le monarque revenoit de Pologne, ajoutant que les armes & le jeu rendoient les hommes égaux.

Le duc d'Alençon, à qui le roi venoit de pardonner une conjuration contre sa personne, s'enfuit de la cour, & se mit à la tête des rebelles. Le roi de Navarre, que Henri à son arrivée avoit fait sortir de prison, ne tarda pas à suivre son exemple, & fit de nouveau profession du calvinisme. Catherine de Médicis voyant ce parti trop puissant, fortifié d'ailleurs par un nouveau renfort de troupes allemandes, fit, suivant sa politique ordinaire, conclure la paix

Il n'y en eut jamais de plus avantageuse pour les calvinistes. L'exercice public de leur religion fut permis par l'édit de pacification : les chambres des parlemens du royaume devoient être mi-parties de catholiques & de protestans : les chefs de la révolte furent déclarés bons & fideles sujets : l'appanage du duc d'Alençon, qui devint duc d'Anjou, fut augmenté; & pour comble de honte, on donna de l'argent & des ôtages aux allemands, qui eurent la liberté de piller les provinces, en retournant chez eux.

Les catholiques, indignés de voir l'hérésie si triomphante, & le gouvernement si avili, firent une confédération, qu'ils appellerent *la sainte Ligue*. Elle étoit animée en secret par le duc de Guise, surnommé *le balafré*, à cause d'une blessure qu'il avoit reçue au visage, en combattant contre les calvinistes dans une rencontre près de Château-thierri. Les états furent convoqués à Blois. Après bien des délibérations, le roi révoqua l'édit favorable aux protestans, & eut l'imprudence de signer la ligue, sans songer que, dès lors qu'il s'en déclaroit le chef, il se mettoit dans la dépendance de ce parti, formé par les ennemis de sa personne. On reprit les armes; & presqu'aussi-tôt on accorda aux protestans une nouvelle paix, moins favorable pourtant que la première.

Ce fut dans ce court intervalle de tranquillité, que Henri III institua l'ordre du Saint-Esprit, en mémoire de ce qu'il avoit été élu roi de Pologne, & étoit parvenu à la couronne de France, le jour de la Pentecôte; mais en effet, ajoute le président Henault, comptant, par le serment auquel s'engageoient les nouveaux chevaliers, détacher les grands seigneurs du parti protestant, & s'opposer en même temps aux progrès de la ligue, dont il commençoit à n'être plus le maître.

Cependant le roi de Navarre, sous prétexte que la cour ne tenoit pas ses engagemens envers les calvinistes, recommença la guerre, & s'empara de la ville de Cahors. Quelque temps après le duc d'Anjou étant mort, après avoir vainement tenté de s'établir dans les Pays-Bas, quoique les états de cette province l'eussent choisi *pour leur prince de leur bon gré & de leur propre mouvement*, le roi de Navarre devint héritier présomptif de la couronne. Ce fut alors que le duc de Guise fit éclater la ligue, en représentant combien il seroit dangereux d'avoir pour souverain un prince séparé de l'église. Pourquoi Catherine de Médicis ne chercha-t-elle pas à la détruire, dans ce commencement où elle étoit très-foible? C'est que cette reine impérieuse voulant conserver toute l'autorité, craignoit d'en perdre une grande partie, si le roi de Navarre devenoit trop puissant. Elle favorisa la maison de Lorraine, dans l'idée de placer sur le trône les enfans de sa fille mariée au duc de Lorraine. Mais le duc de Guise, dont l'ambition démesurée aspiroit à la royauté, ne pensoit gueres aux princes de la branche aînée de sa maison. En persuadant au vieux cardinal de Bourbon, oncle du roi de Navarre, que la couronne devoit lui appartenir, à l'exclusion de son neveu, qui étoit hérétique, Guise voiloit son dessein, & se donnoit tout-à-la fois le temps d'agir pour lui-même, à l'abri d'un grand nom.

Le cardinal en effet publia un manifeste, dans lequel prenant le titre de premier prince du sang, il se déclaroit le chef de la ligue, & recommandoit aux françois de maintenir la couronne dans la branche catholique. On accusera sans doute ce prélat d'avoir été trop crédule & trop facile, ou de s'être abandonné à des vues d'ambition, qui ne se rapportoient qu'à lui-même. La preuve du contraire se trouve dans la *chronologie novennaire*. Suivant l'auteur de cet ouvrage, le vieux cardinal disoit à un de ses confidens : « Ne crois
» pas que je me sois accommodé sans
» raison avec ces gens-ci (les li-
» gueurs); penses-tu que je ne sache
» pas bien qu'ils en veulent à la mai-
» son de Bourbon, & qu'ils n'eussent
» pas laissé de faire la guerre, quand
» je ne me fusse pas joint à eux?
» Pour le moins, tandis que je suis
» avec eux, c'est toujours *Bourbon*
» qu'ils reconnoissent. Le roi de Na-

« varre, mon neveu cependant, sera » sa fortune ; ce que je fais, n'est que » pour la conservation du droit de » mes neveux ».

Le manifeste du cardinal de Bourbon fut un signal de guerre. Les ligueurs se mirent bientôt en campagne, & prirent plusieurs villes, entr'autres Toul & Verdun. On conclut à Nemours un traité de paix qui, en procurant de nouveaux avantages à la ligue, dépouilloit les protestans de ce qu'ils avoient obtenu par le passé. C'est en ce même temps que se formoit secrettement la faction *des seize*; espece de ligue particuliere pour Paris seulement, composée de plusieurs hommes qui s'étoient distribués dans les seize quartiers de la ville, & qui avoient partagé entr'eux l'administration des affaires ; hommes vendus au duc de Guise, & ennemis jurés de la royauté.

La paix de Nemours avoit suspendu les entreprises des ligueurs : elle fit reprendre les armes aux protestans. Cette guerre fut appelée la *guerre des trois Henri* ; Henri III à la tête des royalistes ; Henri, roi de Navarre, à la tête des huguenots; & Henri, duc de Guise, chef de la ligue. La faction *des seize* fut révélée au roi, qui ne prit aucune mesure pour en arrêter les complots : rien ne pouvoit le tirer de sa stupide léthargie ; Villequiers l'entretenoit dans l'oubli de sa gloire. Pressé par les ligueurs de continuer la guerre contre les protestans, il donna le commandement de son armée au duc de Joyeuse, un de ses favoris, qui fut battu près de Coutras en Guienne, par le roi de Navarre, & tué de sang-froid après le combat. Mais d'un autre côté Guise battit deux fois les allemands, qui étoient venus au secours des calvinistes, & les força de sortir du royaume.

Ces avantages redoublerent l'enthousiasme & l'insolence des ligueurs. Tout Paris retentissoit des louanges du duc. Quel étrange aveuglement des esprits ! La Sorbonne décide *qu'on pouvoit ôter le gouvernement aux princes qu'on ne trouvoit pas tels qu'il falloit, comme l'administration au tuteur qu'on avoit pour suspect.* La mort du prince de Condé, empoisonné à

S. Jean d'Angéli, en affoiblissant le parti protestant, rendoit la ligue encore plus redoutable. Le duc de Guise, après avoir tenu à Nanci une assemblée séditieuse avec ses parens & ses amis, fit à la cour des demandes révoltantes. Le roi prit alors un parti de vigueur : résolu de punir *les ligueurs*, il assembla des troupes, & fit défense au duc de Guise, qui étoit à Soissons, de revenir à Paris. Le duc revint, & jura qu'il n'avoit reçu aucun ordre. Henri III, pour se précautionner contre toute espece d'attentat, fit entrer les suisses dans la ville. Mais les bourgeois formerent des barricades jusqu'au Louvre, envelopperent ou désarmerent les soldats; & le roi, forcé d'abandonner la capitale, se retira à Chartres. Guise maître de Paris, alla visiter Achilles de Harlay, premier président. Ce courageux & respectable magistrat se promenoit dans son jardin, lorsque le duc entra. Il ne daigna pas seulement tourner la tête, & continua sa promenade : arrivé au bout de l'allée, & en se retournant, il lui dit, en haussant la voix : *C'est grand-pitié, quand le* valet chasse le maître. *Au reste, mon ame est à Dieu, mon cœur est à mon roi, & mon corps est entre les mains des méchans; qu'on en fasse ce qu'on voudra.* Le duc rébelle s'empara de la Bastille & de l'Arsenal, dont Bussi-le-Clerc, un des seize, fut fait capitaine. Ainsi Guise marchoit à grands pas vers la royauté.

Catherine de Médicis étoit restée à Paris. Elle négocia un traité d'union, qui fut signé à Rouen, & qui étoit tout à la honte du trône. Le roi ouvrit alors les yeux (mais il étoit trop tard) sur la perfide politique de sa mere, & lui ôta sa confiance. Il assembla les états généraux à Blois, tandis que le duc de Savoie, profitant de ces troubles, s'emparoit du marquisat de Saluces. « Les demandes insolentes des députés aux états-généraux, dit le président Hénault, & l'audace du duc de Guise, parvenue à son comble, forcerent enfin le roi à se défaire de ce prince, qui étoit devenu trop puissant, pour qu'on pût lui donner des juges. Ce n'étoit point une terreur panique, continue-t-il, que la crainte des en-

mprises qu'il pouvoit former ; il se trouvoit dans des circonstances pareilles à celles dont Pepin profita. Henri III ne ressembloit pas mal aux derniers rois de la premiere race ; & le prétexte de la religion eût fort bien pu susciter quelque pape de l'humeur de Zacharie ».

Les hommes qui devoient consommer l'assassinat, furent choisis parmi les gardes, appellés *les quarante-cinq*. On rapporte que le roi, en leur distribuant des poignards, leur dit : *c'est un acte de justice que je vous commande sur l'homme le plus criminel de mon royaume. Les loix divines & humaines me permettent de le punir. Ne pouvant le faire par les voies ordinaires de la justice, je vous autorise à le faire, par le droit que me donne ma puissance royale.* Le duc de Guise fut percé de coups dans la chambre même du roi ; & le lendemain, le cardinal son frere subit le même sort. En même temps, le vieux cardinal de Bourbon fut fait prisonnier.

Si Henri III avoit été moins indolent, il auroit aussi-tôt volé à Paris, pour prévenir les séditions, en écartant les principaux ligueurs. Bientôt toute la capitale est en combustion. Les *seize* jurent de venger les princes massacrés. La Sorbonne même délie les sujets du serment de fidélité qu'ils doivent au roi. Busti-le-Clerc, transporté de fureur, court au palais : il demande au parlement un arrêt conforme au decret de la Sorbonne, le menaçant de la perte de la liberté, s'il refuse de le rendre. Pour toute réponse, Harlay se leve, & tout le parlement le suit à la Bastille. On en forme un nouveau, composé de magistrats favorables aux ligueurs. La requête de Busti-le-Clerc y est entérinée, la ligue confirmée, & la résolution prise avec serment de venger la mort de ses chefs.

. Catherine de Médicis étoit morte quelques jours après l'assassinat des Guises. Le duc de Mayenne, leur frere, qu'on avoit manqué de prendre à Lyon, arriva à Paris, où il fut déclaré *lieutenant - général de l'état royal & couronne de France, par le conseil de l'union.* Ce nouveau chef de la ligue attira plusieurs villes considérables dans son parti. Mais Henri

III, suivant le conseil que lui avoit donné la reine-mere en mourant, se réconcilia avec le roi de Navarre. Ces deux monarques, unis étroitement, marcherent vers Paris pour en faire le siege. Ils reçurent fort à propos un secours de dix mille suisses, & vinrent s'emparer de Saint-Cloud. C'est-là que Henri III tomba sous les coups du fanatisme. Il y fut assassiné par un jeune prêtre dominicain, nommé *Jacques Clément*, que Bourgoin, son prieur, avoit confirmé dans son exécrable dessein. Il mourut le lendemain entre les bras du roi de Navarre, qu'il nomma son successeur. En lui fut entierement éteinte la race des Valois.

Sous ce regne, le calendrier, appellé *Grégorien*, parce qu'il fut réformé par ordre du pape Grégoire XIII, fut établi en France par un édit.

Je suis, &c.

A Marseille, ce 1 *Juin* 1759.

LETTRE CCCLXXX.

Suite de la France.

1589. LE roi de Navarre, que je dois dès-à-préfent appeller Henri IV, avoit des droits inconteſtables à la couronne, comme deſcendant de Robert, comte de Clermont, fils de Saint-Louis, & qui avoit épouſé l'héritiere de Bourbon. En lui a commencé la branche de ce nom. La plus grande partie du royaume ne voulut point le reconnoître, parce qu'il étoit proteſtant. Le parlement de Toulouſe rendit même un arrêt contre Henri IV. Son armée, compoſée de trente mille hommes, ſe trouva bientôt réduite par les déſertions à cinq ou ſix mille combattans. Le roi leva le ſiege de Paris, & gagna la Normandie, pour être à portée de recevoir plutôt les ſecours que lui avoit promis Eliſabeth, reine d'Angleterre. Cette princeſſe étoit intéreſſée à lui en donner, parce que Philippe II, roi d'Espagne, qui avoit épousé un sœur de Henri III, formoit des projets ambitieux sur la France, où il venoit de faire passer des troupes, pour soutenir les ligueurs.

Cependant Mayenne fit proclamer roi dans Paris, sous le nom de Charles X, le vieux cardinal de Bourbon, quoique prisonnier. Un contemporain a remarqué qu'aussi tôt ce cardinal envoya de sa prison son chambellan à Henri IV, avec une lettre, par laquelle il le reconnoissoit pour son roi légitime. Le chef de la ligue, après s'être fait déclarer lieutenant général du royaume, marcha vers Dieppe où étoit le roi, & le poursuivit avec une armée trois fois plus forte que la sienne. Ils se rencontrerent près d'Arques; & la valeur de Henri IV triompha. C'est après cette bataille qu'il écrivit à Crillon : *Pends toi, brave Crillon ; nous avons combattu à Arques, & tu n'y étois pas.* Fortifié du secours de quatre mille anglois, il revint faire le siege de Paris, & s'empara de cinq fauxbourgs. Mais il fut obligé de se retirer aux approches du duc de Mayenne & du duc de Nemours, son frere utérin.

Le parti de la ligue se maintenoit dans sa puissance : le pape Sixte V le favorisoit ; le roi d'Espagne ne discontinuoit point de lui fournir des secours. Mayenne voulant rétablir sa réputation, que la journée d'Arques avoit ternie, marcha contre le roi qui assiégeoit Dreux. L'armée des ligueurs étoit d'un tiers plus nombreuse que celle de Henri IV. L'intrépide monarque leva le siege pour aller combattre Mayenne, & le joignit dans les plaines d'Ivri. Après avoir tout disposé pour le combat, il parcourut les rangs. *Mes compagnons*, dit-il aux troupes, *si vous courez aujourd'hui ma fortune, je cours aussi la vôtre. Je veux vaincre ou mourir avec vous. Gardez bien vos rangs, je vous prie : si la chaleur du combat vous les fait quitter, pensez aussi-tôt au ralliement : c'est le gain de la bataille ; & si vous perdez vos enseignes, cornettes & guidons, ne perdez point de vue mon panache blanc ; vous le trouverez toujours au chemin de l'honneur & de la gloire*. Il combattit en effet comme le plus brave des soldats : il se jetta dans le fort de la mêlée, & en sortit couvert du sang des ennemis, qui furent taillés en pieces. *Sauvez les françois*, s'écrioit le bon & le grand Henri IV, en poursuivant les fuyards.

Après cette seconde victoire, le roi auroit dû, sans perdre un instant, revenir former le blocus de Paris : mais malheureusement la disette d'argent ne le lui permit point. Sur ces entrefaites le cardinal de Bourbon mourut dans sa prison à Fontenai en Poitou. Le roi d'Espagne se berçoit toujours de la chimérique espérance d'obtenir pour l'infante la couronne de France. Le duc de Lorraine l'ambitionnoit pour son fils. Mayenne voyoit bien qu'il ne pourroit y parvenir : aussi ne s'appliqua-t il, pour faire durer son autorité, qu'à traverser l'élection d'un roi.

Cependant Henri IV reparut sous les murs de Paris. La Sorbonne & le parlement *des seize* le déclarerent hérétique & incapable d'occuper le trône. Le fanatisme avoit égaré toutes les têtes : il fut porté jusqu'à la démence; témoin cette nombreuse cohorte de prêtres & de moines, qui bizarrement armés de pied en cap, parcoururent en procession les rues de la capitale. Il étoit facile au roi de s'en emparer de vive force. Mais il ne put consentir à l'exposer aux horreurs qu'éprouve une ville prise d'assaut. *Je suis le vrai père de mon peuple*, disoit-il ; *j'aimerois quasi mieux n'avoir point de Paris, que de l'avoir tout ruiné & tout dissipé par la mort de tant de personnes.* Bientôt les vivres furent épuisés dans cette ville. Henri IV poussa la bonté jusqu'à souffrir qu'on en fît sortir les bouches inutiles, & que ses officiers & ses soldats envoyassent des rafraîchissemens à leurs amis. Il espéroit que les parisiens, réduits aux dernières extrémités, se soumettroient aux conditions qu'il voudroit leur imposer. Mais le roi d'Espagne envoya le duc de Parme, gouverneur des Pays-Bas, au secours de Paris, avec ses meilleures troupes. Instruit de l'approche de ce grand général, le roi leva le siege pour aller à sa rencontre. Le duc satisfait de voir Paris délivré, évita le combat. Le découragement se répandit alors dans l'armée royale; elle n'avoit ni argent, ni habits, ni nourriture : le roi lui-même manquoit du nécessaire.

Le feu de la guerre civile avoit pénétré dans les provinces. Le duc de Mercœur, l'un des princes de la maison de Lorraine, avoit traité directement avec Philippe II, & s'étoit fait chef de la ligue dans la Bretagne, sans se mettre sous la dépendance de Mayenne. Il vouloit s'emparer de cette province, dont il étoit gouverneur, & reprit Hennebont. D'un autre côté, le duc de Savoie, déjà maître du marquisat de Saluces, se jetta sur le Dauphiné. Lesdiguieres le battit, & fut fait gouverneur de cette province. Mais il ne put empêcher que le duc n'envahît la Provence, dont le parlement d'Aix le déclara gouverneur & lieutenant-général, *sous la couronne de France.*

Sixte V étoit mort, commençant à se dégoûter de la ligue. Son successeur, Grégoire XIV, ardent à la soutenir, fit publier en France des lettres monitoriales contre Henri IV.

De son côté, le roi renouvella les édits de pacification en faveur des protestans. La guerre continuoit toujours avec des succès variés de part & d'autre. Les ligueurs échouerent à S. Denis, où fut tué le chevalier d'Aumale, prince Lorrain, qui étoit le héros de la ligue. Henri IV, après avoir fait une autre tentative inutile sur Paris, ce qu'on appelle la *journée des farines*, perdit le brave & vertueux Lanoue au siege du château de Lambale.

On voyoit alors dans la capitale les seize signaler de jour en jour leur audace par de nouveaux excès. Ils vouloient maîtriser Mayenne, & profiterent de son absence pour livrer au dernier supplice le président Brisson & deux autres magistrats, parce que le parlement avoit renvoyé absous un homme, dont ils sollicitoient la mort. Mayenne se hâta de revenir, & en fit pendre quatre des plus mutins. Ce coup de vigueur mit le terme à la tyrannie de cette faction.

Henri IV, fortifié des secours de l'Angleterre & des princes protestans d'Allemagne, avoit déja commencé le siege de Rouen, défendu par Villars-Brancas. Le duc de Parme vint encore délivrer cette ville. Le roi marcha contre lui pour le combattre, & fut blessé d'un coup de mousquet dans l'action. Il le poursuivit dans le pays de Caux, où le duc fit une retraite qui est encore admirée des gens du métier; mais que peut être il n'auroit pas pu faire, sans la mauvaise volonté du maréchal de Biron, qui voulant, dit-on, prolonger la guerre, négligea les moyens de faire périr l'armée espagnole. Il se livra presqu'en même temps un combat, près de Villemur, dans le haut-Languedoc, où les royalistes défirent le duc de Joyeuse, qui se noya dans la riviere du Tarn. Il fut remplacé dans le parti de la ligue par le P. Ange de Joyeuse son frere, qui, après avoir vécu dans le grand monde, avoit pris l'habit de capucin, sortit du cloitre avec la permission du pape; fut fait, quelques années après, maréchal de France, & reprit ensuite l'habit du même ordre. En Provence, les affaires changerent de face à l'avantage du roi : le duc de Savoie y perdit toutes ses conquêtes par la valeur de Lesdiguieres.

Tout le royaume étoit en proie aux horreurs de la guerre civile : on ne voyoit que villes prises & reprises, que campagnes dévastées : l'état perdoit la fleur des jeunes gens & l'élite de la noblesse. Paris étoit violemment agité de deux factions; celle *des seize*, qui irritée contre Mayenne, vouloit avoir pour roi le jeune duc de Guise, échappé depuis peu de la prison où il avoit été mis après la mort de son pere ; & celle des *politiques*, qui ne demandoient, pour reconnoître Henri IV, que de le voir entrer dans le sein de l'église. Mayenne convoqua à Paris de prétendus états pour élire un roi. Les espagnols ne craignirent point de proposer d'abolir la loi salique, de ne point reconnoître le roi pour légitime souverain, quand même il se seroit catholique, & de proclamer l'infante d'Espagne reine de France. L'ambassadeur de Philippe, pour parvenir à son but, ajouta, quelques jours après, que l'intention de son

son maître étoit de marier l'infante au duc de Guise, qui seroit élu roi conjointement avec elle. Mais le parlement, quoique captif & *estropié*, suivant l'expression de Péréfixe, se ressouvenant de son ancienne vigueur, confondit les folles espérances de l'ambitieux espagnol, en rendant un arrêt, conforme aux loix fondamentales du royaume, *pour empêcher que, sous prétexte de religion, la couronne ne fût transférée en mains étrangeres.*

Tandis que les ligueurs tenoient ces assemblées tumultueuses, Henri IV pensoit à se faire catholique. On proposa des conférences : elles s'ouvrirent à Surenne. Après un ou deux jours d'entretiens avec des évêques, le roi fit son abjuration à S. Denis, le 25 juillet 1593, en instruisit tous les parlemens du royaume, & conclut une trêve avec les ligueurs. Bientôt toutes les villes s'empressèrent de le reconnoître : il entra dans Paris, dont on laissa sortir les troupes espagnoles, avec les honneurs de la guerre. Les quatre Facultés rendirent un decret, pour se sou-

Tome XXIX. I

mettre au roi, qui rétablit le parlement dans son ancienne splendeur.

La ligue paroissoit entierement abattue : mais l'esprit superstitieux & sanguinaire n'en étoit pas encore détruit. On en avoit vu l'année précédente un dangereux effet dans le dessein qu'un jeune batelier, nommé *Barriere*, avoit formé d'assassiner le roi, & pour lequel il avoit été mis à mort. On en vit un autre, plus horrible encore, dans l'attentat que commit Jean Châtel, fils d'un marchand de vin de Paris. Ce fanatique s'étant glissé parmi la foule qui environnoit le roi, lui porta un coup de couteau, qui heureusement ne le blessa qu'à la levre. Il avoit fait une partie de ses études chez les Jésuites. Ces religieux étoient haïs des huguenots, trop estimés du parlement, jalousés des moines, & sur-tout de l'Université, qui ne pouvant leur pardonner le tort que la concurrence faisoit à ses colleges, leur avoit suscité un grand procès. Ils furent bannis du royaume par arrêt du parlement de Paris, mais retenus dans les ressorts des parlemens de Tou-

…ouse & de Bordeaux. Ce fut au grand regret de Henri IV, qui les appella quelques années après, quand il vit son autorité bien affermie. Il dit alors dans sa réponse aux remontrances du parlement : *Quant à Barriere, tant s'en faut qu'un Jésuite s'eût confessé, comme vous dites, que je fus averti par un Jésuite de son entreprise, & un autre lui dit qu'il seroit damné, s'il l'osoit entreprendre : quant à Châtel, les tourmens ne purent lui arracher aucune accusation à l'encontre de Varade ou autre Jésuite; & si aucun …oit, pourquoi l'auriez-vous épargné?*

Henri IV ne cessoit depuis son entrée dans la capitale, de donner les plus grandes marques de clémence & de bonté; & cette conduite si modérée n'avoit pourtant pas encore ramené tous les principaux chefs de la ligue. Il y en eut plusieurs qui lui …rent acheter bien cher leur soumission : selon les mémoires de Sully, ministre d'une probité & d'une intelligence rares, il en coûta trente deux millions pour satisfaire leur cupidité. Il y en eut d'autres qui persisterent dans leur rébellion. Le plus dangereux & le plus à craindre sans doute étoit Mayenne. Le roi marcha contre lui, l'attaqua dans son gouvernement de Bourgogne, où il trouva une armée d'espagnols, & le défit. Il lui accorda une trêve, qui fut suivie de la paix, & ne vit désormais dans le duc qu'un sujet fidele. Le duc d'Epernon, quoique raccommodé avec le roi, voulut s'emparer de la Provence, dont il étoit gouverneur. Après s'être soutenu quelque temps à main armée, il fut battu par le duc de Guise, qui avoit été nommé à sa place, & obtint son pardon avec le gouvernement du Limousin.

Cependant les finances étoient dans le plus mauvais état, & Henri IV se voyoit dépourvu de moyens pour continuer la guerre qu'il avoit déclarée à l'Espagne. Il convoqua une assemblée de *Notables* à Rouen, mais elle ne témoigna que du zele. L'administration des finances fut confiée à Sully, qui par une féconde économie & la vigilance la plus active, vint bientôt à bout de les rétablir.

Les espagnols s'étoient déja enparés de Cambrai, de Calais & d'Ardres: ils enleverent par surprise Amiens. Les huguenots, jamais contens des avantages dont ils jouissoient, toujours jaloux des graces que recevoient les catholiques, donnoient alors beaucoup d'inquiétude au roi. La perte d'Amiens les rendit encore plus hardis & plus insolens. Des assemblées séditieuses, des demandes outrées faisoient craindre de leur part une prochaine révolte & quelque coup funeste à l'autorité royale. Henri entreprit sans leur secours le siege d'Amiens qu'il emporta. Il fut ensuite en Bretagne pour soumettre le duc de Mercœur encore rébelle, qui obtint la paix, en donnant sa fille, héritiere de tous ses biens, au jeune duc de Vendôme, fils naturel de Henri IV & de Gabrielles d'Estrées.

Ce fut pendant ce voyage que le roi rendit à Nantes ce fameux édit, si favorable aux protestans. La liberté entiere de conscience, l'exercice public de leur religion dans plusieurs villes, la faculté de posséder toute sorte de charges & d'emplois, des places de sûreté pour huit ans, & quarante cinq mille écus par an pour l'entretien des ministres leur furent accordés. Le Clergé, la Sorbonne, l'Université se récrierent beaucoup contre cet édit : le parlement sur-tout fit la plus vive résistance. Mais les raisons & la volonté du roi l'emporterent. Dans ce même temps la paix fut conclue avec l'Espagne à Vervins. Par le traité, le roi ne rendit rien, & recouvra tout ce qu'il avoit perdu en Picardie.

J'ai déja dit que le duc de Savoie avoit usurpé, sous le dernier regne, le marquisat de Saluces. Henri IV lui en demanda la restitution. Le duc vint à Paris pour négocier : il promit, mais il viola sa parole. Le roi lui déclara la guerre, conquit en trois mois une partie de ses états, & le força, par le traité de Lyon, de lui céder, en échange de ce marquisat, la Bresse, le Bugey, &c.

Le maréchal de Biron, qui avoit acquis tant de gloire, en combattant pour son roi, s'étant laissé entrainer par une ambition démesurée, traita secrettement avec le duc de Savoie

& l'Espagne. Henri IV découvrit la conjuration. Il avoit comblé de graces le coupable ; il l'aimoit encore : résolu de lui pardonner, il fit tout ce qu'il put, dans ses entretiens particuliers, pour l'obliger à reconnoître son crime. La fierté, l'arrogance & l'obstination du duc le firent condamner à perdre la tête sur un échafaud, dressé dans la cour de la Bastille.

L'alliance de la France avec les suisses avoit été renouvellée ; & un traité avec l'Angleterre, pour défendre les hollandois contre l'Espagne, venoit d'être conclu, lorsque le roi voulut rouvrir aux Jésuites l'entrée du royaume. Le parlement fit des remontrances contre l'édit de rappel qui lui fut envoyé. Le roi y répondit par un discours fort honorable à ces religieux, plein de force, de précision & de vérité : ils furent entiérement rétablis dans leurs biens & dans leurs colleges.

Henri IV, tranquille possesseur de sa couronne, n'ayant rien à craindre des ennemis étrangers, voyoit l'état s'enrichir par la sage administration de Sully, & ses sujets heureux étendre leur commerce dans le Canada, où ils formoient déjà des établissemens. Quelques chagrins passagers vinrent troubler sa joie. Ce monarque, trop susceptible des foiblesses de l'amour, avoit conçu, après la mort de Gabrielle d'Estrées, la passion la plus vive pour Henriette d'Entragues, qu'il fit marquise de Verneuil. Dans l'intervalle de son divorce avec Marguerite de Valois, (prononcé du consentement des parties par des commissaires du pape) & de son mariage avec Marie de Médicis, le roi avoit eu l'imprudence de promettre par écrit à sa nouvelle maîtresse qu'il l'épouseroit. Mais revenu à lui-même, il avoit repris cette promesse de mariage. La marquise de Verneuil, & d'Entragues son pere, qui se flattoient de la faire valoir, conspirerent contre lui. Le comte d'Auvergne étoit de cette conspiration, que le président Hénault prétend avoir été conduite par un capucin. Les coupables furent condamnés, & obtinrent leur grace.

Le duc de Bouillon, redevable

au roi de son mariage avec l'héritiere de Sedan, cabaloit aussi depuis quelque temps, & travailloit à soulever les huguenots. Henri marcha contre lui : le duc se soumit, & lui fit la cession de la ville de Sedan. Le roi, content de sa soumission, la lui rendit au bout d'un mois.

Les troubles intérieurs du royaume parurent dès-lors entierement dissipés. Le roi réunit la Navarre & ses états patrimoniaux à la couronne ; & par là les rendit inaliénables. Il institua l'ordre du Mont-Carmel, auquel fut réuni celui de S. Lazare. Sa sagesse & son amour pour la justice lui mériterent la gloire d'être choisi pour arbitre des différends élevés entre le pape & les Vénitiens. Sa politique ménagea aussi une trêve de douze ans entre l'Espagne & la Hollande. Mais malheureusement toujours esclave de la plus funeste des passions, il ne put dissimuler son penchant pour Marguerite de Montmorenci, que le jeune Condé venoit d'épouser ; & il eut le chagrin de voir ce prince se retirer avec sa femme à Bruxelles, puis à Milan.

Henri IV, muni d'argent, de troupes aguerries & de provisions immenses, se préparoit à porter la guerre en Allemagne, pour soutenir les droits de ses alliés au duché de Juliers, contre la puissance de l'orgueilleuse maison d'Autriche, lorsqu'il fut assassiné par un monstre, connu sous le nom de *Ravaillac*. Ce fut au milieu des françois, dans le centre de Paris, que se commit cet exécrable parricide. Le carrosse du roi, où étoient les ducs d'Epernon, de Montbason, de Lavardin, de Roquelaure, de la Force, de Liancourt & de Mirabeau, étoit arrêté par un embarras de voitures. Ravaillac ne sut que trop bien saisir le moment, pour porter le coup fatal. La reine avoir été couronnée la veille à S. Denis; cérémonie pour laquelle elle avoit marqué le plus grand desir & le plus vif empressement.

Ce prince établit la *paulette*, sorte d'imposition, qui donne aux officiers de justice & de finance le droit de disposer librement de leurs charges, & de les conserver dans leurs familles. Mais il encouragea l'agriculture;

il réprima le luxe : il rendit ses sujets heureux, autant que les conjonctures pouvoient le lui permettre ; il protégea les lettres ; il fut le conquérant & le pacificateur de son royaume ; il gouverna avec une sagesse peu commune ; il regna avec beaucoup de gloire, & mérita le surnom de *grand*. Ce qu'on admire sur-tout en lui, parce que ce sont des qualités qui se trouvent bien rarement ensemble,) c'est, comme le remarque le président Hénault, la plus adroite politique unie à une extrême franchise, une simplicité de mœurs charmante aux sentimens les plus élevés, & un fond d'humanité inépuisable à un courage de soldat. Qu'il est fâcheux que la postérité puisse lui reprocher avec juste raison une passion excessive pour les femmes & pour le jeu ! Henri IV seroit le plus parfait modele des rois.

Louis XIII, son fils, surnommé 1610. *le juste*, n'avoit que neuf ans, lorsqu'il monta sur le trône. Le duc d'Epernon se hâta d'aller au parlement, pour faire nommer régente la reine Marie de Médicis. Il s'assit sur les bancs des pairs, d'un air hautain & menaçant : *elle est encore dans le fourreau*, dit-il en portant la main à la garde de son épée ; *mais il faudra qu'elle en sorte, si l'on n'accorde pas dans l'instant à la reine mere un titre qui lui est dû selon l'ordre de la nature & de la justice.* La reine-mere fut en effet déclarée, par un arrêt du parlement, régente du royaume : elle réunit la tutelle à la régence.

Bientôt le système politique fut entierement changé. On rechercha l'alliance de la cour d'Espagne, au grand regret des protestans, & l'on rompit le traité fait avec le duc de Savoie, pour l'aider à s'emparer du Milanès. Sully, qui s'y étoit hautement opposé, fut congédié ; ce ministre, qui en dix ans avoit payé deux cent millions de dettes sur trente-cinq millions de revenu, & en avoit amassé trente qui se trouverent à la Bastille, quand il partit.

La reine mere se laissoit maîtriser par le florentin Concinni, marquis d'Ancre, & par Eléonore Galiguaï sa femme, qui sacrifioient tout à leur propre fortune. Cette nouvelle forme de gouvernement fit beaucoup de mécontens. Les huguenots reprirent leur esprit de révolte; les intrigues, les factions se formerent, & ne tarderent pas à éclater. Le duc de Vendôme & le grand prieur de France, fils naturels de Henri IV, le jeune duc de Mayenne, les ducs de Longueville, de Guise, de Nevers & plusieurs autres seigneurs, ayant à leur tête le prince de Condé, qui étoit revenu à la cour, & le duc de Bouillon, le principal chef de cette cabale, se retirerent & se préparerent à prendre les armes. Un parti si redoutable effraya la régente. Il se fit à Sainte-Menehould un traité, par lequel on accorda aux mécontens tout ce qu'ils voulurent.

Marie de Médicis avoit promis par ce traité d'assembler les Etats-généraux. Après que le roi eut été déclaré majeur, ils se tinrent à Paris, mais sans effet. « Comme nous ne connoissons en France, dit à cette occasion le président Hénault, d'autre souverain que le roi, c'est son autorité qui fait les loix : *Qui veut le roi, si veut la loi.* Ainsi les états du

royaume n'ont que la voix de la re‑
montrance, & de la très-humble sup‑
plication. Le roi défere à leurs do‑
léances & à leurs prieres, suivant les
regles de sa prudence & de sa jus‑
tice ; car s'il étoit obligé de leur ac‑
corder toutes leurs demandes, dit un
de nos plus célèbres auteurs, il cesse‑
roit d'être leur roi. Delà vient que
pendant l'assemblée des Etats géné‑
raux, l'autorité du parlement, qui n'est
autre chose que celle du roi, ne reçoit
aucune diminution, ainsi qu'il est
aisé de le reconnoitre dans les pro‑
cès-verbaux de ces derniers états
(*Plaidoyer de M. de Lamoignon de
Blancmesnil*, du 14 janvier 1719.
Ces états sont les derniers que l'on
ait tenus, parce que l'on en recon‑
nut l'inutilité : plusieurs objets fu‑
rent présentés ; & tous furent contre‑
dits, suivant les intérêts différens des
trois états. » On vit dans ce même
temps le premier monument qui a
été érigé dans Paris à la mémoire de
nos rois : c'est la statue équestre de
Henri *le grand*, envoyée par Cosme
de Médicis II, grand-duc de Tos‑
cane.

Cependant le prince de Condé, vivement piqué de n'avoir pas le principal crédit, se retira de nouveau, sous prétexte de l'inexécution du traité de Sainte-Menehould, & publia contre le gouvernement un manifeste, où le marquis d'Ancre, devenu maréchal de France, ne fut pas épargné. Le roi rendit une déclaration pour le priver, ainsi que ses adhérans, de tous biens & honneurs, comme criminels de leze-majesté. Mais, malgré les inquiétudes que pouvoient lui donner les rébelles, il ne laissa pas d'aller à Bordeaux avec sa mere, pour recevoir Anne d'Autriche, infante d'Espagne, qu'il épousa. La paix se fit entre la reine & Condé, qui s'étoit lié aux huguenots, quoiqu'il ne les aimât point. Ce prince étant revenu à la cour, la reine, par le conseil du maréchal d'Ancre, le fit arrêter & conduire à la Bastille, puis à Vincennes, où sa vertueuse femme s'enferma avec lui. Plusieurs ministres, qui désapprouvent cette conduite, furent disgraciés; & Richelieu, évêque de Luçon, créature du maréchal d'Ancre, fut nommé secrétaire d'état.

A la premiere nouvelle de l'emprisonnement de Condé, les princes & plusieurs seigneurs reprirent les armes. La reine de son côté mit sur pied trois armées, qui eurent quelque succès contre les rébelles. Mais le jeune de Luynes persuada à Louis XIII, dont il avoit gagné toute la confiance, qu'il étoit temps de se tirer de la tutelle de sa mere, & lui conseilla de commencer par se défaire de celui qui depuis sept ans la gouvernoit. Le roi ordonna en effet qu'on arrêtât le maréchal d'Ancre, & qu'on le tuât, en cas de résistance; ce qui fut exécuté sur le pont du Louvre. Sa femme eut la tête tranchée par arrêt du parlement. Aussi-tôt la guerre civile cessa : la reine mere fut reléguée à Blois, & l'évêque de Luçon exilé.

Le crédit de Luynes croissant de jour en jour, excita un mécontentement général. Le duc d'Epernon quitta la cour, & aida la reine mere à se sauver de Blois. Ils se retirerent à Angoulême, où ils conspirerent, & leverent des troupes. Ce signal de guerre fut suivi d'un accommodement, conseillé à la reine par Richelieu, que le duc de Luynes avoit rappellé pour cet objet. Il y eut une entrevue entre le roi & sa mere, à laquelle on donna le gouvernement d'Anjou. Le crime du duc d'Epernon resta impuni. Luynes fit sortir de sa prison le prince de Condé qui ne fut plus rébelle.

Mais bientôt la reine mere, se plaignant de l'inexécution du traité d'Angoulême, déclara de nouveau la guerre. Elle tenoit sa cour à Angers; & les mécontens s'y rendirent de toutes parts. Ce feu, si promptement rallumé, fut presqu'aussi-tôt éteint. Il se fit entre la mere & le fils un accommodement, qui fut encore l'ouvrage de l'évêque de Luçon, à qui le duc de Luynes promit un chapeau de cardinal. Ainsi Richelieu, qui avoit commencé sa fortune par celui qui avoit gouverné la reine mere, l'avançoit rapidement par le favori du roi.

Sur ces entrefaites, Louis XIII

rendit un édit pour la réunion du Béarn à la couronne, & pour la restitution des biens ecclésiastiques que les huguenots possédoient depuis près de soixante ans. Ceux-ci, dont les chefs étoient le duc de Rohan & le duc de Soubise son frere, n'avoient cessé de cabaler sourdement : ils firent éclater leurs murmures, & tinrent des assemblées séditieuses à la Rochelle. Toujours entêtés de leur projet de changer la France en république; & s'imaginant, dans leur folle présomption, en être déjà les seuls maîtres absolus, ils la diviserent en huit cercles, dont ils devoient donner le gouvernement à des seigneurs de leur parti.

Le duc de Luynes fut fait connétable, le duc de Lesdiguieres, maréchal général des camps & armées; & la guerre contre les huguenots fut résolue. Le roi leur enleva par surprise Saumur, une de leurs plus fortes places de sûreté, & força Saint-Angeli à capituler. Mais il fut obligé de lever le siege de Montauban défendu par le marquis de la Force. Lesdiguieres s'y exposa aux plus grands périls. Il succéda dans la charge de connétable à Luynes, qui, quelques mois après, fut attaqué d'une fievre dont il mourut. Louis XIII fit ensuite en Poitou & en Saintonge diverses expéditions, où il se montra aussi vaillant que Henri IV. En Poitou, on le vit passer à la tête de ses gardes dans l'isle de Rhé, d'où il chassa Soubise, après avoir défendu les troupes qui défendoient ce poste : en Saintonge, il assiégea Royan, & alla trois ou quatre fois reconnoître la place, avec un danger évident de perdre la vie. Le duc de Guise battit presqu'en même temps sur mer les rochellois. Louis faisoit alors le siege de Montpellier, dont les protestans s'étoient emparés. On négocia, & l'on conclut la paix, par laquelle l'édit de Nantes fut confirmé.

Peu de temps après cette paix, Richelieu, devenu cardinal, fut nommé ministre, à la sollicitation de la reine mere L'abaissement de la maison d'Autriche, & la destruction de l'hérésie furent les deux principaux objets de sa politique. Le roi d'Espagne, voulant s'assurer un passage en Italie, avoit enlevé la Valteline aux grisons. Tout ce qu'avoit pu obtenir Louis XIII, étoit que le pape tînt en sequestre les places de cette petite province. Richelieu engagea le roi à envoyer une armée en Italie sous le commandement du marquis de Cœuvres ; & la Valteline, délivrée par les armes françoises, fut restituée à ses véritables maîtres.

Avant la fin de cette guerre, les huguenots toujours mécontens, toujours portés à la révolte, avoient repris les armes. Leur prétexte ordinaire étoit l'inexécution des traités. Ils étoient devenus si puissans, que la flotte des rochellois étoit plus considérable que toute la marine du royaume. On fut obligé d'employer des vaisseaux étrangers pour les combattre. Le duc de Montmorenci les défit, & les chassa de l'isle de Rhé, dont ils s'étoient rendus les maitres. La paix néanmoins se fit aux mêmes conditions qu'auparavant.

Les factions n'étoient point étouffées à la cour. Les princes & les grands seigneurs mirent la division entre le roi & Gaston duc d'Orléans, son frere unique. On conspira contre la vie du cardinal : mais le complot fut découvert; & les coupables furent punis, ou obligés de prendre la fuite. Chalais, maître de la garderobe, fut décapité; le maréchal d'Ornano, confident de Monsieur, mourut dans la prison de Vincennes; madame de Chevreuse, favorite de la reine, se sauva en Lorraine; les Vendômes furent arrêtés; & le comte de Soissons se retira à Rome. Richelieu obtint pour la sûreté de sa personne une compagnie de gardes-du-corps. Il fut créé surintendant général de la navigation & du commerce de France, tandis que la charge d'amiral & celle de connétable furent supprimées. Ainsi les cabales contribuerent à la grande élévation du ministre, dont le pouvoir fut encore augmenté dans une assemblée de notables, qui lui accorda tout ce qu'il voulut.

Le duc de Buckingham gouvernoit alors l'Angleterre sous Charles I, qui avoit épousé Henriette de France, sœur du roi, à condition que cette princesse & sa maison auroient le libre exercice de la religion catholique. Le ministre anglois, jaloux de la gloire de Richelieu, excita les rochellois à une nouvelle révolte, & engagea son maître à les secourir. La flotte françoise qui aborda à l'île de Rhé, fut battue & dispersée par le marquis de Thoiras. Le cardinal entreprit aussi-tôt le siege de la Rochelle, le plus fort boulevard du calvinisme. Une digue prodigieuse fut construite dans l'Océan, pour fermer le port aux flottes angloises. Le roi & le ministre se conduisirent à ce siege en habiles généraux & en braves soldats. Louis fut toujours à la batterie de *chef de bois* ou *de baye*, où plus de trois cent boulets passerent par-dessus sa tête. Les anglois tenterent vainement, pour la seconde fois, de forcer la digue, & se retirerent. Les rochellois, après onze mois de la plus vigoureuse résistance, après avoir éprouvé toutes les horreurs de la famine, se soumirent au roi qui fit son entrée dans leur ville. Les fortifications furent démolies, & la religion catholique y fut rétablie.

Ce fut, dit le président Hénault, un coup mortel pour le calvinisme; & l'événement le plus glorieux & le plus utile du ministere du cardinal de Richelieu. Le roi d'Espagne, continue-t-il, les ducs de Savoie & de Lorraine, qui attendoient l'événement de ce siege pour se déclarer, resterent tranquilles, dès qu'ils en virent le succès. Le cardinal disoit qu'il avoit pris la Rochelle, en dépit de trois rois; le roi d'Espagne, le roi d'Angleterre, & sur tout le roi de France. Ce qui rendoit cela vrai de Louis XIII, étoient les incertitudes que lui jettoient dans l'esprit les ennemis de ce ministre, jaloux de la gloire qu'il alloit acquérir.

Sur ces entrefaites l'empereur, le roi d'Espagne & le duc de Savoie vouloient enlever le duché de Mantoue à Charles de Gonzague, duc de Nevers, à qui il appartenoit légitimement, par la mort du dernier duc un petit neveu. Le roi étoit son seul appui : Richelieu le décida à partir pour aller le secourir. Louis vole en Italie, force en personne les trois barricades du pas de Suze, oblige le duc de Savoie à lui remettre cette ville, & fait lever le siege de Casal aux Espagnols.

Cependant la guerre civile continuoit en Languedoc, par l'opiniâtre fermeté du duc de Rohan, le chef & l'ame du parti protestant. Le roi revint en France, poursuivit les huguenots, & marcha vers la ville de Privas qui fut saccagée. Alais capitula : le cardinal entra dans Montauban ; & néanmoins une paix avantageuse fut encore accordée aux calvinistes.

Le duc de Savoie n'ayant rien exécuté du traité de Suze, le cardinal qui venoit d'être fait principal ministre, porta lui-même la guerre en Italie, & ravitailla Casal. Les maréchaux de Créqui & de Schomber y firent des conquêtes. Jules Mazarin vint alors en France, pour traiter de la part du Savoyard. La négociation fut infructueuse ; & le roi s'empara de toute la Savoie, tandis que Montmorenci battoit le général

Doria. Mais les impériaux profitant de l'absence du roi, qu'une maladie avoit forcé de revenir à Lyon, surprirent & pillerent Mantoue, dans le même temps que les françois se rendoient maîtres de Saluces. Une suspension d'armes fut ménagée par Mazarin entre la France & l'Espagne. Elle fut bientôt suivie d'un traité de paix, par lequel le duc de Mantoue fut maintenu dans son duché.

Le séjour du roi à Lyon où étoient les deux reines, pensa être bien funeste au cardinal. Il s'y forma, en son absence, une puissante cabale contre lui : à son retour d'Italie, il devoit être disgracié ; le roi l'avoit promis à sa mere. Mais Richelieu vit le roi, & il triompha. *Continuez à me servir, comme vous avez fait*, lui dit le monarque, *& je vous maintiendrai contre toutes les intrigues de vos ennemis*. Le jour de cet événement fut appellé *la journée des dupes*. Les Marillac, qui avoient été les principaux auteurs de ce complot, furent immolés à la vengeance du ministre. L'un, garde des sceaux, fut emprisonné : l'autre, maréchal de France,

Tome XXIX.

accusé de concussions, fut arrêté. On instruisit son procès qui dura deux ans ; & il perdit la tête sur un échaffaud. Sa mémoire fut ensuite réhabilitée.

Richelieu venoit de terminer la guerre d'Italie par des traités avantageux. Il poursuivit l'exécution de son grand projet contre la maison d'Autriche. Le roi s'unit avec le fameux Gustave Adolphe, roi de Suede, pour favoriser la ligue protestante d'Allemagne. Il fut convenu de porter la guerre dans le sein de l'empire. Gustave fournit les troupes, & le roi l'argent. Cette conduite d'un ministre, qui, après avoir écrasé l'hérésie dans le royaume, lui prêtoit des secours au-dehors, dut trouver bien des censeurs, sur-tout parmi les catholiques. Mais les bons politiques ne purent la désapprouver. Richelieu s'étoit décidé par la raison d'état : en recherchant la gloire de la France, il vouloit établir la balance de l'Europe.

Cependant les ennemis du cardinal avoient encore excité de grands mouvemens à la cour. La reine mere, son ennemie irréconciliable, s'étoit retirée à Bruxelles; & le frere du roi chez le duc de Lorraine, dont il épousa secretement la sœur, & par le secours duquel il se disposa à la guerre civile. Le roi punit d'abord, par l'emprisonnement ou par l'exil, ceux qui avoient eu part à cette révolte. Il saisit ensuite quelques-unes des meilleures places du duc de Lorraine, qu'il força par deux traités d'abandonner Gaston.

Le frere du roi n'ayant d'autres ressources que quelques troupes étrangeres, se réfugia en Languedoc. Le duc de Montmorenci, gouverneur de cette province, vouloit être connétable. L'ambition l'entraîna malheureusement à embrasser le parti de Gaston. Ce seigneur, l'un des plus braves & des plus aimables de son temps, fut pris dans le combat de Castelnaudarry, qui termina cette guerre. Le roi pardonna à son frere. Mais il ne voulut point, quoiqu'on ait cru qu'il l'eût promise, accorder la grace de Montmorenci, qui fut décapité à Toulouse.

Gaston, plein de ressentiment de

la mort du maréchal, quitta de nouveau la France, & se retira en Flandres, auprès de la reine sa mere. Quelques évêques de Languedoc, qui avoient été les complices de sa révolte, furent jugés par des commissaires du pape; & deux furent déposés. Le duc de Lorraine, zélé pour la maison d'Autriche, & lié secrettement avec Gaston, éludoit toujours la promesse qu'il avoit faite de rendre hommage du duché de Bar. Le roi réunit ce duché à la couronne, & prit Nanci. Par un traité conclu avec le duc, il devoit garder cette ville jusqu'à ce qu'on lui eût remis entre les mains Marguerite de Lorraine, dont le mariage avec Gaston étoit nul, suivant les loix de l'état. Peu de temps après, en effet, il fut cassé par arrêt du parlement, comme ayant été contracté sans le consentement du roi. Mais le cardinal apprenant que le duc d'Orléans venoit de traiter avec l'Espagne, songea à le réconcilier avec Louis XIII; & il eut l'adresse d'y réussir par le moyen de Puilaurens, favori de Gaston.

Ces troubles domestiques, ces in

trigues & ces cabales n'avoient point intimidé le fier & courageux ministre. Toujours ferme & inébranlable dans ses projets, bravant la jalousie, la haine & la vengeance des grands, uniquement occupé de l'idée d'accroître l'autorité de son maître dans le royaume, & d'affoiblir les ennemis du dehors; Richelieu n'avoit jamais perdu de vue le grand objet de sa politique. L'alliance entre la France & la Suede avoit été renouvellée; & en conséquence les suédois, les anglois, les hollandois, & quelques princes de l'empire avoient aussi renouvellé leur ligue contre la maison d'Autriche. Ainsi le roi, sans rompre ouvertement avec l'empereur, portoit le ravage dans le sein de l'Allemagne.

Mais bientôt la France s'engagea dans une guerre ouverte. Le roi conclut un traité avec les états généraux, pour s'armer contre l'Espagne, si elle ne leur donnoit pas satisfaction sur les différens griefs dont ils se plaignoient. Ils avoient stipulé dans ce traité, de se partager les Pays-Bas espagnols, après en avoir fait la conquête. Philippe IV, informé de leur dessein, fit surprendre la ville de Treves, & emmener prisonnier l'électeur, qui s'étoit mis sous la protection de la France. D'un autre côté les impériaux s'emparerent aussi par surprise de Philisbourg, que les suédois, après avoir été défaits à Nordlingue, avoient remis entre les mains du roi, dans la crainte de ne pouvoir pas conserver les places qui leur restoient.

Ces deux actes d'hostilité engagerent la France à déclarer la guerre à l'empereur & à l'Espagne. Ce fut alors que parurent au milieu des camps deux guerriers, revêtus de la pourpre romaine. On vit le cardinal de la Vallette, fils du fameux duc d'Epernon, commander les troupes de France ; & le cardinal infant, frere de Philippe IV, à la tête des troupes espagnoles. Nos armes n'eurent aucun succès ni en Flandre, ni en Allemagne. Mais en Italie, le duc de Rohan, que le roi avoit eu la sagesse de rappeller, battit plusieurs fois les espagnols dans la Valteline. Les finances étoient alors épuisées.

On eut recours à des édits bursaux: le roi dans un lit de justice en fit enregitrer quarante-deux.

Cette guerre devint plus vive que jamais. Le vicomte de Turenne, parvenu à l'âge de vingt-trois ans au grade de maréchal de camp, s'étoit déja fait connoître. Rohan & la Valette eurent d'abord quelques avantages. Le prince de Condé mit le siege devant Dôle, parce que Richelieu vouloit faire la conquête de la Franche comté : mais les espagnols entrerent dans la Picardie. Une partie de l'armée de Condé fut rappellée pour la défense de cette province; & le siege de Dôle fut abandonné. Bientôt les impériaux pénétrerent jusques dans la Bourgogne. Richelieu découragé vouloit quitter le ministere. Le P. Joseph, ce fameux capucin, qui avoit toute sa confiance, le rassura. L'épouvante étoit dans Paris : on croyoit déja voir l'ennemi aux portes. Tous les corps offrirent des secours ; le courage de la nation se ranima. Les espagnols furent chassés de la Picardie par le duc d'Orléans & le comte de Soissons; & les

K 4

impériaux furent poussés jusqu'au Rhin par le cardinal de la Vallette & le duc de Saxe-Weimar, qui s'étoit attaché à la France.

Durant ces revers un nouveau complot avoit été tramé contre Richelieu. Le duc d'Orléans & le comte de Soissons avoient résolu de le faire poignarder. Les assassins étoient tout prêts. La foiblesse ou la religion de Gaston les empêcha de consommer le crime : mais craignant que ce projet n'eût été découvert, le duc d'Orléans quitta brusquement la cour ; & le comte de Soissons se retira à Sedan, où le duc de Bouillon lui donna un asyle. Le roi, par le conseil de Richelieu, regagna son frere, en lui promettant d'approuver son mariage avec Marguerite de Lorraine.

Les campagnes suivantes furent plus favorables aux armes du roi, quoique le duc de Rohan fût obligé, faute de subsides, d'évacuer la Valteline. Les espagnols & les lorrains leurs alliés furent défaits en plusieurs rencontres. Le duc de Weimar fut vaincu par les impériaux à Rheinfeld, où le duc de Rohan reçut une blessure mortelle. Mais trois jours après, il se vengea bien glorieusement de cet affront : il les battit dans le même lieu à plattes coutures, & fit prisonniers les quatre généraux de l'empereur, dont le plus célébre, Jean de Vert, fut mené en triomphe à Paris. Un autre prélat guerrier, Sourdis, archevêque de Bordeaux, brûla la flotte espagnole. Mais le prince de Condé échoua au siege de Fontarabie.

Cependant l'épuisement des finances avoit encore obligé le cardinal à recourir à des moyens extraordinaires pour avoir de l'argent. Une sédition s'éleva dans la Normandie : elle fut étouffée par quelques exécutions. Six armées furent mises sur pied ; & bientôt nous eûmes partout des succès éclatans. Il est vrai que nous fûmes bien secondés par nos alliés. Banier, général des suédois, défit les impériaux ; & l'amiral Tromp, qui commandoit les hollandois, battit la flotte des espagnols, après leur avoir pris deux galions chargés d'argent.

Les princes de Savoie, à la mort

de leur pere Victor Amédée, s'étoient liés avec l'Espagne, malgré Christine leur mere, sœur de Louis XIII. Le comte d'Harcourt entreprit le siege de Turin, & eut la gloire de s'en emparer. Il étoit alors assiégé dans son camp par le marquis de Léganès, & manqua entierement de vivres pendant vingt-deux jours. Le vicomte de Turenne, à peine guéri d'une blessure, acquit un grand honneur à ce siege, par son habileté à faire entrer des convois dans le camp. Les espagnols furent encore battus sur mer par les hollandois, & ensuite par le duc de Brézé. Les françois prirent Arras; & cette conquête ne fut pas moins glorieuse que celle de Turin. Trois maréchaux de France y commandoient, Chatillon, Chaulnes & la Meilleraie. Il se livra à ce siege plusieurs grands combats, pour jetter des secours dans la place, & pour l'empêcher.

Cette campagne, la plus heureuse que les françois eussent faite depuis le commencement de cette guerre, finit par deux révolutions, non moins surprenantes que fatales à Philippe IV.

La Catalogne entiere, se plaignant de qu'on violoit ses privileges, secoua le joug de l'Espagne, & se donna à la France, par les intrigues de Richelieu. Les portugais tyrannisés par Vasconcellos, ministre de Philippe, chasserent sans retour les espagnols du royaume, & replacerent sur le trône la maison de Bragance. Le cardinal avoit aussi jetté les semences de cette révolution. Ainsi l'affoiblissement de la redoutable maison d'Autriche fut en grande partie l'ouvrage de Richelieu.

Mais il semble qu'il étoit de la destinée de Louis XIII d'avoir à combattre des rebelles jusques à la fin de son regne. Le comte de Soissons & le duc de Bouillon leverent l'étendard de la révolte. Le roi fit marcher deux armées, l'une pour empêcher qu'on ne leur envoyât des secours, & l'autre pour les combattre. Il se livra à la Marsée une bataille que nous perdimes, & dont les suites nous auroient été funestes, si le comte de Soissons n'y eût été tué. Bouillon fit son accommodement avec le roi, & conserva Sedan.

La guerre continuoit avec succès en Allemagne; & Louis XIII, pour retenir plus aisément les catalans dans son obéissance, entreprit la conquête du Roussillon. Il faisoit le siege de Perpignan, dans le même temps que le cardinal étoit dangereusement malade à Tarascon. Celui-ci découvrit un traité conclu par Gaston & le duc de Bouillon avec Philippe IV. Ces deux princes, excités par Cinq-mars, fils du maréchal d'Effiat, & favori de Louis XIII, s'engageoient à ouvrir la France au monarque espagnol. Le duc d'Orléans demanda grace à son ordinaire, en chargeant & abandonnant ses complices. Bouillon obtint aussi son pardon, en remettant au roi sa principauté de Sedan; & Cinq-mars fut décapité à Lyon. L'infortuné de Thou, son confident & son ami, périt du même supplice, pour n'avoir pas révélé le secret de la conspiration.

Quelques mois après, l'état perdit Richelieu, & gagna quatre millions qu'il dépensoit tous les ans pour l'entretien de sa maison; homme étonrant sous tous les rapports, également craint & du monarque & des sujets, occupé pendant tout son ministere à dissiper les cabales & les complots de ses ennemis, & conservant néanmoins tout le calme de son ame pour gouverner le royaume, pour donner le mouvement à toute l'Europe; en un mot pour former & pour exécuter les projets les plus vastes, les plus compliqués & les plus glorieux. La reine mere, Marie de Médicis, venoit de terminer ses jours à Cologne, réduite aux plus fâcheuses extrémités.

Le même jour de la mort de Richelieu, Louis XIII fit entrer dans le conseil le cardinal Mazarin, qui, comme je l'ai déja dit, s'étoit fait connoître à la cour de France par son habileté dans les négociations. Le monarque ne survécut que quelques mois à son ministre. Sous son regne, l'Académie françoise & l'Imprimerie royale furent établies. Fils & pere de deux de nos plus grands rois, dit le président Hénault, il affermit le trône encore ébranlé de

Henri IV, & prépara les merveilles du siecle de Louis XIV.

1643. Ce regne en effet va nous en offrir de bien éclatantes. Louis XIV n'avoit pas encore cinq ans, lorsqu'il succéda à son pere. La reine mere, Anne d'Autriche, fut déclarée régente du royaume sans restriction, & nomma premier ministre le cardinal Mazarin.

Peu de temps avant la mort de Richelieu, un traité de paix avoit été conclu entre la France & les princes de Savoie, qui avoient renoncé à l'alliance d'Espagne. Le nouveau ministre suivit le plan de son prédécesseur; & malgré les murmures de la nation surchargée d'impôts, la guerre entreprise contre la maison d'Autriche fut continuée avec vigueur. Le duc d'Enguien, âgé de vingt-deux ans, fils du prince de Condé, marcha contre les espagnols qui assiégeoient Rocroi, leur livra bataille, nonobstant l'avis du maréchal de l'Hôpital, & les tailla en pieces, cinq jours après la mort de Louis XIII. Dans ce sanglant combat furent pour jamais détruites ces vieilles bandes espagnoles, redoutées comme la meilleure infanterie de toute l'Europe. Il prit ensuite la forte place de Thionville, presque dans le même temps que le maréchal de Brezé battit la flotte espagnole à la vue de Carthagene; que le maréchal de la Mothe remporta plusieurs avantages en Catalogne; & que Turenne merita, à l'âge de trente-deux ans, au siege de Trin en Italie, le bâton de maréchal de France.

Les succès qui suivirent ces beaux commencemens, ne furent pas moins glorieux. Mazarin avoit rappellé d'Italie Turenne, pour lui confier les débris de notre armée d'Allemagne, qui, par la division qui s'y étoit mise après la mort du maréchal de Guébriant, entre les françois & les Allemands, avoit été battue à Tudelingen. Le généreux Turenne répara cette armée à ses dépens, & passa le Rhin, pour faire lever le siege de Fribourg au brave Merci, qui commandoit les impériaux. Mais il se trouva trop foible pour délivrer cette place. Le duc d'Enguien vint à son secours; & ce fut alors que se passerent les trois fameuses journées de Fribourg. Merci, quoique défait, après avoir perdu neuf mille bavarois, ne cessa point d'être regardé comme un grand général; & Enguien ainsi que Turenne y acquirent la réputation des premiers capitaines de l'Europe. La prise de Spire, de Philisbourg, de Mayence & de plusieurs autres places suivit de près cette grande victoire. Du côté de la Flandre, le duc d'Orléans, oncle du roi, fit le siege de Gravelines : la haute noblesse du royaume s'y signala, & la ville fut emportée après quarante-huit jours de tranchée.

Les impériaux venoient d'être battus par Tortenson, général des suédois. Turenne voulut profiter de cette défaite, pour s'avancer dans l'Allemagne, & pour arrêter Merci. Mais cédant, après une marche pénible, aux importunités de la cavalerie allemande, qui vouloit prendre des rafraichissemens, il sépara son armée. C'est la seule faute qu'il ait faite en sa vie. Merci, sans lui donner le temps de rassembler ses quartiers, vint l'attaquer & le battit. En-

...ien commandoit alors l'armée de Champagne : il accourut pour le venger ; & les deux généraux françois gagnerent la bataille de Nordlingue où Merci fut tué.

Peu de temps après, Turenne seul se rendit maitre de Treves, & y rétablit l'électeur, à qui l'Espagne rendit la liberté. Le duc d'Orléans fit de nouvelles conquêtes en Flandre. Le vainqueur de Rocroi enleva Dunkerque aux espagnols ; & le maréchal de Brezé les battit sur mer, près d'Orbitello en Toscane, dans un combat sanglant où il fut tué, à l'âge de vingt-sept ans. Sur ces entrefaites la Hollande fit la paix avec l'Espagne, qui reconnut l'indépendance des Provinces-Unies.

Les négociations étoient ouvertes depuis plusieurs années pour la paix générale. Toute l'Europe en avoit besoin ; & cependant la guerre se continuoit avec le plus vif acharnement. Enguien, devenu prince de Condé par la mort de son pere, échoua, faute de secours, au siege de Lérida en Catalogne. Mais bientôt après, il mit le comble à sa gloire

& à nos succès, par la victoire de Lens, qu'il remporta sur l'Archiduc Léopold. Une foule de grands capitaines, Rantzau, Harcourt, Gassion, Schomberg, Choiseul-Praslin, &c. rendoient partout nos armes redoutables, lorsqu'enfin le fameux traité de Westphalie se conclut en 1648. La France acquit la souveraineté sur les trois évêchés de Metz, Toul & Verdun, & celle d'Alsace. La Suede obtint des avantages plus considérables ; & la maison d'Autriche perdit une grande partie de sa puissance. Mais l'Espagne refusa de le signer, se flattant sans doute de réparer ses désastres, à la faveur de la guerre civile, dont le royaume étoit menacé.

L'élévation de Mazarin avoit excité la jalousie des grands & la haine du peuple. Le feu couvoit depuis long-temps sous la cendre : quelques édits bursaux servirent à le faire éclater. Le parlement de Paris, en y formant opposition, rendit deux arrêts d'union avec les parlemens & les autres compagnies du royaume. Mazarin fit arrêter le président de Blancmenil & le conseiller Broussel, qui avoient le plus fortement opiné contre l'enregistrement. Aussi-tôt le peuple se souleva : les chaînes furent tendues dans Paris : on y vit en moins de deux heures plus de douze cent barricades ; c'étoient des especes de remparts, derriere lesquels les bourgeois en sûreté tiroient sur les troupes.

La reine mere fit sortir de prison les deux magistrats : mais cette condescendance n'étouffa point la révolte. L'abbé de Gondy, coadjuteur de l'archevêque de Paris son oncle, & depuis cardinal de Retz, animoit les séditieux, appellés *frondeurs*. Ils avoient à leur tête le duc de Beaufort, (surnommé *le roi des halles*, à cause de ses manieres populaires.) Le prince de Conti, le duc de Bouillon, qui étoit l'ame de ce parti, Turenne son frere, &c. Le parlement même ne cessoit de fomenter par des arrêts la discorde & la rébellion. Le roi fut forcé de quitter la capitale, que Condé, fidele à son maître, vint assiéger. Mais on conclut un accommodement, dont aucun des deux partis ne fut satisfait : aussi ne fut-il pas de longue durée.

Bientôt Condé devint rébelle, à force de prétentions. Il se plaignit d'être mal récompensé de ses services qu'il mettoit à trop haut prix, & s'unit avec le prince de Conti, son frere, & le duc de Longueville, son beau-frere. La reine mere eut l'imprudence de faire arrêter ces trois princes. Chose incompréhensible, si l'on ne savoit pas combien le peuple est aveugle & changeant dans ses desseins ! A la nouvelle de leur détention, des feux de joie furent partout allumés; & presque aussi-tôt il se forma une violente faction, pour demander hautement leur liberté. Le parlement ne tarda pas à faire la même réclamation, & lança un arrêt de bannissement contre Mazarin. Le ministre eut la sagesse de se plier aux conjonctures. Il fut lui-même délivrer les trois princes, pour s'en faire un mérite auprès d'eux. Mais en ayant été mal reçu, il crut ne pas devoir braver l'orage, & sortit du royaume, sans rien perdre de son crédit sur l'esprit de la reine.

Le départ du cardinal n'appaisa point les troubles. Condé que la reine mere cherchoit à rendre suspect aux frondeurs, trop fier & trop impétueux pour ménager aucun des deux partis, se retira brusquement, & se prépara à la guerre. Heureusement Turenne, invité par une lettre du roi, étoit déja revenu à la cour. Mazarin reparut alors en France, avec sept mille hommes de troupes. Le parlement, toujours obstiné à le poursuivre, mit sa tête à prix, par un arrêt, tandis qu'il déclaroit criminel de leze-majesté, Condé, l'ennemi de ce même ministre. Le duc d'Orléans, que la reine mere avoit regagné, puis reperdu, toujours flottant entre les deux partis, vouloit que la cour renvoyât Mazarin.

La guerre civile se ralluma avec plus de fureur que jamais. Turenne sauva le jeune roi, qui étoit à Gien, & que Condé avoit dessein d'enlever. Ces deux grands généraux se mesurerent bientôt après sous les murs de Paris, au fauxbourg S. Antoine. Condé y fit une habile retraite. Mais il eût été perdu, si les bourgeois de Paris, qui avoient regardé ce combat d'un œil tranquille, ne lui avoient ouvert leurs portes. Ils le firent à la persuasion de mademoiselle, qui obtint du duc d'Orléans, son pere, un ordre pour faire tirer le canon de la Bastille sur l'armée royale.

La présence de Condé ne fit qu'accroître l'audace du parlement & sa haine contre le ministre. Cette compagnie ne craignit point de déclarer le duc d'Orléans lieutenant-général du royaume, quoique Louis XIV eût atteint l'âge de majorité. Pour rétablir le calme, Mazarin quitta une seconde fois la France. Les factions furent en effet dissipées. Le roi rentra dans la capitale, d'où Condé étoit sorti cinq jours auparavant, pour aller chercher un asyle en Espagne. Le duc d'Orléans fut relégué à Blois, où il finit ses jours; & le coadjuteur, alors cardinal de Retz, fut mis à Vincennes. Mazarin se hâta de revenir à Paris, & y fut reçu en triomphe.

Durant ces funestes folies de la fronde, les espagnols s'étoient emparés de Barcelone, de Casal, de Graveline & de Dunkerque. Turenne

DE LA FRANCE. 239

arrêta le cours de leurs conquêtes, & fit lever le siege d'Arras à Condé qui étoit encore dans leur parti. Ce fut alors que le roi fit sa premiere campagne au siege de Stenai, dont il se rendit maitre, ayant sous lui Fabert, depuis maréchal de France. Nous reprimes insensiblement tout ce que nous avions perdu pendant la guerre civile. La derniere campagne sur tout n'offre que des victoires. Turenne & Condé combattirent en plusieurs rencontres l'un contre l'autre. Mais Condé rebelle ne fut pas heureux. Il perdit la fameuse bataille des Dunes, suivie de la prise de Dunkerque, que le roi fit remettre aux anglois, ainsi qu'on en étoit convenu dans le traité fait avec Cromwel. Avant l'action, Condé avoit dit au jeune duc de Glocester : *N'avez-vous jamais vu perdre une bataille ? eh bien, vous allez le voir.* On sait que ce prince n'avoit pas été le maitre de la disposition de ses troupes.

Enfin nos succès forcerent l'Espagne à la paix qui fut conclue en 1659 par le cardinal Mazarin & don

Louis de Haro, dans l'isle des F[ai]-
sans, sur les confins des deux roya[u]-
mes. Le Roussillon & une partie [de]
l'Artois nous resterent. L'infante M[a]-
rie-Thérese fut promise à Louis XI[V]
& le prince de Condé rétabli.

Dans le cours de cette guerre, d[es]
disputes théologiques avoient tro[u]-
blé la paix de l'église de Franc[e]
Cinq propositions, tirées d'un liv[re]
sur la Grace par Jansenius, évêq[ue]
d'Ypres, y avoient donné lieu. L[e]
pape Innocent X, & son successe[ur]
Alexandre VII les avoient condam[n]-
nées. Mais les jansénistes, en reje[t]-
tant ces cinq propositions, ne vo[u]-
lurent point convenir qu'elles fuss[ent]
dans l'ouvrage de Jansenius; & l[es]
querelles se renouvellerent. Le m[ê]-
me Alexandre VII envoya, quelqu[es]
années après, un *formulaire*, où [le]
point de fait étoit décidé. Il fut re[çu]
en France par une déclaration en[re]-
gitrée.

Peu de temps après que le roi e[ût]
épousé l'infante d'Espagne, Mazar[in]
mourut; ministre aussi doux, au[ssi]
souple & aussi circonspect que Rich[e]-
lieu étoit violent, fier & hardi; ay[ant]
moi[ns]

moins de grandeur & moins d'étendue dans l'esprit, mais plus de finesse & plus de mesure; possédant surtout le grand talent de connoître les hommes, & de les employer à propos. Il eut la gloire de consommer l'ouvrage commencé par son prédécesseur, en faisant deux traités si avantageux pour la France, celui de Westphalie & celui des Pyrénées.

Voici un regne nouveau sous le même monarque. Louis XIV va tout voir par lui même, donner une attention suivie à toutes les affaires, & tenir les rênes du gouvernement. Il déclara ses intentions dans le premier conseil qui se tint après la mort du ministre, défendant expressément de rien faire sans ses ordres. *J'aurai, dit-il, d'autres principes dans le gouvernement de mon état, dans la regie de mes finances, & dans les négociations au-dehors, que n'avoit feu M. le cardinal. Vous savez mes volontés : c'est à vous maintenant, messieurs, de les exécuter.*

Les prodigalités & les déprédations de Fouquet, surintendant des finances, fixerent les premiers regards du roi. Le ministre fut disgracié, & Colbert lui succéda, avec la seule qualité de contrôleur-général. Louvois fut nommé dans le même temps ministre de la guerre. Ces deux hommes furent, par leur génie, les deux principales causes de la prospérité de ce regne, & du succès de nos armes: le premier, en ouvrant des sources de richesses; le second, en établissant la plus sévere discipline dans les troupes, & des magasins immenses qui fournirent abondamment à tous les besoins des armées.

Il est peu de monarques qui aient été plus jaloux de leur propre gloire & de leur autorité que Louis XIV. En 1655, le parlement s'étoit assemblé au sujet de quelques édits. Louis XIV en ayant été instruit, s'y rend en habit de chasse, en bottes, le fouet à la main, fait rompre l'assemblée, & défend d'en tenir de nouvelles.

Les deux traits suivans vont faire connoître à quel point il vouloit être respecté des autres puissances. Son ambassadeur à Londres fut insulté par l'ambassadeur d'Espagne, qui prétendoit avoir la préséance. Louis

XIV demanda la réparation de cette offense à Philippe IV, son beau-pere, le menaçant de reprendre les armes. Le roi d'Espagne envoya aussi tôt un ambassadeur extraordinaire, qui déclara au roi, en présence de tous les ministres étrangers, que le roi, son maître, avoit donné ordre à tous ses ambassadeurs & ministres, de ne plus concourir avec ceux de France.

Le duc de Crequi, ambassadeur à Rome, ayant été assiégé dans son hôtel par les soldats de la garde-corse, que quelques-uns de ses laquais avoient insultés, Louis XIV demanda satisfaction au pape. Sur le refus du pontife, il se saisit d'Avignon, & se prépara à faire marcher une armée en Italie. Alexandre VII se soumit, & envoya le cardinal Chigi son neveu, qui demanda pardon au roi. Les corses furent cassés; & l'on éleva vis-à-vis leur ancien corps-de-garde une pyramide, en mémoire de cet événement.

Colbert avoit déjà rétabli les finances. Le roi se vit en état de faire négocier par son ambassadeur à Londres la restitution de Dunkerque. Il l'obtint au prix de cinq millions. En peu d'années les impôts furent diminués ; l'agriculture & le commerce encouragés ; la compagnie des Indes fondée ; des manufactures établies ; le canal de Languedoc commencé, & une nouvelle marine créée. En ce même temps parurent de sages ordonnances concernant la procédure & l'administration de la justice. Les sciences & les arts furent protégés, & les savans récompensés. Le roi donna des lettres-patentes pour l'établissement de l'académie des inscriptions & belles lettres, de l'académie de peinture & de sculpture & de l'académie des sciences. Il répandit même ses bienfaits sur des savans étrangers, entr'autres sur le célèbre Vossius, à qui Colbert envoya par son ordre une lettre de change, comme *une marque de son estime & un gage de sa protection.*

Louis XIV étoit passionné pour la gloire des armes. Il brûloit de trouver l'occasion de l'acquérir : la mort du roi d'Espagne la lui fournit. La reine Marie-Thérèse, sa fille du premier lit, avoit des droits sur le Brabent, à l'exclusion du nouveau roi Charles II, enfant du second lit. Louis se hâta de les faire valoir. Il se mit à la tête d'une armée, ayant sous lui Turenne, & prit en une seule campagne presque toute la Flandre. L'année suivante, Condé le suivit en Franche-Comté; & la conquête en fut faite en trois semaines. Ces rapides succès allarmerent toute l'Europe. La Hollande se ligua tout-à-coup avec l'Angleterre & la Suede, en faveur de l'Espagne. Le roi offrit la paix, qui fut signée à Aix-la-Chapelle en 1668. Il rendit la Franche-Comté: mais les conquêtes qu'il avoit faites dans les Pays-Bas lui resterent.

Ici brillent les plus beaux jours du regne de Louis XIV. Les sciences sont cultivées avec succès, & les arts portés à leur perfection. Des chefs-d'œuvres d'architecture & de sculpture embellissent la capitale. L'art de la guerre est perfectionné par Vauban. Les peuples, heureux dans l'abondance, adorent leur souverain, environné des plus grands capitaines. Nos flottes triomphantes couvrent toutes les mers; & le pavillon de la

France est respecté de toute l'Europe. L'académie d'architecture est fondée; & l'on voit s'élever un monument, seul capable d'immortaliser Louis XIV, cet asyle ouvert aux guerriers, que leurs blessures ou les infirmités d'un âge avancé, forcent d'abandonner la carriere des armes.

Cependant Louis n'oublioit pas que les hollandois l'avoient choqué, par la fierté de leur ambassadeur, pendant qu'on négocioit le dernier traité avec l'Espagne. Une médaille injurieuse qu'ils firent frapper, excita son indignation. Resolu de châtier ces hardis & imprudens républicains, il détacha de leur alliance l'Angleterre & la Suede; rassembla près de deux cent mille hommes, pour aller porter la guerre dans le sein de la Hollande même, & y entra, suivi du duc d'Orléans son frere, de Condé, de Turenne, de Luxembourg, de Vauban & de Louvois. Les hollandois furent encore attaqués sur mer par les flottes réunies d'Angleterre & de France, que commandoient le duc d'Yorck & le comte d'Estrées. Celle des hollandois avoit pour amiral le fameux Rhuiter. Il se livra un des plus furieux combats qu'on ait jamais vus, mais sans aucun succès vraiment décidé. Sur terre, le roi fit en personne, dans l'espace de trois mois, la conquête des trois provinces Utrecht, Overyssel & Gueldres, où l'on comptoit près de cinquante villes ou places fortifiées; places qu'on auroit dû démolir, suivant le conseil de Condé & de Turenne, pour ne pas affoiblir l'armée, en y mettant des garnisons. L'empereur, le roi d'Espagne & la plupart des princes de l'empire, effrayés à la vue de ce torrent qui menaçoit de tout engloutir, se liguerent pour en arrêter le cours. Bientôt l'Angleterre fit la paix avec la Hollande; & la France se vit abandonnée à ses propres forces.

Louis XIV, incapable de crainte, ne tarde pas à se remettre en campagne, & s'empare pour la seconde fois de la Franche comté, que les espagnols perdirent sans retour. En Allemagne, Turenne taille en pieces les impériaux, commandés par le duc de Lorraine, dévaste le Palatinat, & bat ensuite deux fois les ennemis qui avoient pénétré dans l'Alsace. En Flandre, Condé, avec une armée de cinquante mille hommes, humilie à Senef le prince d'Orange stathouder, dont l'armée étoit forte de près de quatre-vingt mille. La guerre continue toujours en Alsace avec vigueur. Turenne y livre aux ennemis un combat des plus sanglans, & les force de repasser le Rhin. Bientôt il se trouve opposé au célébre Montecuculli, qui commandoit les impériaux. Cette derniere campagne fut, suivant le chevalier Folard, le chef-d'œuvre de ces deux capitaines. Il n'y en a point, dit-il, de si belle dans l'antiquité : il n'y a que les experts dans le métier qui puissent en bien juger. Après avoir épuisé pendant deux mois toutes les ressources que peut fournir l'art de la guerre pour les campemens, les marches & les contre-marches, Turenne crut avoir trouvé le moment d'attaquer l'ennemi avec avantage, lorsque ce grand homme, un des plus habiles généraux que l'Europe ait produits, fut emporté par un boulet de canon. Quelle perte pour la France! quelle désolation pour l'armée!

Dans cet affreux malheur, il s'éleva une contestation, pour le commandement, entre le comte de Lorges & le marquis de Vaubrun. Lorges l'emporta, & fit une belle retraite, qui, dans cette consternation, parut une victoire. Condé vint prendre le commandement de l'armée, & força Montecuculli à lever le siege d'Haguenau. Ce fut le dernier exploit de ce prince, qui mérita le surnom de *Grand*. Tourmenté de la goute, il passe le reste de ses jours dans la retraite.

Bientôt après le roi fit plusieurs conquêtes dans les Pays-Bas; & dans ce même temps, Vivonne & Duquesne battirent la flotte des espagnols devant Messine. Schomberg, qui avoit confondu leurs projets sur Perpignan, les défit en Catalogne. Duquesne fut encore vainqueur, sur les mers de Sicile, dans deux combats des plus terribles contre Rhuiter qui y périt. D'Estrées en Amérique s'empara de Cayenne, & abattit la puissance maritime des hollandois. Par-tout les armes françoises eurent les succès les plus écla-

L 5

tans. Enfin les trois plus fortes places des Pays-Bas, Valenciennes, Cambrai, & Saint-Omer, furent prises. Le prince d'Orange qui venoit au secours de cette derniere place, fut battu à plates coutures à Cassel par Monsieur, frere du roi, qui avoit sous lui les maréchaux d'Humieres & de Luxembourg.

Ces expéditions glorieuses hâterent la conclusion de la paix. Elle fut signée à Nimegue en 1678 : le roi, qui en dicta les conditions, y fit la loi à ses ennemis. La nation lui donna le surnom de *Grand*; & l'Europe n'a jamais reclamé contre ce titre si justement mérité.

Je ne dois pas omettre ici une réponse délicate & flatteuse que fit Racine à Louis XIV. Au retour de ces dernieres expéditions, le roi dit à ce poëte & à Boileau, ses historiographes : *Je suis fâché que vous n: soyez pas venus à cette derniere campagne ; vous auriez vu la guerre, & votre voyage n'eût pas été long.* Racine lui répondit : *votre majesté ne nous a pas donné le temps de faire faire nos habits.*

Cette paix de Nimégue produisit

les plus heureux effets dans notre commerce. Les françois ne tarderent pas à former leurs premiers établissemens dans les Indes orientales, par la confirmation de l'acquisition qu'ils venoient de faire de Pondichéri. Quant à la marine, Colbert l'avoit rendue si formidable, que Louis XIV ordonna de faire baisser partout le pavillon aux vaisseaux espagnols. Il rendit en même temps une ordonnance de la marine, que les anglois ont regardée comme un chef-d'œuvre, & qu'ils ont copiée.

La Méditerranée fut bientôt délivrée des corsaires qui l'infestoient. Duquesne bombarda deux fois Alger; & Tourville, le plus grand homme de mer qu'on ait vu en Europe, força cette république à demander la paix. Tunis & Tripoli éprouverent le même sort. La superbe Gênes, qui, au mépris de son alliance avec la France, entretenoit des intelligences avec l'Espagne, & favorisoit même les pirateries des Algériens, fut aussi bombardée; & son doge vint lui-même à Versailles, accompagné de quatre sénateurs, s'humilier aux pieds de Louis. La France venoit alors de perdre Colbert; esprit sage, dit le président Hénault, sans avoir les écarts du génie.

Il s'étoit élevé de violens démêlés entre le roi & le pape Innocent XI, au sujet de la régale. Ce fut à cette occasion, que le clergé tint une assemblée, dont quatre fameux articles furent le résultat. En voici la substance. 1°. Le pape n'a aucune autorité sur le temporel des rois. 2°. Le concile est au-dessus du pape, comme l'a décidé le concile de Constance. 3°. Les coutumes & les loix reçues dans l'église gallicane doivent être maintenues. 4°. Le jugement du pape, en matière de foi, n'est infaillible qu'après le consentement de l'église. Ces démêlés eurent quelques suites, qui heureusement ne furent point funestes. Dans ce même temps, le roi porta le dernier coup au calvinisme, par la révocation de l'édit de Nantes.

Cependant la grande puissance, & peut-être la hauteur de Louis XIV lui avoient attiré presqu'autant d'ennemis, qu'il y avoit de souverains en Europe. Le prince d'Orange, quoique guerrier peu habile, étoit le plus dangereux & le plus redoutable par sa profonde politique. Il devint le moteur d'une fameuse ligue, formée contre la France à Ansbourg en 1686, & signée l'année suivante à Venise. L'empereur & la plus grande partie de l'Allemagne, la Hollande, le roi d'Espagne, le duc de Savoie & presque tous les princes d'Italie menacerent d'écrâser la France.

Loin d'être effraié à la vue de tant d'ennemis, Louis XIV voulut avoir la gloire de porter les premiers coups. Il mit trois armées sur pied ; la premiere en Allemagne, commandée par le dauphin ; la seconde en Flandre, par Luxembourg ; & la troisieme en Italie, par Catinat. *Mon fils, dit-il au dauphin, au moment de son départ, en vous envoyant commander mes armées, je vous donne les occasions de faire connoître votre mérite. Allez le montrer à toute l'Europe, afin que quand je viendrai à mourir, on ne s'apperçoive pas que le roi est mort.* Le jeune prince remplit parfaitement l'attente de Louis XIV, & donna les plus belles espérances à la nation, par la prise de Philisbourg & de quelques autres places. La gloire qu'il s'acquit dans cette campagne, causa une joie universelle.

Les anglois n'étoient point entrés dans la ligue d'Ausbourg. Ils s'y trouverent engagés par les suites d'une révolution qui se passa chez eux. Jacques II leur roi professoit la religion catholique. Ils conspirerent secretement pour le détrôner. Le prince d'Orange, qui avoit épousé sa fille, se mit à leur tête, & fut reconnu roi d'Angleterre, sous le nom de *Guillaume III*. Le monarque fugitif vint chercher un asyle en France. Louis XIV, non content de le lui accorder, lui fournit des secours pour remonter sur le trône de ses peres. Une flotte considérable le conduisit en Irlande. Mais l'année suivante, le roi Jacques perdit la bataille décisive de la Boine, & revint en France.

Une guerre ouverte avoit été alors déclarée entre la France & l'Angleterre. Toute l'Europe étoit donc réunie contre Louis XIV; & Louis XIV faisoit face à toute l'Europe. Mille exploits des plus éclatans remplirent cette guerre. Ce fut un enchaînement de triomphes. Il suffira d'en indiquer les principaux.

Nous nous étions déjà emparés du Palatinat : il fut embrâsé de nouveau par le conseil de Louvois. Tourville défit, à la hauteur de Dieppe, les flottes réunies d'Angleterre & de Hollande, & devint sur la mer le fléau des ennemis. Luxembourg battit à plates coutures le prince de Valdec à Fleurus, & gagna ensuite sur le prince d'Orange les batailles de Steinkerque & de Nervinde. Le roi en personne s'empara de Mons & de Namur. Catinat défit le duc de Savoie à Staffarde, & peu de temps après à la Marsaille. Noailles, Lorges, Boufflers, Villeroi, Vendôme soutinrent parfaitement en Allemagne, en Flandres, dans les Pays-Bas, en Catalogne la gloire des armes françoises. Au milieu de ces succès, la mort nous enleva Louvois; homme né avec des talens rares pour la place qu'il occupoit, &

que la France comptera toujours au nombre de ses plus grands ministres.

Jacques II, que Louis XIV espéroit encore de rétablir, s'avança vers les côtes de Normandie. On crut avoir des intelligences sûres dans la flotte angloise, réunie à celle de Hollande. Le roi donna ordre à Tourville d'attaquer les ennemis, avec quarante-quatre vaisseaux seulement, quoiqu'ils en eussent quatre-vingt huit. Ce fut près de la Hogue. L'amiral & les troupes françoises se couvrirent de gloire dans ce combat si inégal, où les alliés firent quelques pertes, & ne gagnerent que le champ de bataille. Malheureusement l'éloignement de nos ports rendit la retraite impossible. Notre flotte s'étant dispersée sur les côtes de Normandie & de Bretagne, treize de nos vaisseaux furent brûlés par les anglois.

Cependant Duguai-Trouin, simple armateur, courut les mers, & ruina le commerce des ennemis. Pointis, chef d'escadre, prit Carthagene avec toutes ses richesses; & Vendôme s'empara de Barcelonne, après cinquante-deux jours de tranchée ouverte. Les peuples avoient besoin de la paix : elle fut négociée & signée à Riswick en 1697. Le roi y montra sa modération aux yeux de toute l'Europe, en sacrifiant ses conquêtes. Dans le cours de cette guerre, il avoit institué l'ordre de Saint-Louis.

Cette paix générale ne fut pas de longue durée. La succession à la couronne d'Espagne alluma bientôt une des guerres les plus sanglantes que la France ait eu à soutenir. Charles II, roi d'Espagne, beau frere de Louis XIV, n'avoit point de postérité. Après avoir consulté les grands de son royaume, des théologiens & le pape Innocent XII, il fit son testament, par lequel il déclaroit héritier de toutes ses couronnes Philippe, duc d'Anjou, second fils du dauphin, & petit-fils de Louis XIV. A la mort du monarque espagnol, arrivée en 1700, Louis XIV accepta le testament ; & le duc d'Anjou fut proclamé roi à Madrid, sous le nom de *Philippe V*. Le roi lui dit à son départ : *Mon fils, il n'y a plus d. Pyré-*

nées. L'empereur, qui vouloit la couronne pour Charles, son second fils, se hâta de prendre les armes. Je ne ferai que crayonner les principaux événemens de cette guerre, la plus juste, mais la plus malheureuse de toutes celles de ce regne.

Le prince Eugene de Savoie s'étoit retiré de la cour de France, pour entrer dans le service de l'empereur. Ce monarque l'envoya en Italie avec une armée de trente mille hommes. Le duc de Savoie, dont les deux filles avoient épousé, l'une le duc de Bourgogne, fils aîné du dauphin, & l'autre, son frere Philippe V, étoit notre allié. Il fut nommé généralissime des armées de France & d'Espagne, ayant sous lui Catinat & Villeroi. Eugene le battit à Chiari, où le maréchal de Catinat fit une belle retraite. Sur ces entrefaites, Jacques II mourut à Saint-Germain en Laye; & Louis XIV reconnut son fils, Jacques III, pour roi de la Grande-Bretagne. Les anglois saisirent cette occasion, pour se déclarer ouvertement contre nous avec la Hollande.

Villeroi étoit en quartier d'hiver

à Crémone. Eugene fit entrer des troupes dans cette ville par un égoût. La garnison eut le temps de se reconnoître, & chassa les impériaux: mais le général françois fut fait prisonnier. Vendôme, qui fut envoié en Italie pour le remplacer, battit Eugene à Luzara. où se trouva le jeune roi d'Espagne. Bientôt le duc de Savoie sacrifiant les droits de la nature & les loix de l'honneur, abandonna la France, pour se jetter dans le parti des alliés. Cette défection fut la principale cause de nos malheurs.

Marleborough, qui commandoit les troupes d'Angleterre & de Hollande, battit dans les Pays-Bas le duc de Bourgogne & le maréchal de Boufflers. Villars nous consola de ces revers, par les batailles qu'il gagna à Fredelingen, & dans les plaines de Hochstet, réuni à l'électeur de Baviere notre allié. Malheureusement il fut rappellé pour aller dans les Cevennes, calmer les troubles qu'y excitoient les montagnards huguenots. *Point d'impôts & liberté de conscience,* s'écrioient ces fanatiques, appellés *camisars*. Il fallut livrer plusieurs combats très-vifs pour les réduire.

Cependant Tallard, vainqueur auprès de Spire, faisoit trembler l'empereur pour sa capitale : il étoit assez facile en effet d'aller jusqu'à Vienne. Eugene & Marleborough accoururent : ils rencontrerent l'armée françoise & bavaroise, commandée par Tallard & Marsin, joints à l'électeur de Baviere. Ils la défirent entierement, dans ces mêmes plaines de Hochstet, où Villars s'étoit si glorieusement signalé. Cette bataille nous fit perdre environ cent lieues de pays. Les ennemis inonderent la Baviere, & pénétrerent dans l'Alsace. D'un autre côté, les anglois firent un armement formidable contre l'Espagne : ils s'emparerent par surprise de Gibraltar, & se répandirent dans les provinces de Valence & de la Catalogne. Les succès de Vendôme en Italie ne furent pas capables de réparer ces grandes pertes. Il battit Eugene à Cassano, & se rendit maitre de presque tous les états du duc de Savoie. Mais le duc de la Feuillade échoua au siege de Turin, dans le même temps que Marleborough venoit de nous mettre en déroute, près de Ramillies en Flandre.

Leopold I étoit mort quelque temps auparavant (1705), laissant le trône impérial à son fils, Joseph I. L'archiduc Charles, frere de celui-ci, s'étoit fait proclamer roi d'Espagne dans Madrid. Les affaires de Philippe V étoient presqu'entierement ruinées. Berwick les rétablit par la victoire d'Almanza. Forbin & Duguai-Trouin, qui se signaloient alors sur mer, n'étoient pas assez en forces, pour remporter de grands avantages.

Bientôt après, nos pertes & nos désastres se multiplierent. Louis XIV, dont le caractere aussi généreux qu'élevé ne se démentit point dans ses plus grands malheurs, quoiqu'accablé sous le poids d'une guerre funeste & ruineuse, fit équiper une flote, pour remettre sur le trône d'Angleterre le fils infortuné de Jacques II. Forbin en eut le commandement, & devoit conduire le prince en Ecosse. L'entreprise ne réussit point. L'amiral fut assez habile pour sauver la flotte, quoique la mer fût couverte de vaisseaux ennemis. Dans les Pays-Bas, le duc de Bourgogne étoit à la tête d'une nombreuse armée, ayant sous lui le duc de Vendôme. Mais autant Eugène & Marleborough, qu'ils avoient à combattre, étoient unis, autant nos deux généraux étoient divisés. Leur mésintelligence fut la cause de la perte de Lille, dont les ennemis s'emparerent.

Le rigoureux hiver de 1709 mit le comble à la misere & à la désolation des peuples. Le roi fut forcé de demander la paix. Les alliés ne voulurent la lui accorder qu'à cette condition odieuse & barbare, qu'il se joindroit à eux pour chasser, dans l'espace de deux mois, son petit-fils du trône d'Espagne. *Puisqu'il faut faire la guerre*, répondit Louis XIV, *j'aime mieux la faire à mes ennemis qu'à mes enfans*.

La nation, non moins indignée que le monarque, s'empressa de fournir des secours. Villars fut envoié en Flandres, avec une armée inférieure à celle d'Eugène & de Marleborough. Boufflers, ne respirant que l'amour

DE LA FRANCE. 165

de la patrie, demanda, quoique son ancien, à servir sous lui. Le combat s'engagea, près du village de Malplaquet : il fut des plus meurtriers. Villars y fut blessé, perdit le champ de bataille, & environ huit mille hommes. Mais il en tua près de vingt-cinq mille aux ennemis. *Si le bon Dieu*, écrivit-il au roi, *nous fait la grace de perdre encore une pareille bataille, les ennemis sont détruits.* Nos soldats avoient manqué de pain un jour entier : (le président Hénault dit même depuis trois jours,) on leur en donna au moment de l'action ; ils en jetterent une partie pour courir sur l'ennemi ; ils combattirent en effet comme des lions ; & Boufflers fit une retraite qui fut admirée.

Cependant la France étoit épuisée d'hommes & d'argent. Le fardeau de la guerre devenoit de jour en jour plus insupportable. Louis XIV demanda une seconde fois la paix. Dans les beaux jours de sa gloire, il n'avoit montré que de la hauteur envers ses ennemis. Au milieu de leurs triomphes, ses ennemis le traiterent avec une dureté, qui ne pouvoit caractériser que des ames féroces. Ils vouloient qu'il étouffât dans son cœur le cri de la nature, qu'il s'armât lui seul contre son petit-fils, & qu'il s'engageât à le détrôner. Les autrichiens venoient de remporter une nouvelle victoire à Sarragosse. Philippe V fuyoit devant les vainqueurs. La France ne pouvoit plus lui fournir des troupes. Le conseil d'Espagne demanda à Louis XIV un seul homme, le duc de Vendôme. Ce général accourt, rassemble les troupes espagnoles, bat complettement les ennemis à Villaviciosa, & par cette victoire décisive, affermit la couronne sur la tête de Philippe. S'il faut en croire quelques historiens, après la bataille on ne trouva point de lit pour le monarque. *Je vais*, lui dit Vendôme, *vous faire donner le plus beau lit sur lequel jamais roi ait couché.* Il le fit coucher sur les étendards de l'ennemi.

Sur ces entrefaites, on négocioit fortement pour la paix à la cour de Londres. Les vrais serviteurs de la reine Anne lui firent voir que l'Angleterre n'avoit point d'intérêt réel cette guerre, quoiqu'elle en fît presque tous les frais, & que Marleborough ne s'obstinoit à la continuer, que pour servir son ambition, & pour agrandir sa fortune. La reine ouvrit les yeux : la duchesse de Marleboroug, qui l'avoit gouvernée jusqu'alors, ne fut plus sa favorite. On restreignit à l'armée la puissance de son mari, qui, bientôt après, perdit tous ses emplois. La mort de l'empereur Joseph, à qui l'archiduc Charles son frere, compétiteur de Philippe, venoit de succéder, acheva de déterminer la reine Anne à signer les préliminaires de la paix avec la France.

Depuis le commencement de cette guerre malheureuse, Louis XIV éprouvoit au dehors les plus fâcheuses disgraces. Au sein de sa famille, il fut frappé des coups les plus sensibles. Il avoit eu, l'année précédente, la douleur de perdre le dauphin, âgé de 50 ans. Dans l'espace d'un mois, il vit mourir à la fleur de l'âge le duc de Bourgogne, son petit-fils & le duc de Bretagne, son arriere-petit-fils, âgé de cinq ans. Il ne lui resta que le duc d'Anjou encore au berceau, encore foible, & languissant d'une maladie qui l'avoit conduit aux portes du trépas.

Une suspension d'armes entre la France & l'Angleterre fut publiée dans les deux camps. Mais le prince Eugene continuoit la guerre en Flandre, avec de nouveaux succès. Il mit le siege devant Landreci ; & la France se vit alors dans un extrême danger. On proposa à Louis XIV de s'éloigner de la capitale. Sa réponse fut parfaitement conforme à la grandeur de son courage. *Non*, dit il avec fermeté, *si mon armée est encore battue, je convoquerai toute la noblesse de mon royaume, je la conduirai à l'ennemi, malgré mon âge de soixante & quatorze ans, & m'ensevelirai avec elle sous les débris de la monarchie.* Villars fut le sauveur de l'état. Il feignit de vouloir attaquer Eugene dans son camp de Landreci, & courut forcer le poste de Denain, qui favorisoit le passage des convois que les ennemis faisoient venir de Marchiennes. Eugene arriva : mais la victoire étoit décidée ; & il fut repoussé. Six jours après, Villars prit Marchiennes où étoient tous leurs magasins : Landreci fut délivré ; & en moins de trois mois, Douai, Lequesnoi, & Bouchain tomberent au pouvoir du vainqueur.

Tous ces succès mirent enfin un terme aux calamités des peuples. La paix fut conclue à Utrecht en 1713; & Philippe V fut reconnu roi d'Espagne. L'empereur ne voulut point poser les armes. Mais de nouvelles victoires remportées par Villars, la prise de plusieurs places, sur-tout de Landau & de Fribourg, obligerent Charles VI à faire la paix, qui fut signée l'année suivante à Radstat. Quoique cette guerre eût réduit la France aux dernieres extrémités, elle ne perdit, par le traité de paix, que quelques-unes de ses conquêtes.

Peu de temps avant cette paix, de nouveaux troubles s'étoient élevés dans l'église de France, à l'occasion du livre des *Réflexions morales* sur le nouveau Testament, par le P. Quesnel, de l'Oratoire. Clément XI condamna, par la bulle *Unigenitus*, cent & une propositions, extraites de cet ouvrage.

Cependant Louis XIV sentoit qu'il touchoit à sa fin. Il voulut donner à ses enfans naturels légitimés, le duc du Maine & le comte de Toulouse, une marque sensible de son amour paternel, en les déclarant, par un édit enregitré au parlement, héritiers de sa couronne, au défaut des princes du sang. Mais Louis XV révoqua cet édit, & laissa seulement aux princes légitimés les honneurs dont ils jouissoient.

Louis XIV mourant se fit apporter le dauphin, son arriere-petit-fils. Mon enfant, lui dit il, en le tenant dans ses bras, vous allez être bientôt roi d'un grand royaume. Ce que je vous recommande plus fortement, est de n'oublier jamais les obligations que vous avez à Dieu. Souvenez-vous que vous lui devez tout ce que vous êtes. Tâchez de conserver la paix avec vos voisins. J'ai trop aimé la guerre : ne m'imitez pas en cela, non plus que dans les trop grandes dépenses que j'ai faites. Prenez conseil en toutes choses, & cherchez à connoître le meilleur pour le suivre toujours. Soulagez vos peuples le plutôt que vous pourrez, & faites ce que j'ai eu le malheur de ne pouvoir faire moi-même. Il mourut âgé de soixante & dix-sept ans. L'empereur en annonça la nouvelle à sa cour, par ce mot bien expressif. *Le roi est mort.*

Qu'on reproche à ce prince une trop vive passion pour la gloire de conquérant, trop de goût pour le faste & la magnificence : il se les est reprochés lui-même. Tous les grands hommes ont eu leurs foiblesses. Celles-ci du moins décèlent une élévation de caractere, une grandeur d'âme peu commune. Mais aucun monarque ne s'est montré plus digne que Louis XIV, ni des pompeux éloges qu'on en a faits, ni du glorieux surnom qu'on lui a donné. La nation françoise & l'Europe entiere lui doivent de nouvelles mœurs, un nouveau gouvernement, un nouvel esprit ; heureux effets de la propagation des lumieres & des progrès des connoissances dans tous les genres, qu'on a vus sous le plus long & le plus beau regne de notre monarchie. Louis XIV fut grand dans la prospérité, plus grand encore dans l'adversité. Le juste appréciateur du vrai mérite &

de la vraie gloire l'admirera bien plus dans ses revers, s'élevant au-dessus de la mauvaise fortune, qu'il ne l'avoit admiré au milieu de ses triomphes, imposant des loix à toute l'Europe.

L'état déplorable des finances & l'épuisement des peuples, suites inévitables des malheurs de la guerre, avoient besoin d'un regne tranquille & d'une sage administration, lorsque Louis XV, âgé de cinq ans, succéda à son bisayeul. Le duc d'Orléans, neveu de Louis XIV, eut la régence absolue du royaume, qui lui fut déférée par le parlement. Cette minorité ne fut troublée que par une guerre de deux ans, qu'alluma l'ambition téméraire de l'Espagne, qui vouloit reprendre la Sardaigne & la Sicile, détachées de ce royaume par la paix d'Utrecht. Mais elle n'en retira d'autre fruit, que la honte d'avoir voulu faire valoir des prétentions injustes, & d'avoir forcé la France à s'armer contre ce même monarque, qu'elle avoit eu tant de peine à placer sur le trône. Par le traité de paix de 1720, l'empereur

[marginal: 1715.]

eut la Sicile, où regnoit le duc de Savoie, à qui la Sardaigne fut donnée en échange.

Durant cette guerre, Jean *Law* ou *Liss*, écossois, proposa le plan d'une compagnie, qui payeroit en billets les dettes de l'état, & qui se rembourseroit par les profits. Malheureusement ce système pernicieux fut adopté par le régent: il ruina sans ressources une infinité de familles; & l'avide écossois, chargé des malédictions du peuple, fut obligé, après avoir été dans le ministere, de quitter le royaume.

Louis XV, devenu majeur, nomma premier ministre le régent, qui mourut cette même année. Il eut pour successeur dans le ministere, le prince de Bourbon-Condé, qui fut bientôt remplacé par le cardinal de Fleuri; homme vertueux, économe, pacifique, & dont la conduite fermeroit la bouche à la critique la plus sévere, s'il avoit entretenu la marine & le commerce extérieur. Sous son gouvernement sage & paisible, la France répara ses pertes, & s'enrichit.

Stanislas Leczinski, beau-pere de Louis XV, avoit été élu roi de Pologne en 1704, & ensuite détrôné. Il fut élu de nouveau en 1733. Mais l'empereur Charles VI fit placer sur le trône de Pologne l'électeur de Saxe, fils du dernier roi. Louis XV prit les armes, pour soutenir l'élection de Stanillas. Le roi d'Espagne, qui avoit déja établi à Parme & à Plaisance don Carlos, son fils; & le roi de Sardaigne, qui espéroit agrandir ses états, en enlevant le Milanès à la maison d'Autriche, s'unirent au roi. Ces trois puissances eurent les plus grands succès. Villars, âgé de quatre vingt-deux ans, prit Milan, Tortone, Novare, &c. Le maréchal de Coigni fut vainqueur dans les journées de Parme & de Guastalle. En peu de temps, l'empereur perdit presque tous ses états en Italie. La paix fut signée à Vienne en 1738 : la France en regla les conditions. Don Carlos fut reconnu roi de Naples & de Sicile, en cédant Parme & Plaisance à l'empereur : le roi de Sardaigne eut le Novarois, le Tortonois, & les fiefs des Langhes; François, duc de Lorraine, gendre de l'empereur, le grand-duché de Toscane, & le roi Stanislas, le Barrois & la Lorraine, pour être réunis après sa mort à la couronne de France.

Deux années s'étoient à peine écoulées, lorsque Charles VI, dernier prince de la maison d'Autriche, mourut sans enfans mâles. Marie-Thérese, sa fille, reine de Hongrie, épouse du grand-duc de Toscane, se mit en possession de tous les états de son pere. Mais Frederic III, roi de Prusse, lui enleva aussi-tôt la Silésie. Charles Albert, électeur de Baviere, soutenu par la France, s'empara de Prague, où il se fit déclarer roi de Bohême, & courut à Francfort, où il fut couronné empereur, sous le nom de Charles VII. La reine de Hongrie reçut des secours d'argent de la Hollande & de l'Angleterre, & fit la paix avec le roi de Prusse, à qui elle céda la Silésie. Nos armées commençoient alors à s'affoiblir en Baviere, & la ville de Prague fut en même temps reprise par les autrichiens.

La France n'avoit combattu jusqu'à cette époque, qu'en qualité d'auxiliaire. Elle se trouva engagée dans une guerre personnelle contre l'Autriche, l'Angleterre, la Hollande & le roi de Sardaigne. Mais le roi de Prusse craignant que la reine de Hongrie ne devînt trop forte avec ses alliés, eut la bonne politique de se liguer de nouveau avec la France. Louis XV venoit de perdre le cardinal de Fleuri, & gouvernoit par lui-même. Il fit en Flandres les campagnes les plus glorieuses. Après avoir pris Menin, Courtrai, Ypres & Fribourg, il gagna en personne la fameuse bataille de Fontenoi, & fut ensuite vainqueur dans les champs de Laufelt & de Raucoux. Tout le Brabant hollandois fut conquis, Bergo-op-zom emporté d'assaut, & Maestricht investi en présence de quatre-vingt mille hommes.

Sur ces entrefaites, l'Italie étoit aussi le théâtre de la guerre. On vouloit établir dans le Milanès, Parme & Plaisance, l'infant don Philippe, frere de don Carlos. Le prince de Conti s'y signala, au passage des Alpes, aux retranchemens de Villefranche & de Château Dauphin, & à la bataille de Coni, qu'il gagna avec l'infant. Mais la bataille de Plaisance perdue par les françois, & le funeste combat de l'Assiette les obligerent d'évacuer l'Italie. D'un autre côté, nous fîmes de grandes pertes sur mer. Notre marine, qu'on avoit négligée, n'étoit pas en état de résister à la marine angloise. Quelques négocians guerriers oserent pourtant la combattre dans les Indes, & le firent avec succès. La Bourdonnaie prit Madrass aux anglois, & Dupleix les força de lever le siege de Pondichery.

Cependant Louis XV, à chaque victoire qu'il avoit remportée en Flandre, n'avoit cessé d'offrir la paix. Les ennemis l'avoient opiniâtrément refusée. Mais lorsqu'ils virent l'armée françoise sous les murs de Maestricht, ils furent les premiers à la demander. Elle fut signée à Aix-la-Chapelle, en 1748. L'empereur Charles VII étoit mort en 1745. François I, époux de la reine de Hongrie, fut reconnu empereur : le roi de Prusse conserva la Silésie ; le roi de Sardaigne obtint de nouvelles possessions dans le Milanès ; & Louis XV sacrifia généreusement toutes ses conquêtes, pour faire le bien de ses alliés. Les duchés de Parme, de Plaisance & de Guastalla furent assurés à don Philippe son gendre. Don Carlos se vit paisible possesseur du royaume des deux Siciles ; & le duc de Modene, notre allié, ainsi que la république de Gênes furent rétablis dans leurs droits.

Peu de temps après cette paix, Louis XV, en s'occupant du bonheur de ses peuples, fixa principalement les yeux sur ces familles nobles, bornées dans un état de médiocrité, au seul avantage de compter une suite d'ancêtres, qui ont prodigué leur sang pour la patrie. Résolu de leur procurer des secours utiles & honorables tout-à-la fois, il fonda & établit, en 1751, une école militaire pour le logement, subsistance & éducation gratuite de cinq cents jeunes gentils-hommes françois, sur-tout de ceux dont les peres, peu favorisés de la fortune, seroient morts au service du roi, ou le serviroient encore dans ses armées : établissement qui honore autant la mémoire de Louis

XV, que la fondation des Invalides honore celle de Louis XIV (1).

Vous savez, Madame, que depuis quelques années, des contestations se sont élevées en Amérique entre la France & l'Angleterre, & qu'une rupture ouverte a éclaté entre ces deux couronnes. Vous voyez une partie de l'Europe embrasée de nouveau : vous voyez, non sans étonnement, d'un côté, le roi de Prusse ligué avec l'Angleterre ; de l'autre, la maison d'Autriche, autrefois notre rivale, unie avec la France & la Suede, tandis que les espagnols, le roi de Sardaigne & les hollandois sont tranquilles spectateurs des sanglans combats que se livrent les puissances belligérantes. Heureux &

―――――――――――――

(1) En 1763, le même monarque augmenta ses bienfaits, en faveur de la noblesse pauvre de son royaume. Il donna des lettres-patentes portant établissement du college royal de la Fleche, pour deux cents-cinquante gentils-hommes choisis, nommés & entretenus par le roi, pour y être institués dans les belles-lettres, & passer delà à l'Ecole militaire, à l'âge de quatorze ans, ou continuer leurs études dans ce college, s'ils sont destinés à l'état ecclésiastique ou à la magistrature.

triomphans au commencement de cette guerre, nous avons enlevé aux anglois Port-Mahon, qu'on regardoit comme imprenable; nous avons conquis tout l'electorat d'Hanovre; nous avons mis le roi de Prusse dans un extrême danger. Mais nous venons de perdre la bataille de Rosbac. Le monarque prussien remporte tous les jours de nouvelles victoires; & nous essuyons, tant sur mer que sur terre, des revers qui nous annoncent peut être de plus grands désastres (1).

Voilà, je crois, Madame, les événemens les plus importans de notre histoire, depuis la fondation de la monarchie jusqu'à nos jours. Je ne me suis attaché en quelque sorte qu'à vous les indiquer, parce que je

―――――――――――

(1) La paix qui termina cette guerre, fut signée à Versailles, en 1763. Nous perdîmes des possessions immenses en Amérique. Notre commerce étoit ruiné, & notre marine anéantie : mais depuis cette époque, les choses ont bien changé de face. Louis XVI a rétabli notre marine, pour secourir les *treize Etats unis de l'Amérique*, qui ont secoué le joug de l'Angleterre, forcée à reconnoître leur indépendance; & notre commerce est aujourd'hui très-florissant.

savois bien que vous m'en aviez demandé le précis, plutôt pour vous les rappeller, que pour les apprendre. Pouvois je oublier qu'instruits dès notre enfance par le même maitre, unis, moins par les liens du sang que par ceux de l'amitié, nous avons cultivé ensemble notre goût pour l'étude de l'histoire du monde. C'est cette étude qui m'a inspiré le plus vif desir de voir & de connoitre les divers peuples de la terre. Je n'ai aucun regret d'avoir passé les plus belles années de ma jeunesse à voyager, & j'y en employerai bien d'autres avec la même ardeur. Il m'en coûtera sans doute de vivre encore quelque temps séparé de vous. Mais ce qui doit me rendre cette séparation moins pénible, c'est qu'en voyageant, je satisfais tout-à-la fois & votre goût & le mien. Autant je suis curieux de voir, autant vous êtes curieuse de savoir ce que j'ai vu.

Je vous dis hier, Madame, que le jour de mon départ n'étoit pas éloigné; & sûrement vous soupçonnâtes qu'en vous le disant, je vous faisois mes adieux. Je vous les renouvelle ici. Demain, aux premieres lueurs de l'aurore, je quitterai Marseille.

J'allois fermer ma lettre, & je reçois votre billet. Vous desirez connoître d'avance la marche générale que je suivrai dans mon voyage. La voici en peu de mots. Je commencerai par les provinces méridionales du royaume; je verrai ensuite celles du milieu, & je terminerai mes courses par les provinces septentrionales. Cette marche, il est vrai, m'obligera bien souvent de revenir presque sur mes pas, pour voir des lieux voisins de ceux par où j'aurai déjà passé. Mais c'est ici un inconvénient nécessaire. Il faudra bien qu'étant entré dans une province, je n'en sorte point, que je ne l'aie entierement parcourue. Aussi, je me propose de ne vous communiquer les observations que j'aurai recueillies sur chaque ville & ses environs, qu'après avoir vu toute la province dont elles font partie.

Je prévois même, que dans mes récits & dans le compte que je vous rendrai de mes observations, je ne m'astreindrai pas toujours à la marche que j'aurai tenue dans ma route. Le royaume de France est celui dont il nous importe le plus d'avoir une notion exacte, précise & distincte. Je dois donc m'attacher ici principalement à éviter toute confusion, & à mettre autant d'ordre que de choix dans les remarques que je vous communiquerai. Mon dessein est de vous présenter séparément tous les objets intéressans & curieux, sans en mêler absolument aucun avec un autre. Ainsi, pour vous faire connoître chaque province en particulier, je commencerai par des détails généraux de tout ce qu'elle renferme & de tout ce qui la concerne. Je vous parlerai ensuite des villes & des lieux les plus considérables, bien souvent en me conformant à la division que font les géographes de chaque province, en haute & basse, mais toujours en suivant l'ordre des diocèses.

Cependant, si dans les différentes parties qui feront la matiere de ces observations générales, il s'offre un objet qui mérite une attention particuliere, qui exige un détail un peu étendu, j'en renverrai la description à l'article de la ville, près de laquelle il se trouve. Bien plus, si dans les livres que j'aurai sans cesse sous les yeux durant mon voyage, je découvre des descriptions exactes, faites par des maîtres de l'art, des observations justes & vraies de quelques uns de nos savans, je ne balancerai pas à en faire usage. Mon but est autant de vous instruire, que de m'instruire moi-même ; & j'y parviendrai plus sûrement, en prenant pour guides des observateurs plus éclairés & plus judicieux que moi.

Je suis, &c.

A Marseille, ce 25 Juin 1759.

LETTRE CCCLXXXI.

La Provence.

C'est avec une vraie satisfaction, Madame, que je viens de parcourir la Provence. Tous les objets y sont bien dignes de fixer l'attention du voyageur. Ils offrent dans leur ensemble ce contraste agréable & piquant, que la nature se plaît bien souvent à mettre dans ses ouvrages. Le climat y est des plus variés : ici l'on voit un sol riche & fertile, là un terrein sec & sablonneux ; ici des plaines riantes, ornées des diverses productions de la terre, là des montagnes incultes & stériles. Un grand nombre de rivieres, de ruisseaux & de fontaines arrosent ou embellissent les vallées. Les chemins qui la traversent sont bien alignés & fort bien entretenus. La plupart des villes sont belles : il y en a de très-anciennes, où l'on admire les restes de ces édifices majestueux, qui portent encore l'empreinte de la grandeur romaine. Les habitans aiment les arts, & font fleurir le commerce. En un mot, tout me fait croire que c'est une des provinces du royaume les plus curieuses à voir, & les plus intéressantes à connoître.

Ses bornes sont, au nord, le Dauphiné; au levant, les Alpes & la riviere du Var qui la féparent des états du roi de Sardaigne ; au midi, la Méditerranée : elle embrasse, au couchant, le comtat venaissin, ainsi que la principauté d'Orange ; & de ce même côté, le Rhône lui sert de limites avec le Languedoc. Son étendue est de quarante-trois grandes lieues dans sa longueur, depuis le Rhône jusqu'au Var, c'est à-dire, du levant au couchant; & de trente-quatre dans sa largeur, du nord au midi. On la divise en haute & basse; la haute au nord, la basse au midi. La partie septentrionale comprend six diocéses : *Sisteron* au nord ouest, *Apt* à l'occident, *Digne*, *Senez*, *Ries* dans le milieu, *Glandeve* à l'orient. La partie méridionale renferme sept diocéses : *Arles* à l'orient du Rhône;

Aix à l'orient d'Arles; *Marseille*, *Toulon*, *Frejus*, *Grasse*, *Vence*, qui sont le long de la Méditerranée. Dans cette division ne sont pas compris Avignon, le Comtat, & la principauté d'Orange.

Avant de lire quelques détails sur la Provence, vous voudriez sans doute, Madame, savoir l'époque où elle commença à être peuplée. Ce desir est bien naturel : pouvons-nous entendre parler d'un pays, qui fait partie du nôtre, sans avoir envie d'en connoître les premiers habitans, & le lieu d'où ils sont venus ? Mais malheureusement un voile trop épais enveloppe l'origine des nations, pour que notre curiosité puisse être satisfaite : nos recherches sur cet objet seroient totalement vaines. Tout ce que nous savons à cet égard, concernant la Provence, c'est qu'après que les Celtes s'y furent confondus avec les gaulois, plusieurs autres peuples de différens pays vinrent s'y établir. Les plus considérables, peu de temps avant la fondation de Rome, étoient les *Salyes*, appellés aussi *Li-*

guriens, parce qu'ils étoient sortis de la Ligurie, contrée de l'Italie.

Des cabanes mal construites, couvertes de chaume ou de roseaux, servoient de demeure à ces peuples grossiers & presque féroces. Point de villes, point de loix, point de police; nulle connoissance des arts méchaniques. Les uns errans sur les montagnes vivoient de la chasse. Les autres, fixés sur les bords de la mer, trouvoient leur subsistance dans la pêche & la piraterie. Ceux qui habitoient la partie intérieure, se nourrissoient des plantes & des fruits que le sol y produisoit, & que le besoin sans doute leur avoit appris à cultiver, quoique bien imparfaitement.

Les phocéens, peuples de l'Asie mineure, ayant abandonné leur ville assiégée, aborderent en Provence environ six cents ans avant l'ère chrétienne, & y bâtirent sur la côte la ville de Marseille. Ils avoient apporté de la Grece beaucoup d'especes de légumes & d'arbres fruitiers. Ils enseignerent aux habitans de la contrée l'art de les cultiver, ainsi que la vigne & l'olivier. Ils leur perfuaderent auffi de fe réunir dans une même enceinte, d'inftituer des loix, pour fixer les propriétés particulieres, d'établir une police pour affurer l'ordre & la tranquillité. Enfin ils introduifirent parmi eux non feulement la langue grecque qu'ils parloient, mais encore bien des ufages, & quelques cérémonies religieufes de leur pays. Ainfi, ces peuples fauvages commencerent à fe civilifer. Forcés par de nouveaux befoins, & fentant la néceffité de fe fecourir mutuellement, ils s'adonnerent aux arts méchaniques; ils connurent l'induftrie & le commerce, qui en eft le fruit.

On feroit porté à croire que ces deux peuples s'unirent enfemble, pour ne former qu'une nation. L'un avoit donné un afyle à l'autre; & celui-ci avoit appris au premier les moyens d'améliorer fon exiftence. Cependant, foit que les phocéens euffent l'ambition d'affujettir les naturels du pays, foit que ceux-ci fuffent animés d'un fentiment de jaloufie, ou de haine contre les phocéens, il s'alluma entr'eux des guerres vives

& sanglantes, qui durerent plusieurs siecles. Les habitans de la Provence se gouvernoient alors par leurs propres loix, en forme de république démocratique. On en trouve une preuve dans *Justin* qui dit, que, lors de la guerre contre les phocéens, tous les peuples voisins de Marseille choisirent pour roi *Caramandus*.

Les phocéens furent humiliés & affoiblis par une longue suite de défaites : ils se virent hors d'état de résister à leurs ennemis, & implorerent le secours des romains, qui avoient déja conquis presque toute l'Italie. S'ils ne penserent point que, par cette démarche, ils alloient se donner des maîtres, ils devoient être du moins assez éclairés pour le prévoir. Les romains en effet franchirent les Alpes, subjuguerent les salyes & tous leurs confédérés, ménagerent d'abord les phocéens, bientôt après leur déclarerent la guerre, & les firent passer sous leur domination. Ils appellerent cette contrée *provincia*, province, d'où est venu le nom de *Provence*.

Vous savez, Madame, que les romains

mains, pour s'attacher les peuples qu'ils venoient de foumettre, avoient la fage politique de leur faire adopter leurs loix, leurs ufages, leurs mœurs & leur religion. C'est la conduite qu'ils tinrent dans leur nouvelle province; & cette conduite y opéra infenfiblement la plus heureufe révolution. Tout y prit une face nouvelle: les provençaux devinrent d'autres hommes; & dans le temps que Rome étoit dans fa plus brillante profpérité, ils fe montrerent, pour l'élévation de l'ame & le defir de la gloire, les dignes rivaux de leurs anciens vainqueurs. Les arts & les fciences étoient cultivés chez eux avec un très-grand fuccès. Les campagnes étoient couvertes de tout ce que le fol pouvoit produire d'agréable & d'utile. Enfin, au jugement de *Tacite*, on auroit dit que les provençaux étoient nés à l'ombre du Capitole; &, au rapport de *Pline*, la Provence étoit une vraie Italie.

Cette contrée fi florifante éprouva le fort du vafte empire dont elle dépendoit. Lorfque ce coloffe immenfe tomba fous les coups des peuples du nord, & que de ses membres dispersés se formerent tant de puissant royaumes, la Provence devint la proie des bourguignons & des visigots, qui la replongerent dans la barbarie. Les premiers possederent la partie occidentale : les autres occuperent la partie orientale, qu'ils cederent ensuite aux ostrogoths. Les enfans de Clovis chasserent ces peuples de cette province, qui fut réunie à la monarchie françoise, & où l'on envoya un gouverneur.

La couronne se partageoit alors entre les enfans de nos rois, après la mort de leur pere. Ainsi la France avoit à la fois plusieurs souverains du même sang, qui malheureusement se déchiroient par des guerres continuelles. D'un autre côté, les normands, les lombards, les saxons, les sarrasins sur-tout, ne cessoient de faire des incursions & des ravages dans le royaume. Les ducs ou comtes, gouverneurs des provinces ou des villes, profiterent de ces temps de trouble & de discorde, pour rendre leur charge héréditaire. Boson, gouverneur de la Provence, sous

Louis *le bègue* & sous Louis III, son successeur, porta ses vues plus loin. Il ambitionnoit la royauté; & il eut l'adresse d'y parvenir en 879. Les excès que commirent les sarrasins dans son gouvernement, lui servirent de prétexte, pour se faire couronner roi de Provence ou d'Arles : c'est le royaume dit *de la Bourgogne cis-jurane*. Son fils Louis, surnommé *l'aveugle*, lui succéda, & confia le gouvernement de ses états à Hugues son parent. Après la mort de Louis, Hugues, que les lombards choisirent en même temps pour leur souverain, regna durant quatre ans en Provence, sans prendre néanmoins le titre de roi. Mais en 933, il céda ce royaume à Rodolphe II, roi de la *Bourgogne trans-jurane*, qui lui disputoit le trône d'Italie, & qui y renonça en sa faveur.

Le nouveau monarque établit des comtes dans son royaume de Provence, qu'il laissa à son fils Conrad. Celui-ci eut pour successeur son fils Rodolphe III, qui n'ayant point d'enfans, institua son héritier l'empereur Conrad, dit *le salique*. Ce dernier & ses successeurs, presque tous empereurs, furent hauts souverains seulement de la Provence, qu'ils perdirent dans la suite. Les comtes qui y commandoient, reconnurent l'autorité des rois d'Arles, tant que ceux-ci furent puissans: ils se rendirent plus absolus, à mesure que leurs souverains devinrent plus foibles, & s'attribuerent enfin la pleine & entiere propriété du fief. Le premier de ces comtes fut Boson II, en 948; ses descendans possédèrent successivement toute la Provence, jusqu'au milieu du onzieme siecle. A cette époque, elle fut divisée en deux comtés, celui d'Arles, & celui de Forcalquier. Le comté d'Arles passa par des filles, en 1095, à un vicomte de Gevaudan, & en 1112, à un comte de Barcelonne. Le comté de Forcalquier fut aussi porté par des héritieres dans la maison d'Urgel; en 1175, dans celle de Sabran; &, en 1193, réuni au comté d'Arles, que possédoient alors les comtes de Barcelonne.

Ce fut à la cour de ces derniers que les mœurs s'adoucirent, & que les hommes commencerent à se polir. Les seigneurs, jusqu'alors retirés & isolés dans leurs châteaux, vinrent à Aix se fixer auprès de leur souverain. Cette société naissante, en inspirant de nouvelles idées, de nouveaux sentimens, donna plus de ressort à l'esprit, plus d'énergie & d'aménité au caractere. Empressés à plaire aux dames, ils s'appliquerent à mettre de l'agrément dans leurs manieres, de l'urbanité dans le langage, & devinrent plus passionnés pour la gloire. On avoit déja vu paroitre les premiers peres de notre poésie, appellés *Troubadours*. Ils célébrerent dans leurs naïves chansons la beauté, la vertu des dames, le respect, la fidélité, le désintéressement des chevaliers. Accueillis du souverain, applaudis des courtisans, ils acquirent un genre de gloire, qu'on ne jugea pas inférieure à celle des armes; & nulle distinction ne fut marquée entre le troubadour & le guerrier.

Ces comtes de Provence, de la maison de Barcelonne, finirent en la personne de Raimond Bérenger, vers le milieu du treizieme siecle. Il laissa quatre filles, dont la plus jeune, nommée Béatrix, son héritiere, épousa Charles, comte d'Anjou, frere de S. Louis. Cette premiere maison d'Anjou joignit bientôt à la Provence le royaume des deux Siciles. Elle fut éteinte en la personne de la reine Jeanne, qui adopta Louis, duc d'Anjou, frere de Charles V, & lui transmit, en 1382, toutes ses possessions. Mais la postérité de ce prince ne posséda paisiblement que le comté de Provence. Parmi ses descendans, je dois faire mention de René, arriere petit-fils du roi Jean, qui n'ayant pu s'établir sur le trône de Naples, dont Louis, son frere, l'avoit institué héritier, se retira dans la Provence, où il cultiva la poésie & la peinture. Le dernier de cette maison fut Charles III, auparavant comte du Maine, mort en 1481. Il institua Louis XI son héritier, tant de la Provence que de ses droits au royaume des deux Siciles. Depuis cette époque, nos rois ont toujours possédé ce comté avec toutes les petites souverainetés qu'il renfermoit.

Je ne crois pas qu'il y ait en France

aucune province, où le climat soit aussi varié que dans celle ci. Parcourez la partie méridionale, qui est la côte maritime; vous le trouverez très-chaud. Transportez-vous dans la septentrionale, hérissée de montagnes; vous le trouverez très-froid. Les pluies sont rares dans la méridionale, sur-tout en été & au printemps: elles sont presque continues dans la septentrionale, & le tonnerre s'y fait bien souvent entendre. Quant à la partie du milieu, elle est tempérée, participant des qualités des deux précédentes. Ainsi, l'on a eu quelque raison de dire que la Provence pourroit, quant au climat, se diviser, ainsi que le globe terrestre, en trois zones; la torride au midi, la froide au nord, & la tempérée au milieu.

Cette variété du climat produit un effet assez peu ordinaire, dans une région d'une aussi petite étendue que la Provence; c'est que les quatre saisons de l'année s'y trouvent en même temps. Tandis qu'on coupe les bleds sur la côte de la mer, on seme les grains dans la contrée des montagnes; & dans celle-ci l'on moissonne, pendant que l'on fait les vendanges dans la première. Bien des personnes m'ont dit, qu'après avoir recueilli les orges, sur la fin de mai, dans la partie du midi, elles les avoient portés dans celle du nord, les y avoient semés, & en avoient fait la moisson sur la fin de septembre de la même année. Elles m'en ont dit autant de quelques fruits & de quelques légumes. Dans la partie montagneuse, ils ne commencent à mûrir, qu'après qu'on les a cueillis dans les terres maritimes.

Voilà une bien grande amorce pour la cupidité, qui veut mettre tout à profit, pour grossir ses trésors, puisqu'elle peut se procurer une double récolte de ces fruits. Voilà une jouissance de plus, offerte à l'opulence, qui veut goûter, avec les agrémens des saisons, les molles douceurs de la vie, puisqu'en se transportant d'une contrée à l'autre, elle peut voir le printemps & l'automne se renouveller successivement & sans interruption. L'hyver en effet est très-doux dans la partie méridionale. Rarement on y voit de la neige &

de la glace. Bien souvent encore y jouit-on, en décembre & en janvier, d'une longue suite de beaux jours. Le froid n'y est jamais rigoureux, à moins qu'il ne soit produit par une cause étrangere. Enfin la partie moyenne étant plus grande que les deux autres, on peut juger que la Provence est en général assez tempérée; que le climat y est presque partout doux & pur, & l'air très-salubre.

Les vents, vous ne l'ignorez pas, Madame, soufflent bien fréquemment dans notre province, sur-tout le nord-ouest, dit le *mistral* ; vent des plus terribles & des plus impétueux. Les anciens parlent souvent de sa violence. Il ôte, dit l'un d'entr'eux, la respiration quand on parle, ébranle un homme armé & un chariot chargé. Suivant un autre, il déracine les plus gros arbres, enleve le toît des maisons, & renverse les maisons mêmes. C'est ce qui arriva, au rapport d'un de nos auteurs, en 1556 & 1569. Cependant ce vent est très-avantageux à la Provence, quoiqu'il en soit quelquefois, mais bien rarement, le fléau. Il est la principale cause de la salubrité de l'air; & Sénéque avoit raison de dire, que les habitans s'en réjouissent, parce qu'ils lui doivent la sérénité du ciel sous lequel ils vivent. Aussi, Auguste, faisant un séjour dans la Gaule, éleva un temple en l'honneur & à la gloire de ce vent. Il se fait sentir constamment durant plusieurs jours, quand les pluies ont été considérarables dans le Languedoc, & sur-tout du côté du Vivarais (1).

Parmi les vents qui annoncent la pluie, il y en a un, dont la force égale quelquefois celle du *mistral*: c'est l'ouest-sud-ouest. Les ravages qu'il cause dans sa grande violence sont affreux. Heureusement ils ne sont pas moins rares que ceux du premier. Si ces deux vents déployoient

___

(1) En 1769 & 1770, il regna pendant quatorze mois de suite. Depuis le 14 novembre jusqu'au 13 octobre suivant, il ne tomba que six pouces d'eau. Les sources étoient presque toutes taries, & quelques rivieres étoient demeurées à sec. Tout auroit péri, sans les rosées du matin, qui étoient abondantes dans les pays voisins de la mer.

souvent leur fureur, la province seroit entierement désolée (1).

Vous connoissez, Madame, un autre vent, dont les effets ne sont que trop singuliers, & bien nuisibles à la santé, sur-tout dans la partie méridionale : c'est le sud-sud-est. Quand ce vent de mer souffle, le ciel est

---

(1) Le 8 avril 1761, l'ouest-sud ouest renversa, dans l'espace d'une heure, un grand nombre d'arbres fruitiers & d'oliviers, ébranla ou abattit de gros arbres & les cheminées de plusieurs maisons. Le 2 janvier 1768, il souffla, depuis cinq heures du soir jusqu'au lendemain à midi, avec une violence extraordinaire : on n'en avoit point encore vu d'exemple. Le froid étoit très-piquant, & le ciel entierement obscurci. Une brui[n]e des plus épaisses déroboit à la vue la surface de la mer. On entendoit seulement le bruit des flots agités, qui poussoient vers le rivage d'énormes glaçons. Ce vent furieux emportoit sur les rochers, sur les mâts & sur les cordages des navires, des tourbillons de vapeurs qui se glaçoient presque dans le même instant. Lorsque le soleil darda ses rayons dessus, un spectacle aussi étonnant que nouveau frappa les yeux des marseillois. Ils étoient plongés dans un enchantement mêlé d'un reste d'horreur, que laissoit dans leur ame le souvenir de la scene désastrueuse, dont ils venoient d'être les témoins.

pur & serein. Mais, vous le savez; (eh! qui de nos compatriotes ne l'a point éprouvé?) les fibres sont relâchées, la vivacité du tempérament amortie, la bonne humeur & la gaîté considérablement altérées, le corps affaissé, comme sous un poids insupportable, le feu de l'imagination éteint, & l'esprit, dans une espece d'engourdissement, incapable de la moindre application. Les animaux sont languissans ou assoupis: on n'entend plus le gazouillement & les concerts des oiseaux. Il regne dans les bois & dans les campagnes ce *vaste silence* de notre *La Fontaine*. Vous diriez que la nature entiere est ensevelie dans un profond sommeil. Qu'ils sont à plaindre alors ces hommes sujets à des rhumatismes, ceux qui ont eu des contusions, ou qui ont reçu des blessures! Combien plus vivement sentent-ils la pointe de leurs douleurs renaissantes!

La même variété qui regne dans le climat, se fait remarquer dans la différente situation des terres, dans la nature du sol, & dans ses productions. Les montagnes, (si toutefois je puis rigoureusement donner ce nom à des éminences & à de petites collines,) y sont en très-grand nombre. Les Alpes, dites *maritimes*, pour qu'on les distingue des Alpes cottiennes, grecques, rhétiques &c., appartiennent à la Provence. Elles forment une longue chaîne, qui s'étend depuis l'extrémité septentrionale de ce pays, jusqu'à la Méditerranée. Dans la partie orientale, on voit une autre chaîne de montagnes, depuis la ville de Cavaillon, dans le comtat, jusques à Manosque, dans le diocèse de Sisteron: on l'appelle le *Léberon*. Elle a environ dix lieues de longueur sur cinq de largeur. La partie orientale renferme aussi plusieurs montagnes enchaînées les unes aux autres, connues sous le nom de *l'Esterel*. Elles sont sur la route de Fréjus à Antibes, diocèse de Grasse, & sont terminées par la mer Méditerranée. On leur donne quatre lieues de longueur sur deux de largeur.

Ce ne sont pas là les seuls endroits montagneux de la Provence. A une lieue de Tarascon, diocèse d'Arles, commence une chaîne de montagnes, nommées les *houpies*, qui sont d'abord peu élevées, & qui le sont beaucoup auprès d'Eyguieres, diocese d'Avignon. Mais la plus haute de toutes les montagnes de cette province, celle que les gens de mer découvrent la premiere, en approchant des côtes, est la montagne de *Sainte Venture* ou *Sainte-Victoire*, à trois lieues d'Aix. J'ai eu la curiosité de monter jusqu'au sommet. Il est couronné de rochers escarpés, ouverts d'un côté par une fente qui sert d'entrée dans une cour ou petit bassin verdoyant. A l'extrémité de ce tapis de verdure, est un hermitage, habité depuis très-long-temps. Je l'ai parcouru avec plaisir; & je n'ai pas manqué de féliciter le bienheureux hermite de pouvoir tous les jours admirer le beau spectacle de la nature, du haut de sa solitude aérienne. Une autre montagne, encore fort haute, est celle de la *Sainte Baume*, où l'on trouve la caverne qui fut, dit-on, pendant trente années la retraite de Sainte Magdeleine. Elle e dans le diocese d'Aix. Je vous en parlerai, en vous faisant connoître cette ville.

Il y a ici très-peu de montagnes qui soient couvertes de bois. Celles sur-tout qui s'élévent le long de la côte de la mer, ne présentent que des rochers tout nuds, sans arbres, sans plantes, sans simples. Cependant les forêts ne sont pas rares. On en voit, en divers cantons, d'éparses çà & là, où croissent différentes especes d'arbres. Mais elles sont trop peu considérables, pour fournir aux provençaux le bois qui leur est nécessaire. Heureusement, ils trouvent une ressource bien précieuse dans les mûriers, les oliviers & les vignes, dont la province est complantée. Les plus remarquables de ces forêts sont le bois de *Méailles*, dans le diocese de Glandeves, & celui du terroir de *Beauvezet*, diocese de Senez. Ils sont l'un & l'autre composés d'arbres de haute-futaie, & sur-tout de sapins propres à faire des mâts de navires. On en coupa un grand nombre dans le siecle dernier, pour le service des armées navales du roi. Mais on trouva le transport si difficile & si dispendieux, qu'on crut devoir abandonner cette entreprise.

Les rivieres, & les canaux qui en dérivent, les lacs, les étangs, les ruisseaux & les fontaines ne contribuent pas moins que les montagnes & les forêts, à diversifier agréablement la surface du sol de la Provence. On peut ajouter que ces rivieres concourent à la température du climat. Mais d'un autre côté, elles sont bien nuisibles aux campagnes, par leurs fréquens débordemens. Je n'en excepte pas le Rhône même si utile au commerce.

Ce fleuve étoit appellé par les latins *Rhodanus*; nom qui, suivant *Pline*, lui avoit été donné, de la ville de *Rhodé*, bâtie par une ancienne colonie de rhodiens, & que quelques-uns ont cru être Ayguemortes en Languedoc. Je dois vous rappeller ici qu'il a sa source au mont de la Fourche, qui fait partie du mont Saint-Gothard, dans le Valais, pays allié des Suisses, & qu'il traverse le lac de Geneve dans toute sa longueur, d'orient en occident, l'es pace de dix-huit lieues. Il se grossit, dans son cours, des eaux de plusieurs rivieres, & coule à l'occident de la province, du nord au midi. Il est ici navigable jusqu'à la mer, où il se jette par trois embouchures, qu'on appelle *le gras de Sauze*, celui de *Sainte-Anne*, & *le grand-Gras*.

On a dit que ce fleuve roule des palioles d'or & d'argent, depuis Valence en Dauphiné, jusqu'à son embouchure dans la Méditerranée. Je l'ai vu de mes propres yeux; & le rapport d'un de nos auteurs sur la maniere de ramasser ces palioles, est exactement vrai. Ceux qui s'occupent à ce travail, élévent des fourches faites de trois perches, qui forment un triangle. Ils attachent une corde tout au haut, dont les deux bouts pendent en bas, & servent à attacher un bassin de bois qui a deux anses. Sur ce bassin ils mettent le sablon ou terre chargée de palioles d'or & d'argent; & tenant par une anse le devant du bassin avec une main, ils lui donnent une secousse si à propos, que les palioles se séparant du sable, viennent se cantonner dans un endroit de ce bassin. Ils se servent alors d'un balai de plume ou de quelque autre chose propre à cet usage, pour faire tomber les paillotes dans un baquet où elles se reposent. Ils les filtrent ensuite à travers un linge; & après les en avoir séparées, ils les font sécher.

La Provence jouit, par la navigation de ce fleuve, des plus grands avantages. Mais aussi quels désastres n'éprouve-t-elle pas, lorsqu'il franchit ses bords! Vous pouvez vous ressouvenir, Madame, des ravages qu'il fit en 1724. Nous étions encore jeunes; & je me rappelle, que durant plusieurs jours nous entendîmes répéter cette effrayante nouvelle, que la ville de Tarascon alloit être entièrement submergée. Il est vraisemblable qu'elle l'auroit été, si un habile astronome, de l'académie des sciences de Montpellier, M. de *Clapiés*, n'eût trouvé l'art de maîtriser ce fleuve, & de l'enchaîner, pour ainsi dire, au milieu de sa fureur.

Mais dans le temps que je faisois mes courses, vous avez vu, m'avez-vous dit, un spectacle encore plus affreux, qui répandit la consternation dans toute la Provence. C'étoit le 6 novembre 1745. Une grosse pluie étoit tombée durant cinquante cinq heures de suite. La levée du Rhône creva en dix endroits, au dessus de Tarascon; dans trois endroits, entre Tarascon & Arles, & en trois autres endroits, au-dessous d'Arles, vers le midi. Cette ville parut isolée au milieu des eaux, qui couvroient tout son territoire. Vers le milieu de la nuit, le pont de Beaucaire fut rompu; & les débris, roulant sous les flots, vinrent tomber avec impétuosité sur celui d'Arles, qu'ils emportèrent. Toutes les maisons de campagne des villes maritimes furent renversées ou ruinées. Les rues de Marseille, inondées par les petites rivières qui arrosent ses environs, ou qui la traversent, offroient l'image des canaux de Venise.

La Durance est, après le Rhône, la plus considérable de toutes les rivières. Quelques-uns prétendent que ce nom lui vient de ce qu'elle est dure & âpre. Mais il est plus naturel de croire, qu'elle l'a pris de deux torrens, dont elle se forme dans les Alpes, au mont Genevre, & dont l'un se nomme *dur*, & l'autre *ance*.

Cette riviere très-rapide cause quelquefois les plus grands dégâts, par ses inondations. Le poëte Ausone a raison de dire qu'elle est incertaine & d'une grande étendue, à cause de l'instabilité de ses bords. Delà vient qu'elle ne porte ni barques ni bateaux, mais seulement des radeaux, faits avec de grosses & larges poutres, attachées les unes aux autres. Ces radeaux, ordinairement chargés de bled, descendent jusqu'à Cavaillon. Les poutres dont ils sont composés, servent pour les bâtimens & les planchers des maisons.

Après avoir traversé la partie septentrionale de la Provence, la Durance dirige son cours vers l'occident, & va se jetter dans le Rhône, à une lieue au-dessous d'Avignon. Mais elle reçoit presque toutes les rivieres, tous les gros ruisseaux, tous les torrens qui arrosent le pays; ce qui est la principale cause de ses débordemens. Les habitans de ce canton naturellement beau & fertile, veillent & travaillent sans cesse pour se garantir de ses ravages. Il est vrai qu'on en a dérivé plusieurs petits canaux. Mais les avantages qu'ils procurent, sont bien peu considérables, en comparaison des dégâts que fait cette riviere.

Le plus utile de tous, & qu'il ne faut pas comprendre dans le nombre de ces petits canaux, est celui de *Crapone*, dans le terroir de la Roque, à quatre ou cinq lieues d'Aix. Il est ainsi nommé du nom de son auteur, gentilhomme de Salon, qui eut encore l'habileté de dessécher plusieurs marais de la province. Il proposa aussi de dériver un canal de la Durance, qui pût venir à Aix. On en reconnut les avantages & la nécessité : mais cet ouvrage, démontré d'ailleurs comme très-possible, ne fut point entrepris. Un ingénieur a fait revivre ce projet, il y a quelques années. Les travaux ont été commencés, puis interrompus, sans qu'on ait encore songé à les reprendre.

Je n'ai pu m'empêcher, Madame, de vous dire un mot du projet de ce canal, parce que notre province, & même le royaume en retireroient de très-grands avantages. Ce qui le prouve, ce sont les autres petits canaux derivés de la Durance, qui sont un bien infini aux cantons qu'ils arrosent. La ville de Cavaillon n'est riche & peuplée, que depuis qu'elle jouit d'un canal. Il est bien à desirer qu'on les multiplie ces canaux, & qu'on s'occupe sérieusement de celui-ci.

Au reste, les rivieres les plus considérables, qui se jettent dans la Durance, sont le *Verdon* & *l'Hubaye*. La premiere tire son nom de ses eaux partout verdoyantes, & passe par les villes de Castellane & de Colmars, diocese de Senez. L'autre vient des terroirs de l'Arche & de l'Argentiere, dans la vallée de Barcelonnette, au nord de Colmars.

Vous savez, Madame, que le fameux Marius fut envoyé en Provence par le sénat romain, contre les cimbres & les ambrons, & qu'il en tua deux cent mille dans deux batailles, & en fit quatre-vingt mille prisonniers. Ce fut en mémoire de cette expédition, que le vainqueur fit élever un arc de triomphe sur le grand chemin d'Aix à Saint-Maximin. Ce monument a fait nommer l'arc une petite rivière, qui a sa source entre Porrieres & Saint-Maximin, passe à une petite distance d'Aix, & après un cours de dix ou douze lieues, se jette dans l'étang de Berres ou de Martigues. Cette petite rivière n'est qu'une espece de torrent, mais qui considérablement grossi en certains temps de l'année, devient très-dangereux. On y voit un fort beau pont à un quart de lieue d'Aix.

Dans le dixieme livre des épîtres familieres de Cicéron, on trouve une lettre de M. Lepidus, gouverneur de Provence, dans laquelle il parle du fleuve d'*Argens*, *flumen argenteum*, ainsi nommé, parce que ses eaux sont toujours belles, claires & pures. Il a trois sources, l'une près de Saint Maximin, une autre au terroir de Saint-Martin, & la troisieme dans celui de Barjols. Avant de se dégorger dans la mer, non loin de la ville de Fréjus, il devient assez considérable par la jonction de plusieurs rivieres & ruisseaux. Cette riviere cause aussi quelquefois de grands dommages, par ses fréquens débordemens.

Il seroit bien difficile de trouver dans le monde entier peut-être, une riviere qui change aussi souvent de lit, que le *Var*. C'est son cours variable & tortueux, qui lui a fait donner ce nom. Il est très-dangereux de la passer à gué, non-seulement parce qu'elle est extrêmement rapide, mais encore parce que le gravier, dit-on, y fuit de dessous les pieds des passans. Elle prend sa source au mont Camelione, dans la vallée de Barcelonnette, près de Colmars, au-dessus du village d'Entreaulnes, arrose les terroirs d'environ vingt villes ou villages, & va se jetter dans la mer, après avoir reçu dans son cours six ruisseaux ou torrens.

Les lacs & les étangs sont en assez grand nombre dans la Provence. Le plus considérable de tous est celui d'*Alloz*, dans la vallée de Barcelonnette, au sommet d'une très-haute montagne. Il a environ une lieue de circonférence, & abonde en truites,

parmi

parmi lesquelles il y en a d'une grandeur prodigieuse : de ce lac sort en grande partie la riviere de Verdon. Vous le regarderez avec raison, Madame, comme une merveille. Mais cette merveille n'est point unique en son genre. Ne voit-on pas un lac au sommet du mont Cénis, en Savoie ; & un autre au sommet du mont Saint-Gothard, en Suisse ; & ne voit-on pas sortir de ces mêmes lacs des rivieres encore plus considérables que le Verdon ?

Je me rappelle avoir lu dans l'histoire naturelle des Indes, par Joseph *à Costa*, qu'on trouve des lacs très-grands & très-profonds sur de très-hautes montagnes du Pérou, où il ne pleut jamais, où il ne tombe jamais de neige. L'auteur cherchant la raison de cette espece de phénomene, imagine qu'il y a dans la terre de grands canaux d'eau, semblables à des rivieres, qui forment ensuite des lacs, aux endroits où se trouvent des ouvertures qui donnent issue aux eaux. Ce sentiment ne vous paroîtra certainement pas invraisemblable, lorsque vous saurez que l'historien l'appuie sur un fait qu'on n'a point contesté. C'est un lac, près de la ville de Potosi, dans le Pérou, au milieu duquel on voit jaillir une source d'eau continuelle, de vingt pieds carrés de largeur.

Après vous avoir nommé les étangs de *Meyran*, d'*Entrecens*, de *Foz*, & du *Galejou*, situés dans la *crau* d'Arles, & qui ne laissent pas d'être fort grands, quoique peu connus, je ne vous parlerai que de l'étang de *Berre* ou du *Martigues*. Il est entre Marseille & le Rhône, & communique avec la mer, dont il est éloigné d'environ quatre mille pas, par un canal qui est l'ouvrage de la nature ou de l'art. Cet étang, navigable partout, est rempli de poissons qui viennent de la mer : ils y entrent sans cesse, depuis le printemps jusqu'en automne, pour y jouir de la fraicheur de l'eau douce.

Je n'aurai garde de passer ici sous silence certaines fontaines, bien capables de piquer la curiosité du voyageur. Celle de Vaucluse est sans doute la plus remarquable. Je vous en ferai ailleurs un détail particulier.

Le diocèse de Riez en offre une, nommée *Sorp*, qui mérite d'être admirée : sa source est parmi des rochers. Croiriez-vous, Madame, qu'à cette source même, elle jette une si grande quantité d'eau, que divisée en dix parties, elle fait tourner jusqu'à dix moulins différens, quelques-uns pour moudre du bled, plusieurs pour faire du papier, les autres pour la foulure des draps ? Cette fontaine porte aussi le nom de *Fontaine-l'évêque*, parce qu'il y avoit autrefois près de sa source deux monasteres, sur les ruines desquels un évêque de Riez a bâtir une fort belle maison de campagne, entièrement environnée des eaux de cette fontaine.

Si vous voulez en connoître une autre très-abondante, je vous nommerai celle qui se trouve dans la ville même de Moutiers. Ses eaux font tourner beaucoup de moulins à bled & à papier, & arrosent presque toute la campagne de cette ville. Celle qui est au terroir du val, près de Brignoles, diocèse d'Aix, se fait remarquer par ses treize sources.

Il y a près de Digne une fontaine

minérale, dont la réputation eſt bien établie. Ses eaux chaudes, un peu piquantes, & ſentant la boue, ſont excellentes & bonnes à boire. On dit même qu'elles ont une vertu purgative. Elles naiſſent entre des rochers, où l'on voit une choſe aſſez ſinguliere. Au mois de mai & de juin, il tombe du haut de ces rochers des ſerpens ſans venin, & qui ne font point de mal. Les enfans les prennent ſans crainte, & s'en jouent de même, tandis que les ſerpens qu'on trouve à une portée de mouſquet au-delà, ſont venimeux, & mordent cruellement. Le célèbre Gaſſendi rapporte ce trait d'hiſtoire naturelle dans un de ſes ouvrages, & tâche d'en rendre raiſon.

A deux lieues de Digne, au terroir de Tartonne, eſt une fontaine dont l'eau eſt ſalée. Il eſt permis aux habitans de s'en ſervir pour leur uſage. Ils mettent cette eau dans un chaudron ſur le feu, & en font du ſel par l'évaporation. Mais il eſt bien inférieur à celui qui ſe fait des eaux d'une autre ſource, ſituée dans le terroir de Moriés, à deux lieues de

Sénez. L'eau de cette fontaine est si salée, qu'il suffit de la verser sur du drap, ou sur une table; elle se congele aussi tôt, & se convertit en un sel plus piquant que celui de la mer. Le même Gassendi, qui a fait des expériences sur ces eaux, a observé qu'il falloit une plus grande quantité d'eau commune, pour dissoudre le sel de Moriés, que pour dissoudre une pareille quantité de celui de la mer.

Cette fontaine fut découverte en 1536. Le roi venoit d'ordonner une augmentation sur le prix du sel. Les habitans de la contrée se rappellerent alors qu'ils avoient souvent vu les pigeons aller boire dans un vallon, à une source dont l'eau étoit un peu salée, & à laquelle se mêloit un peu d'eau douce. Ils voulurent tenter de découvrir la vraie source toute pure de cette eau salée; & dans ce dessein, ils se proposerent de creuser jusqu'à ce qu'ils l'eussent trouvée. A cinq ou six pieds de profondeur, ils virent quelques poutres, mises en carré, qui servoient comme de bord à un puits. Ils pénétrerent plus avant dans la terre, & trouverent une cuve de bois de chêne, qui avoit environ deux toises de profondeur, & trois ou quatre pieds sur chacun de ses côtés. Elle étoit carrée, & en forme de puits, destinée à recevoir au fond la source de cette eau, qui remontoit toute pure dans la cuve, sans être mêlée avec les autres eaux douces. Mais les débordemens continuels du torrent qui coule dans le vallon, avoient bouleversé tous ces ouvrages. Après cette découverte, on ne doutera pas que cette fontaine n'ait été connue plusieurs siecles auparavant. Peut-être même pourroit-on présumer, que c'est d'elle que le lieu de *Moriés* a pris son nom, puisque le mot latin *muria* ou *muries*, signifie salure ou eau salée, propre à la conservation des viandes.

On trouve aussi à un quart de lieue de Castellane, diocese de Senez, une fontaine un peu salée, qui coule en si grande abondance, qu'à sa source elle fait tourner un moulin. Selon les observations qu'on a faites, elle donne une plus grande quantité d'eau, quand c'est le vent du septentrion qui regne.

Je ne finirai point sur l'article des fontaines, sans vous parler de deux autres, qui vous paroîtront assez singulieres, & qui néanmoins existent réellement. La premiere est près de la ville de Colmars, diocese de Senez. On l'appelle la *fontaine du levant*, sans doute parce qu'elle regarde l'orient. Ses eaux imitent le flux & le reflux de la mer. C'est sur le penchant d'une montagne qu'elle sort d'un rocher, par une petite ouverture, de la grosseur d'un doigt. Avant de sortir, l'eau fait un petit bruit : elle sort d'abord en très-petite quantité, & va toujours en augmentant son flux, jusqu'à un certain terme. Ensuite commence le reflux, qui est bien plus long-temps à se terminer que le flux.

L'autre fontaine, qui passe pour une merveille dans le pays, est celle que l'on voit au terroir des Penes, diocese de Marseille. Son cours est entierement suspendu durant tout l'hyver, quelque temps qu'il fasse.

Elle ne coule régulièrement que depuis le mois de mai, jusqu'au mois de septembre; & non au delà, quelque temps qu'il puisse faire.

A propos des fontaines de Provence, je crois devoir vous rapporter une chose bien singuliere de l'eau d'un puits qu'il y a au port de Marseille, du côté de S. Victor. Je l'ai lue dans l'*Hydrographie* du pere Fournier, Jésuite. Cette eau, dit-il, mise dans des barils, & embarquée sur des vaisseaux, se corrompt au bout de quinze ou vingt jours, comme il arrive assez ordinairement aux autres eaux. Elle demeure dans cet état de corruption environ huit jours, pendant lesquels elle est de couleur jaunâtre. Elle revient ensuite dans son premier état, & d'autant meilleure, qu'elle n'est plus sujette à se corrompre.

La plupart de ces fontaines, de ces torrens & de ces rivieres coulent dans la haute Provence. Delà vient que le territoire en est fertile, riche en pâturages & en bestiaux. Celui de la basse est sec & sabloneux, quoiqu'il produise assez de vin, & qu'il soit couvert d'arbres très-utiles. En général la fertilité de la Provence ne peut pas être comparée à celle de beaucoup d'autres provinces du royaume. On a remarqué, il y a environ cent ans, qu'elle se suffisoit à elle-même pour les besoins & les douceurs de la vie; bien plus, qu'elle fournissoit des objets de cette espece aux régions voisines, & principalement à la république de Gênes. Mais depuis cette époque, les choses ont bien changé de face. On estime aujourd'hui que les grains qu'on recueille en Provence ne peuvent nourrir que les deux tiers de ses habitans; soit parce que les villes ont enlevé aux campagnes un grand nombre de cultivateurs, qui se sont jettés dans la classe des artisans, ou de ces hommes inutiles & oisifs que l'opulence traine avec ostentation à sa suite; soit parce que la Provence étoit autrefois beaucoup moins peuplée, qu'elle ne l'est actuellement; que le luxe y étant alors moins répandu, il y avoit, en proportion, plus de laboureurs, & que les récoltes y étant les mêmes, elles étoient plus que suffisantes pour la subsistance de ses habitans. On a dit depuis long-temps, que les campagnes deviennent de jour en jour désertes; que des millions d'arpens de terre ne demandent que des bras pour ouvrir à l'homme un fonds inépuisable de richesses; que l'agriculture languissante, négligée, est tombée dans un mépris presqu'universel; cet art, digne, sous tous les rapports, d'une estime particuliere, celui qui mérite le plus d'être autant honoré qu'encouragé. On ne cesse encore aujourd'hui de répéter ces vérités. Espérons que ce ne sera pas sans fruit qu'on les répétera long-temps, & qu'elles éclaireront enfin la nation & ceux qui la gouvernent (1).

---

(1) Il n'est aucun de nos lecteurs, qui ne voye de ses propres yeux, ou du moins qui ne sache, que les espérances de notre voyageur se sont réalisées. Nous pensons bien qu'il seroit ici superflu de citer en preuves les sociétés royales d'agriculture établies dans plusieurs villes de la France; les prix qu'elles décernent aux bons agriculteurs; l'empressement des grands du royaume à récompenser, à honorer les cultivateurs habiles & expérimentés, &c.

Quant aux arbres & aux fruits, il n'y en a d'aucune espece, qui naissent dans les autres provinces de la France, qui ne se trouvent dans celle-ci. Les fruits particuliers à la Provence, ou qui y viennent en plus grande abondance, & qui sont meilleurs que partout ailleurs, sont les raisins, les figues, les prunes, les pignons, les jujubes, les capres, les les oranges, les limons, les poucires, les citrons, les grenades, le saffran, &c. Vous n'ignorez pas que les prunes y sont en tres-grande quantité. Les plus belles & les meilleures sont sans contredit celles de *Brignolles*, ainsi appellés du nom de la ville d'où elles viennent. Le myrthe & le thérébinthe abondent en Provence. La manne l'agaric s'y trouvent en divers cantons. Un savant botaniste, *Garidel*, assure dans son histoire des plantes, qui naissent aux environs d'Aix, qu'on cultive en Provence de vingt une especes de figuiers, & de quarante-sept sortes de seps de vignes & de raisins. Les muscats y sont excellens. Le vin, quoique bon, fort & généreux, y seroit meilleur, s'il étoit fait avec plus de soin. Mais on y recherche plus la quantité que la qualité. Aussi le vin y est presque toujours à bon marché, & le pain trop souvent fort cher.

Une production bien considérable & infiniment avantageuse, est celle des olives. La quantité d'huile qui se fait dans ce pays est immense (1). Je doute qu'il y ait une contrée, où l'on en recueille de plus fine & d'une meilleure qualité. Par-tout on la vante, par-tout on en fait le plus grand cas. Les mûriers, dont la feuille sert de nourriture aux vers à soie, sont aussi en très-grand nombre dans la Provence. Les champs en sont presque tous complantés, ou du moins bordés. Les premiers qu'on y a vus,

_____

(1) Quelques années après l'époque dont parle le voyageur, les récoltes ne furent point si abondantes. Les hyvers de 1766 & 1767 firent périr un nombre prodigieux d'oliviers, sur-tout dans la partie occidentale & la plus voisine du Rhône. On a prétendu que dans ce désastre la seule ville d'Orgon avoit perdu plus de cinquante mille de ces arbres précieux.

sont ceux que le roi René fit apporter de Naples. La récolte du miel n'est pas peu considérable pour ceux qui s'en occupent : il est en général délicat & très-agréable.

J'ai vu dans la Basse-Provence quelques arbrisseaux, qui sont très-curieux, tels que le *Bruc*, l'*azerollier*, & une espece de *chêne verd*. Le *bruc* ressemble au buis, avec cette différence, que ses feuilles sont plus longues & plus aiguës : son fruit, petit & rouge, se conserve toute l'année, & a cela de singulier, qu'il naît du milieu de la feuille. Celui de l'*azerollier* est de la même grosseur, & de la même couleur; il a trois ou quatre noyaux, & il est d'un goût aigrelet, mais agréable. L'espece de *chêne verd*, dont il est ici question, croit dans les terres les plus incultes: il a deux ou trois pieds de haut, & produit le *kermès*, ou *vermillon*. (Kermès est un mot arabe, qui signifie *vermisseau*., On a cru pendant long-temps, que ce vermillon étoit la graine de cet arbuste. Mais *Nissole*, botaniste célèbre, découvrit que c'étoit un insecte, & publia sa découverte, par un mémoire qu'il adressa à l'académie de Montpellier. Trois autres botanistes, *Garidel*, *Emeric*, & *Reaumur* confirmèrent cette découverte, & l'accompagnèrent du détail que vous ne serez pas fâchée de lire ici.

Les habitans des cantons où se fait la récolte des insectes qui produisent le vermillon, les considèrent en trois temps différens, & très marqués. Le premier est vers le commencement du mois de mars ; & alors le *kermès*, ou l'insecte, est plus petit qu'un grain de millet. Considéré au microscope, il paroît d'un très-beau rouge, ayant sur le ventre, & tout à l'entour une espece de coton qui lui sert de nid, & dont quelques petits flocons s'é'évent sur son dos.

Dans le second temps, qui est au mois d'avril, le ver a pris tout son accroissement, & est devenu rond & gros comme un pois. Sa peau est plus ferme & plus également couverte de coton : il ne paroît plus qu'une coque, ou une gousse remplie d'une liqueur rougeâtre comme un sang pâle.

Enfin le troisieme temps tombe vers le milieu ou la fin du mois de mai ; & pour lors on trouve dans cette espece de coque, & sous le ventre de l'insecte dix-huit cent ou deux mille petits grains ronds, qui sont autant d'œufs, & lesquels donnent autant d'insectes, semblables à celui d'où ils sont sortis.

Les instrumens les plus nécessaires pour la récolte du *kermès* ou vermillon, sont de longs ongles. Des femmes s'y occupent dans la saison, dès le matin, avant que le soleil ait enlevé la rosée. Outre l'adresse à détacher les grains, il faut savoir connoître les endroits où il y en a le plus. Telles femmes en ramassent jusqu'à deux livres par jour. La livre, qui dans le commencement ne vaut que huit ou neuf sols, en vaut à la fin jusqu'à soixante, parce qu'à la fin le *kermès* devient très-léger. Il n'est pas rare d'avoir dans une année deux récoltes de *kermès*. Les marchands qui viennent l'acheter, ont soin de l'arroser de vinaigre, ainsi que les œufs qui s'en séparent, & de l'exposer ensuite au soleil ou à une chaleur équivalente, pour faire périr tous les petits animaux éclos ou à éclore; sans quoi il y auroit une grande diminution sur le poids de cette marchandise.

Quand vous me supposeriez, Madame, des connoissances étendues dans la botanique & la médecine, vous n'exigeriez pas que je vous fisse la description de toutes les plantes médicinales, qui viennent en Provence. Le temps ne m'auroit point suffi pour les observer en détail, & avec une certaine attention. Mais je ne crois pas devoir vous laisser ignorer que, suivant la remarque de *Garidel*, le terroir de cette province produit la plupart des plantes particulieres aux autres pays. On trouve sur les montagnes de Seine, de Colmars, &c. celles des Alpes & des Pyrénées; le long de la côte, les marines & les maritimes; du côté d'Arles & de Tarascon, qui n'en est pas loin, les marécageuses. Les forêts de l'Esterel, d'Oulieres, de la Sainte-Baume, &c. abondent en plantes sauvages. Les isles de Porqueroles & les isles voisines sont pleines de celles de l'E pagne, de l'Italie, de la Grece, & même de l'Egypte.

Il y a bien des plantes très-rares dans le reste du royaume, qui croissent en assez grande quantité dans la Provence. Ce sont principalement le *petit aconit*, l'aloës vulgaire, les especes de *fer à cheval*, le *bec de grue* à aiguilles fort longues, le *lys asphodele* à fleur ponceau, l'*arbre du storax*, à feuilles de coignassier. Le même botaniste assure que l'aloës croit en haie, dans le territoire de Cagnes, diocese de Vence, & rapporte, comme un fait certain, l'histoire fameuse de l'accroissement subit de cette plante, jusqu'à cinq ou six pieds. Il tâche aussi de détromper ceux qui pensent, qu'avec le *fer à cheval*, on peut composer une poudre de projection; poudre avec laquelle les alchymistes prétendent convertir les métaux en or. C'est ce que vouloit persuader, il y a plusieurs années, un imposteur, qui abusa pendant quelque temps le public. Il avoit des clous de fer qu'il feignoit de convertir en or & en argent, par le moyen d'une préparation de cette plante.

Il est bien inutile que je vous parle ici des fleurs de notre province. Vous savez qu'on y cultive les plus belles; que nos tubéreuses, nos narcisses de différentes especes sont avidement recherchées, & que les œillets d'Avignon sont beaucoup plus grands que ceux des autres pays. Cependant on convient généralement, que ces derniers ne peuvent pas être comparés, pour la finesse des couleurs, à ceux de Flandre & de Picardie.

Vous parlerai-je des animaux qu'on voit en Provence? Oui, sans doute. Ce ne sera pas seulement pour vous dire que les cerfs, les loups, les ours, les sangliers, les renards, les belettes, les écureuils, &c. y sont rares; qu'on y voit en trop grande quantité des crapauds, des serpens & des scorpions; mais pour vous rappeller que les animaux de ces trois dernieres especes, n'y sont pas aussi dangereux qu'on le dit. La vue du scorpion, par exemple, est pour nous si désagréable, qu'elle nous fait, en quelque sorte, frissonner. Nous en redoutons, il est vrai, la cruelle piqûre. Mais elle ne nous effraie pas jusqu'à un certain point, parce que nous sommes sûrs qu'elle n'est pas mortelle, bien persuadés par l'expérience, de l'efficacité du remède qu'on emploie dans cette circonstance.

Vous dire que les lievres & les lapins, très communs ici, sont en général excellens; qu'on voit ici de nombreux troupeaux de brebis & de chevres qui sont de la plus grande utilité, & du lait desquelles on fait de bons fromages; qu'enfin la chair des moutons est très-fine & très délicate, ce seroit vous dire une chose que vous savez certainement. Mais vous ignorez peut-être que, pendant l'hyver, ces troupeaux vivent dans la Basse-Provence, sur-tout le long de la côte de la mer, &, qu'en été, on les mene paître sur les montagnes, où les pâturages ne sont pas moins bons qu'abondans. Vous ne trouverez pas sans doute déplacée une réflexion qui se présente ici naturellement. Pourquoi n'établit-on pas un certain nombre de manufactures dans la Provence ? Assurément on ne peut pas douter que les toisons des brebis & des moutons ne fussent plus que suffisantes pour l'habillement de ses habitans.

Au reste, j'ai lu dans un de nos auteurs un peu anciens, que vers l'an 1508, on vit une Salamandre, au terroir de Saignon, près de la ville d'Apt, & un Basilic, à Mantcoux, près de Carpentras. Voilà des faits auxquels je pense bien que vous n'ajouterez aucune foi. Qui ignore que le Basilic est un serpent fabuleux ? Croire qu'il existe, c'est adopter aveuglément l'erreur du vulgaire. Quant à la Salamandre, on ne la voit point dans nos climats. C'est un animal amphibie, que les naturalistes mettent dans la classe des reptiles. Il ressemble, pour la forme, à un lezard, & a pareillement quatre pattes disposées de la même façon, & une longue queue. Sa peau est noire, parsemée de taches jaunes, sans écailles, & presque toujours enduite d'une matiere visqueuse, qui en suinte continuellement. La Salamandre vit continuellement dans l'eau & sur la terre, dans les endroits froids & humides : elle marche & nage en rampant ; ses mouvemens sont fort lents. Mais on est aujourd'hui convaincu qu'elle ne pourroit vivre dans le feu, ni en supporter l'ardeur, sans en être endommagée.

On voit ici beaucoup d'oiseaux, soit de proie, soit domestiques. Mais il n'y en a point d'une espece rare. Les aquatiques n'y sont pas en grande quantité. J'en ai vu un de cette derniere classe, qui est vraiment curieux. C'est le *Flammant*, ou *Phænicoptere*, gros comme un coq d'Inde. La beauté singuliere de son plumage se fait remarquer. Les plumes de son corps ont presque la couleur d'aurore. Un rouge éclatant pare, dans la partie supérieure, les plumes de ses ailes, qui sont d'un très-beau noir à l'extrémité. Les romains les plus friands pour la table, se faisoient, dit-on, servir des langues de cet oiseau, comme un mets exquis.

Après vous avoir dit, Madame, que dans le Rhône & les autres rivieres ou lacs, il y a des brochets, des aloses, des cops, des barbeaux qui pesent jusqu'à dix livres, & des perches excellentes ; qu'on y trouve des tanches, des carpes & des truites fort délicates, dont les meilleures sont celles du lac d'Alloz ; je suis bien loin d'entrer dans quelque détail concernant les poissons de la Méditerranée. Mais je crois devoir nommer ici, parmi les gros poissons, le *thon*, qui a quelquefois six à sept pieds de long : *l'empereur* ou *poisson-épée*, qui a au-devant de la tête un os, en forme d'épée, plat & pointu, long quelquefois de quatre à cinq pieds, avec lequel il se défend, & coupe les filets : le *veau marin*, ainsi nommé du bruit semblable au meuglement des veaux, qu'il fait en dormant : le *dauphin*, qu'on voit, durant les beaux jours d'été, bondir sur l'eau, dans la rade de Marseille : enfin le *requin*, un des poissons les plus voraces, & qui a six rangs de dents, en forme de dard crenelé, trois à chaque machoire. On m'a dit qu'on en prit un, il y a quelques années, près de la Ciotat, qui avoit au moins vingt pieds de long, & qu'on lui trouva dans le ventre deux thons, & un homme tout entier avec ses habits.

Parmi les petits poissons, il y en a un qui est singulier; d'un fort bon goût, & que vous ne connoissez pas sans doute. On le nomme *datte*, parce qu'il est de même forme & de même grosseur que le fruit dont il porte le nom. On le trouve dans le creux de quelques rochers, qui sont au fond du port de Toulon. Mais comme il est dans l'intérieur des pierres, on ne peut le prendre, (ce qui se fait rarement) qu'en les rompant à coups de marteaux.

Mais en voici un autre, d'une espece bien différente, & qui en lui-même est bien plus précieux. Vous avez, Madame, qu'on pêche tout le long de la côte de Provence, du corail dont on fait de fort beaux ouvrages à Marseille. *Gassendi* rapporte que Peyresc, son ami, dont il a écrit la vie, étant venu à Toulon, pour faire pêcher du corail, on prit une grande quantité de petits coquillages, parmi lesquels on trouva une espece de limaçon sans coquille. Pour conserver tous ces petits poissons, il les fit dessécher dans un four. Mais aussi-tôt que cette opération fut finie, il s'apperçut que le limaçon étoit fondu en liqueur de couleur pourpre, & que tout ce qui l'environnoit étoit teint de la même couleur. Il conjectura delà, que ce petit animal pouvoit bien être le véritable pourpre, poisson de Tyr, que les anciens nommoient *murex*.

Pour les mines, il y en a de fer, m'a-t-on dit, à Barles, diocèse de Sisteron, & près de Trans, diocèse de Fréjus; d'or, le long des côtes de la mer, près la ville d'Hieres & du village de la Garde-Freynet. Un auteur rapporte qu'un potier de terre étant allé chercher du bois sur la montagne de *Quarqueyrane*, près de Toulon, entendit le bêlement d'un agneau qui étoit tombé dans une fosse, & qu'y étant descendu pour le prendre, il y trouva un lingot d'or.

Gassendi fait mention de petites pierres, en forme de lozange, qu'on voit en divers endroits de cette province. Elles sont diaphanes & transparentes comme des cryslaux & des diamans

diamans. Exposées au soleil, elles sont une couleur nuancée, pareille à celle de l'arc en ciel. Le même savant parle aussi de plusieurs autres sortes de pierres; de celle de couleur bleue, appellée vulgairement *lapis*, des agathes, du jayet, qui ne sont point rares dans la montagne de la Sainte-Baume & ailleurs. Mais toutes ces mines sont fort négligées.

Il y a des filons d'une mine de savon à Marseille, près de Notre-Dame de la Garde. La matiere de cette mine rend blanche l'eau dans laquelle on la dissout. Elle blanchit le linge & les étoffes, comme le savon artificiel, dont elle a aussi la marbrure. Elle est grasse & limoneuse; & la nature paroît avoir assemblé les mêmes matieres qu'on emploie pour faire le savon.

On lit dans l'histoire de l'Académie royale des sciences, que M. *Galand*, de l'Académie royale des inscriptions & belles-lettres, avoit appris à la premiere de ces Académies, qu'il avoit vu dans la cassine de M. *Puget*, de Marseille, des colonnes d'un albâtre de différentes couleurs

& très-précieux. Il étoit si transparent, que, par le poli très-parfait dont il est capable, on voit à plus de deux doigts dans son épaisseur, l'agréable variété des couleurs dont il est embelli. M. *Puget* dit à M. *Galand*, qu'il étoit le seul qui connût la carriere, quoiqu'elle ne fût pas loin de Marseille. Seroit-il possible que M. *Puget* n'eût pas indiqué avant sa mort l'endroit & la situation d'une carriere si rare & si précieuse.

La Provence doit être regardée comme une des grandes provinces du royaume, non-seulement quant à son étendue, mais encore quant à sa population. Elle contient aujourd'hui sept à huit cent mille habitans. Le nombre en a été moins considérable jusques vers le milieu du dernier siecle, par rapport aux guerres civiles, qui l'avoient presque continuellement agitée, aux pestes qui l'avoient désolée & ravagée, aux années de disette, aux hivers rigoureux qui l'avoient dépeuplée.

J'ai remarqué dans les provençaux un esprit subtil, fin & pénétrant, sur-tout une grande vivacité. Ils sont en général passionnés, ardens dans leurs desirs, brusques, emportés. On leur reproche avec juste raison d'être paresseux. Mais lorsqu'ils sont venus à bout de dompter cette paresse engendrée par la douceur du climat sous lequel ils vivent, vous les voyez pleins d'un feu qui s'étend à tout, à la fortune, au plaisir, à la gloire. Qu'on les accuse d'être inconstans & volages; mais qu'on ne leur conteste pas le courage & la bravoure, un attachement sincere pour la patrie, un zele pur, un amour inaltérable pour le souverain. D'après les observations que j'ai faites sur leur caractere, je serai bien loin d'adopter le sentiment de quelques vieux auteurs, qui les représentent comme des hommes vindicatifs, intéressés, & peu susceptibles de sentimens délicats. Ou ces écrivains les ont mal connus & mal jugés, ou les provençaux étoient alors bien différens de ce qu'ils sont aujourd'hui. Dans ce dernier cas, le progrès des lumieres, une éducation polie, plus saine & mieux dirigée les auroit corrigés de ces vices, qui,

P 2

vraisemblablement n'ont jamais été bien communs chez eux.

Leur adresse, leur activité, leur intelligence pour le commerce doit faire juger qu'il est très-florissant dans leur province. Il l'est en effet. Les vins, les olives, les capres, le saffran, les oranges, les citrons, les amandes, les prunes, les grenades, la laine, & sur-tout la soie, sont les principaux objets, sur lesquels le commerçant forme ses spéculations. Les différentes provinces de notre royaume, l'Angleterre, l'Allemagne & les pays du nord sont abondamment fournis des huiles de Provence. On porte par toute la France, & jusques dans l'Italie, les prunes de *Brignolles* seches & pelées. Les marchands de Lyon viennent acheter en Provence les plus belles soies, qu'ils emploient dans leurs manufactures. On fabrique, de celles qui restent ici, des étoffes légeres, comme des boures de Marseille, des satins, façon de la Chine, & ces taffetas, qu'on nomme *taffetas* d'Avignon. Les savons qu'on fait à Marseille & à Toulon, sont très-estimés, & ont un grand débit. Les parfumeurs se servent, pour la composition de leurs savonnettes, du savon blanc qu'on fait dans ces deux villes.

Outre les juges *bannerets* établis par les seigneurs, dans les bourgs & les villages, pour l'administration de la justice, on compte en Provence douze sièges, ou *sénéchaussées royales*, dont chacune a un sénéchal d'épée, qui, lorsqu'il paroît dans le siége de sa sénéchaussée, y siége l'épée au côté.

Il y a encore dans les principales villes, qui sont au nombre de vingt-deux, un officier royal de robe-courte, qu'on nomme *viguier*, & qui porte aussi l'épée. Ces deux jurisdictions connoissent en première instance de toutes les causes litigieuses ; & quand on appelle de leurs jugemens, ces appellations sont portées au parlement séant à Aix. Cette compagnie a joui & jouissoit encore, il n'y a pas long-temps, d'une distinction, dont on n'a su ni la raison ni l'origine. Le parquet étoit composé de deux avocats-généraux & de

P 3

deux procureurs généraux. En 1746 le roi a supprimé une de ces deux dernieres charges, en la réunissant à celle qui reste. Dans le jugement des procès, on suit ici les ordonnances de nos rois & les loix romaines.

La Provence avoit autrefois ses états, qui étoient, comme ils le sont encore dans quelques provinces du royaume, une image des états-généraux de France. Ils ont été suspendus depuis la derniere assemblée qui se tint à Aix en 1639; & la province n'a pu, malgré ses remontrances, en obtenir le rétablissement. On supplée à leur défaut, par des assemblées générales qui sont convoquées tous les ans, par ordre du roi, & qui se tiennent depuis quelque temps à Lambesc. Elles sont composées des trois ordres de la province ; du *clergé*, de la *noblesse* &. du *tiers-état*. Je remarquerai ici, que tous ceux qui possédent des fiefs, sont compris dans l'ordre de la noblesse, quand même ils ne seroient pas nobles d'origine. Il est vrai qu'il y a eu autrefois un réglement qui en excluoit les roturiers qui ne possédoient que des *arriere-*

fiefs : mais ce réglement n'a jamais été observé.

L'archevêque d'Aix préside dans ces assemblées : après lui sont deux évéques, deux gentils-hommes de la province, les consuls d'Aix & les députés des vigueries & des principales communautés, dont la réunion forme proprement le comté de Provence & des districts ou terres *adjacentes*. Ces terres sont celles qui appartenoient autrefois à des seigneurs particuliers, qui prétendoient être souverains, & qui furent forcés de reconnoître les comtes de la maison d'Anjou. De ce nombre sont les villes d'Arles & de Marseille. Le commandant de la province & l'intendant assistent à ces assemblées comme commissaires du roi. On y décide sur les dons gratuits & les impositions extraordinaires, les ordinaires étant réglées par un cadastre ancien & permanent, d'après lequel toute la province est divisée par feux. Le cadastre est un regitre, où, sous le nom de chaque propriétaire, on trouve la note de toutes les propriétés qui lui appartiennent, leur contenance &

leur estimation à un certain nombre de livres cadastrales, qui sont supposées être chacune de mille livres. *Feux* est un mot de convention, inventé pour exprimer une certaine valeur, par exemple, pour exprimer une étendue de terrein, estimée cinquante mille livres. Cette division de la province par *feux*, sert de base à la répartition des impositions extraordinaires & des ordinaires. Les terres adjacentes conforment leurs répartitions à celles qui ont lieu pour l'ancien & véritable comté de Provence.

Je suis, &c.

A Avignon, ce 1 Octobre 1759.

LETTRE CCCLXXXII.

Suite de la Provence.

Vous allez lire, Madame, mes remarques sur les villes de Provence. Vous pensez peut-être que je commencerai par Marseille, parce qu'elle a été le lieu de mon départ. Je le ferois sans doute, si je me bornois à vous envoyer un exact & simple journal de mon voyage. Mais ce sont ici des observations, des récits, des descriptions, d'où doit résulter un ensemble, qui exige un certain arrangement dans ses parties. C'est ce qui me détermine à me conformer tout-à-la-fois, autant qu'il me sera possible, & à la marche que j'ai tenue dans mon voyage, & à la méthode que suivent les géographes dans la description des différens pays. Suppofez donc, Madame, comme cela est vrai, que j'ai voulu d'abord connoître la Basse-Provence, sans être obligé de faire de longs détours, ou de revenir sur mes pas; que dans ce dessein, j'ai dirigé ma route, en quittant Marseille, vers le diocèse d'Arles; que j'ai ensuite parcouru tous ceux qui s'étendant le long de la Méditerranée, composent cette partie de cette province; & vous ne serez pas surprise, que je suive ce même ordre dans mes récits.

La ville d'Arles a été bâtie, long-temps avant les conquêtes des romains, par les Gaulois *salyes* ou *saliens*, qui lui donnerent le nom d'*Arelas* ou *Arelate*. Ce mot indique sa situation, puisqu'il signifie dans la langue celtique, *lieu humide & marécageux*. Cette ville en effet est située sur le bord du Rhône, à l'endroit où se séparant en deux branches, il forme l'île de *la Camargue*. Elle ne commença d'être connue, que du temps de Jules César, qui en parle dans ses commentaires. On croit qu'il y faisoit construire des barques & des galeres, qui descendoient aisément jusqu'à la mer, dont elle n'est éloignée que de sept lieues. Ce conquérant des Gaules retournant à Rome, laissa quelques légions dans les pays nouvellement soumis. Il établit la sixieme à Arles, & y envoya enſuite une colonie romaine, ſous la conduite de Tibere Néron, pere de l'empereur Tibere. C'eſt de là que Pline & Mela l'appellent *Arelate ſextanorum*.

Cette ville devint alors une des plus floriſſantes de la province, & continua de l'être pendant les trois premiers ſiecles de l'empire romain. On y vit s'élever ces grands & beaux monumens, dont nous n'admirons plus que les triſtes ruines. Conſtantin y fit un aſſez long ſéjour, & s'y plaiſoit beaucoup. Il l'embellit de divers édifices, & y fit bâtir un palais, dont on montre encore les débris. On prétend même qu'il voulut lui donner ſon nom, & qu'il l'appella *Colonia conſtantina*. Son fils Conſtance vint auſſi ſe fixer à Arles. Mais partiſan déclaré de l'arianiſme, il perſécuta cruellement les catholiques. L'empereur Théodoſe leur rendit la paix & le bonheur. Il ſéjourna long-temps dans cette ville, auſſi bien qu'Honorius ſon fils & ſon ſucceſſeur.

Ce fut ſous le regne de ce dernier, que les barbares du nord commencerent à s'établir fur les terres de la domination romaine. Les Goths, après avoir plufieurs fois échoué devant Arles, s'en rendirent les maîtres. Quelques-uns de leurs rois, entr'autres Théodoric, en firent leur féjour ordinaire. C'étoient particulierement les oftrogoths qui occupoient la Provence ; & leurs rois tinrent toujours leur cour à Arles, tandis que ceux des Vifigoths régnoient dans le Languedoc, & réfidoient à Toulouse.

Vers la fin du VIe. fiècle, Vitigés, dernier roi des oftrogoths en Provence, abandonna fon royaume aux defcendans de Clovis. Cependant Childebert fut obligé de faire le fiége d'Arles, qu'il prit, & qui enfuite échut en partage à fon neveu Gontrand. Les françois n'en furent pas long-temps tranquilles poffeffeurs. Les vifigoths les en chafferent : mais ils y rentrerent bientôt, & s'y maintinrent jufqu'au temps où les farrafins, après s'être emparés d'Avignon, prirent cette ville d'affaut, & y commirent les plus grands défordres. Charles-Martel avoit fait un carnage effroyable de ces mahométans, près de Poitiers : mais il n'avoit pu les poursuivre jusqu'à Arles. Charlemagne gagna sur eux une grande bataille, à l'abbaye de *Montmajour*, presque sous les murs de cette ville, qu'il reprit. Son premier soin fut d'y rétablir les anciennes églises, & d'en faire bâtir de nouvelles. Il y assembla même un concile, & y établit des comtes, pour gouverner la province. Mais sous les successeurs de ce monarque, la France fut en proie tantôt à des guerres civiles, tantôt aux incursions des barbares; & ces comtes profitèrent de ces temps malheureux, pour usurper la souveraineté dans leurs gouvernemens. J'ai dit dans la lettre précédente, que Boson fut le premier de ces gouverneurs, qui se fit couronner roi d'Arles ou de Provence; & vous y avez lu, Madame, le reste de cette histoire très-abrégée.

Arles morte est bien plus riche qu'Arles vivante, a dit un de nos anciens auteurs. Cela est vrai: cette ville, peuplée d'environ vingt-six mille habitans, entourée de marais qui en rendent l'air mal sain & grossier, dont les rues sont, pour la plûpart, étroites, tortueuses & pavées de petits cailloux, renferme bien plus de monumens anciens que d'édifices modernes remarquables. Voici, parmi ceux du premier genre, les plus curieux.

On voit au milieu de la place, devant l'archevêché un *obélisque*, le seul qu'il y ait en France. Il est de marbre granit d'Egypte, pareil à celui des obélisques de Rome, & a soixante-un pieds de hauteur. Vous jugez bien qu'il a éprouvé, comme les autres ouvrages des romains, la fureur des barbares, & l'injure du temps. Au seizieme siecle, il étoit caché dans la terre : on en découvroit seulement la pointe. Charles IX & la reine Catherine de Médicis, qui parcoururent les provinces méridionales, penserent à le faire relever. Mais ce projet ne fut point alors exécuté. Il ne l'a été que sous le regne de Louis XIV, en 1675. On se servit pour cet effet de huit gros mâts de navire, qu'on avoit dressés autour du piedestal, sur lequel on vouloit le placer. Ces mâts étoient liés ensemble par le haut. On y avoit attaché plusieurs fortes poulies, dans lesquelles passoient de gros cables, qui étoient tirés par huit cabeſtans, qu'on faiſoit tourner en même temps. Au moyen de ces machines, on réuſſit ſi bien dans cette pénible opération, que l'obéliſque, qui peſe environ deux mille quintaux, ayant été ſuſpendu en l'air, fut mis ſur ſon piedeſtal, en un quart-d'heure de temps. Vous vous imaginez bien que cette cérémonie fut pompeuſe : elle fut faite au bruit du canon, & au ſon des tymbales & des trompettes. La ville d'Arles conſacra ce beau monument à la gloire de *Louis le Grand*, & fit placer ſur la pointe de l'obéliſque un globe d'azur parſemé de fleurs de-lys d'or, & couronné d'un ſoleil qui étoit la deviſe de ce prince. On répara tout ce que le temps avoit uſé. Le piédeſtal fut orné aux quatre angles d'autant de figures de lions de marbre, & chaque face fut chargée d'une inſcription latine, compoſée par *Pelliſſon* à la louange du monarque, pour lequel ce monument avoit été érigé.

En paſſant par une rue, nommée *la calade*, j'ai vu les ruines du *théâtre* d'Arles. Les goths & les ſarraſins l'ont entièrement détruit. A peine en reste-t-il ce qu'il faut, pour qu'on puisse juger du plan, & un peu de la construction de cet ancien théâtre.

Je me suis arrêté plus long-temps à considérer les débris de l'*amphithéâtre*, qui vraisemblablement a été bâti par Jules César. Semblable à la plupart des autres monumens de cette espece, il est de forme ovale ; mais il ne paroît pas avoir jamais été achevé. Il a cent quatre-vingt quatorze toises de circonférence, & dix-sept toises de hauteur pour le frontispice. L'*arene* (c'étoit la place du milieu) a soixante onze toises de longueur, sur cinquante-deux de large. Les portiques sont à trois étages de pierres de taille d'une grosseur prodigieuse. Chaque étage comprenoit soixante arcs qui subsistent encore. On ne voit plus que la face du second & du troisieme étage : cette face, quoique défigurée, est ornée de colonnes avec leurs bases & chapiteaux, & d'une belle corniche. Le premier étage est presque tout entier : mais la plupart des chambres & des caves sont comblées.

Les dépenses immenses qu'exigea cet ouvrage prouvent bien quelle étoit la fureur des romains pour les jeux cruels & sanglans qui y étoient donnés. On ne doute pas que le terrein sur lequel il est assis, ne fût très-inégal. Il fallut donc l'abaisser d'un côté, & l'élever de l'autre, en y établissant d'une maniere solide des blocs énormes de pierre, qui pussent soutenir le poids de deux ou trois galeries bâties l'une sur l'autre, & celui de plusieurs rangs de sieges qui régnoient tout autour. Que de bras, que de trésors ne dut-on pas employer pour ce travail, qui ne fut point achevé! La seule vue de l'amphithéâtre suffit pour faire juger qu'il n'a jamais eu de couronnement, & qu'à cet égard il resta tel qu'il est. La galerie du rez-de-chaussée, par laquelle on faisoit entrer les animaux & les gladiateurs, sert de cave aux maisons bâties dans l'épaisseur des murs de ce vaste édifice.

On trouve encore à Arles des restes de thermes ou bains, & ceux d'un temple dont on ne sait point quelle étoit la véritable divinité. Selon toute apparence, c'étoit Cybèle qui y est représentée avec une infinité de mammelles, pour indiquer la fécondité de la *mere nature*, qui produit tous les êtres, leur donne la vertu de croître, & la faculté, ainsi que les moyens de vivre.

J'ajouterai qu'on m'a fait remarquer près du couvent des carmes, deux portiques en voûte, d'une structure très-ancienne, & que l'on croit être un ouvrage des romains ; au quartier de la ville le plus élevé, & près du college, des vestiges de deux temples, dont l'un, formé de tours peu éloignées les unes des autres, étoit, suivant l'opinion générale, consacré à Diane ; dans le même quartier, & au-dessous de ces deux temples, les restes d'un arc de triomphe, où il y avoit cinq portes, mais qui sont fermées depuis long-temps.

Je veux sortir pour un moment de la ville, & vous promener parmi des tombeaux. Mais ne vous allarmez pas, Madame; ces sépulcres n'ont rien de lugubre ; vous vous plairez même, par amour pour l'antiquité, à jetter un coup-d'œil sur ce vaste cimetiere. Les romains le nommoient *campus elyſius*, les *champs élyſées*; &, par corruption, on le nomme aujourd'hui *eliſcamp*. Peu éloigné de la ville, il eſt ſitué ſur une colline agréable. Ce lieu étoit le cimetiere public, du temps des romains, & aux premiers ſiecles de notre ère. Voilà pourquoi on y voit un ſi grand nombre de tombeaux. Ceux où les payens ont été inhumés, ſe reconnoiſſent à ces deux lettres D. M. (*Diis manibus. Aux Dieux mânes.*) Ceux où l'on a enſeveli des chrétiens ſont diſtingués par une croix.

Ces tombeaux ne ſont pas tous de la même capacité, ni de la même matiere. Les uns ſont grands, & les autres petits. Les plus larges ont été faits pour deux corps; & dans ceux de cette eſpece, il y a une ſéparation aſſez déliée. Mais ils ont preſque tous deux toiſes de longueur ſur quatre pieds & demi de largeur. Les uns ſont de marbre, & les autres de pierre. Quelque conſidérable que ſoit le nombre de ces tombeaux, il l'étoit autrefois bien davantage. Divers particuliers en ont enlevé, pour les faire ſervir à la conſtruction de leurs maisons de campagne. On dit même que des hommes avides en ont brisé plusieurs, dans l'espérance d'y trouver des pieces d'or, d'argent ou de bronze. On y en a trouvé en effet dans quelques uns, ainsi que des urnes, des patéres, des lacrymatoires & des lampes sépulcrales.

Charles IX étant à Arles avec la reine sa mere, cette princesse fit transporter à Paris plusieurs de ces tombeaux antiques, parmi lesquels les connoisseurs choisirent ceux qui étoient les mieux travaillés. On en donna aussi au duc de Savoie & au duc de Lorraine.

Il est dit dans les archives de la ville d'Arles, qu'en 1635 le marquis de Saint-Chaumont, alors lieutenant de roi en Provence, pria les consuls de cette ville de lui donner treize de ces tombeaux, qui lui furent accordés. On lit dans ces mêmes archives qu'en 1640, on donna trois autres tombeaux à *Alphonse Duplessis*, cardinal, archevêque de Lyon, frere du cardinal de Richelieu, & qu'on les fit transporter aux dépens de la ville d'Arles, à une maison de campagne de ce cardinal. Ce prélat avoit été auparavant archevêque d'Aix, & s'étoit concilié l'amour & le respect de tous les provençaux.

Je ne sortirai point de ces *champs élysées*, sans vous faire connoitre l'église de *Saint-Honorat*, à présent occupée par les Peres Minimes, & l'une des églises de France de la plus haute antiquité. Ce fut Saint-Virgile, archevêque d'Arles, qui la fit bâtir au commencement du septieme siecle, sous l'invocation de *Saint-Honorat*, un de ses prédécesseurs. Elle a été en partie détruite par les calvinistes : il n'en reste plus que le tiers. Il y a deux anciennes chapelles, qui subsistent dans leur entier, aux deux côtés du maître-autel. On en a construit d'autres, dont la plus remarquable est celle de *Notre-Dame de grace*, bâtie sur les fondemens de celle qu'on prétend que Saint-Trophime avoit dédiée à la Sainte-Vierge, pendant qu'elle étoit encore en vie. Une très-belle figure de marbre blanc, qui représente la reine du ciel, orne cette chapelle, à laquelle le tombeau de *Saint-Trophime* sert d'autel. Ce tombeau est de pierre commune, & sans aucun ornement. Mais les religieux en ont fait incruster le devant de marbre blanc, enrichi de trois belles figures. Celle du milieu représente le Sauveur du monde, qui d'une main présente l'évangile à *Geminus Paulus*, Gouverneur des Gaules, & de l'autre lui donne sa bénédiction.

Le tombeau de Saint-Honorat sert de maître-autel à cette église, & lui donne son nom. Mais il ne renferme plus le corps de ce saint. On en transféra une partie à Toulon en 1351, & l'autre partie à Lerins, en 1391. Au-devant de ce maître-autel, on admire une balustrade de marbre blanc, enrichie de bas reliefs, lequel marbre a été tiré des anciens tombeaux des champs elysées. A l'un des bouts de cette balustrade est un escalier, par lequel on descend dans les *catacombes*, ou cimetière, qui fut la sépulture d'un grand nombre de martyrs immolés dans le temps des premieres persécutions. Il y a plusieurs tombeaux de marbre, parmi lesquels on en remarque principalement sept, qui sont posés l'un sur l'autre, &

qu'on croit être ceux d'autant d'évêques d'Arles, reconnus pour saints. Constantin y fit ensevelir un de ses fils, qui mourut à Arles. Charlemagne, passant par cette ville, pour aller combattre les sarrasins, fit ses dévotions dans la chapelle de la Vierge, & ordonna que s'il mouroit dans cette expédition, son corps seroit porté dans ce cimetiere. L'arriere-garde de son armée ayant été défaite à Roncevaux, il fit du moins transporter à Arles les corps de ses principaux paladins, qui furent trouvés sur le champ de bataille. On prétend que ce furent ceux de Samson, premier duc de Bourgogne, d'Astolphe, comte de Langres, de Roland, neveu du monarque, & qu'on les enterra dans ces catacombes.

Mais il est temps de sortir de ces grottes souterraines, & de rentrer dans la ville, pour y jetter un coup-d'œil sur les monumens modernes. Avant de vous faire connoître celui qui est le plus remarquable, je dois vous dire qu'on trouve, près de la porte S. Jean & de l'hôtel du grand-prieur de l'ordre de Malthe, les restes d'une tour & d'un vieux bâtiment, connu sous le nom de la *Trouille*. C'étoit autrefois la résidence du préfet du prétoire des Gaules; Constantin s'y logea; & ce fut là que l'empereur Maximien Hercule, son beau-pere, eut la fin la plus lamentable. Ce prince, après avoir été associé à l'empire par Dioclétien, s'en étoit démis en même temps que son collégue. Le repentir avoit suivi de près cette abdication. Il voulut remonter sur le trône, & en déposséder son propre fils Maxence. Mais celui-ci fut vainqueur, & chassa son pere, qui se réfugia à Arles auprès de Constantin son gendre. L'ambition dont il étoit dévoré, le porta jusqu'à vouloir le trahir, & même le faire assassiner. Le complot ayant été découvert, Maximien désespéré se donna la mort. Le château de *la Trouille* continua à être la résidence des empereurs & généraux romains, des rois goths, de ceux de France de la premiere & de la seconde race, des rois d'Arles, de comtes de Provence, & des Podestats de la république. Ceux-ci étoient des magistrats qui, sous les derniers

comtes

comtes de Barcelonne, gouvernerent la ville pendant trente ans, sans recevoir aucun ordre des comtes. Mais Charles d'Anjou fit valoir ses droits, & devint le seul maître.

Ce n'est que depuis la ruine entiere de ce vieux palais de la Trouille, qu'on a construit l'hôtel-de-ville. C'est un grand édifice, qui annonce de la magnificence, & qui est dans une belle situation, au milieu de deux places. Il est de figure carrée, bâti de pierre blanche, & décoré de trois ordres d'architecture. Ses deux grands portails font face aux deux places, & sont d'une exacte symmétrie. Au-dessus de chaque portail est un balcon ; & les ornemens qui regnent au-dehors, représentent tout ce qui a du rapport à l'illustration de la ville d'Arles dans l'antiquité.

En entrant dans l'hôtel-de-ville, on trouve d'abord un grand vestibule, dont la voûte est hardie par son peu de convexité. Elle est presque plate, & soutenue par vingt colonnes placées deux à deux, & chacune d'une seule piece. Dans ce vestibule sont plusieurs encoignures ou portes figurées, vis-à vis les unes des autres; & au-dessus desquelles sont placés les bustes des comtes de Provence, avec leurs armes au-dessous. On voit au fond du vestibule une statue de Louis XIV, placée sur un piédestal, qui porte une inscription en l'honneur de ce prince. On en lit deux autres au-dessus des deux portails en-dedans. La ville d'Arles a rendu cet hommage à ce grand monarque, parce que c'est sous son regne que cet édifice a été élevé (en 1673) sur le dessin du célébre *Hardouin Mansart*.

Cet hôtel-de-ville est très-fréquenté dans la belle saison, ainsi que le pont du Rhône, & un assez grand nombre de places. Mais la promenade la plus agréable, est un très-beau cours, planté d'arbres, qui s'étend depuis la porte de *Marcanou* (le marché neuf,) jusqu'à celle de *la Roquette*. A l'une de ses extrémités, le canal de *Crapone* se termine dans le Rhône, après avoir fertilisé une étendue de pays assez considérable. En descendant d'une plaine, qu'on nomme *la Crau*, ce canal tomberoit & se perdroit naturellement dans les marais, qui sont à l'orient de la ville d'Arles. Mais en cet endroit, le canal est soutenu sur des arcs bâtis sur pilotis dans les marais mêmes. Ces arcs forment un aqueduc qui porte l'eau à plusieurs moulins, outre celle qu'il donne pour arroser le cours, quand il est nécessaire.

Je m'imagine bien que vous desirez connoître les principales églises d'Arles, & les choses remarquables qu'elles peuvent renfermer. Je vais vous les indiquer, après vous avoir donné une légere idée de l'histoire ecclésiastique de cette ville : elle ne vous paroîtra pas peu intéressante.

Arles est une des premieres villes de France, où la religion chrétienne ait été connue. Elle seroit même la premiere, si l'on vouloit prendre à la lettre ces paroles du pape Zozime: cette église est la source d'où la foi s'est répandue dans toutes les Gaules. Saint Trophime en fut le premier apôtre. On est persuadé à Arles, que ce saint étoit disciple de saint Paul, & qu'il fut envoyé par saint Pierre. Quoi qu'il en soit de cette tradition, il fut le premier qui parvint à dissiper les erreurs du paganifme, dans lefquelles cette ville étoit plus profondément plongée que toutes les autres. Il y avoit un fameux autel, fur lequel on immoloit tous les ans, avec beaucoup de cérémonies, trois jeunes gens, en l'honneur de Diane. On l'appelloit en latin *aralata*, foit que le nom de l'autel vînt de la ville, foit que celui de la ville vînt de l'autel même. Saint Trophime peignit aux habitans d'Arles toute l'horreur de ces barbares facrifices, & les engagea, par la force de fon éloquence, à abattre la ftatue de Diane, qui fut enfouie au même lieu où étoient l'autel & le temple de cette déeffe.

Cette ftatue étoit très-belle. On la retrouva en 1651 : l'original fut envoyé à Louis XIV, & placé à Verfailles. Il étoit mutilé des deux bras, qui ont été réparés dans les juftes & belles proportions de l'antique. On en garde une copie dans l'hôtel-de-ville d'Arles. Près de la porte de la *Roquette*, on voit les débris d'une certaine pyramide de pierre dure, qu'on croit être les reftes du *large autel*, dont je viens de parler.

L'église d'Arles, après avoir été gouvernée par trois Saints, eut le malheur de voir *Marcien*, le cinquieme de ses évêques, tomber dans l'hérésie, en s'attachant à Novatien. Sous le successeur de celui-ci, le grand Constantin tint à Arles un concile, où se trouverent un si grand nombre d'évêques, que saint Augustin le regarde comme un concile général. Il y fut décidé que le baptême ne devoit pas être réitéré aux hérétiques. Dans le cours du quatrieme siecle, il y eut encore un évêque d'Arles arien : il se nommoit *Saturnin*. Au cinquieme siecle, cette église eut pour pasteur saint *Honorat*. Il avoit fondé dans les petites îles de Lérins, sur la côte de Provence, une communauté célébre, à l'imitation des cénobites de l'Egypte & de la Grece. Le saint partagea son temps & ses soins entre son diocese & son abbaye. Saint Cassien, de concert avec lui, rédigea les regles de ces moines. Le saint évêque étant mort en 429, fut enterré dans le cimetiere sacré d'Arles. Mais au quatorzieme siecle, son corps fut transporté dans la principale des îles de

Lérins, qui prit son nom, & le porte encore.

Saint *Céfaire* occupa le siége d'Arles, au sixieme siecle. Il présida à un concile qui s'y tint, & porta, le premier, le titre d'archevêque, que lui donna le pape Symmaque. Ce prélat & sa sœur Césarée fonderent à Arles la belle abbaye de filles qui subsiste encore sous le nom de saint Céfaire. Ce fut lui qui consacra l'abbaye de *Montmajour*, qui est à une demi-lieue de la ville, & qui fut fondée par Childebert, un de nos rois de la premiere race. Les premiers moines qui s'y établirent, suivirent la regle de saint Cassien & de saint Honorat. Ce ne fut que long-temps après qu'ils prirent celle de saint Benoît. Les sarrasins s'étant emparés de la ville d'Arles, chasserent les religieux de l'abbaye, & la dévasterent. Mais Charlemagne accourut, & chassa à son tour les infideles de *Montmajour*, où ils s'étoient retranchés. Ce prince fit rétablir le monastere avec magnificence, & l'enrichit beaucoup. L'église a été encore rebâtie en 1117. Les premiers comtes de Provence l' choisirent pour leur sépulture. Elle subsiste encore, & mériteroit d'être vue, par cette seule considération.

La liste des archevêques d'Arles, qui vivoient sur la fin du sixieme siecle, nous en offre un, dont l'histoire est remarquable. Il se nommoit *Sabaudius*; & l'on prétend que c'est lui qui a donné son nom à la Savoie. Il étoit romain d'origine, & d'une naissance très-illustre, puisqu'il descendoit, dit-on, d'un empereur. Plein du desir d'étendre les lumieres de la foi, il alla publier l'évangile dans les montagnes des Allobroges. Son zele eut un plein succès. Il amena au sein de l'église tous ces peuples, dont il se concilia si bien l'estime & l'amour, que ceux-ci voulurent prendre son nom, & le donner à leur pays qu'ils appellerent *Savoie*, en se nommant eux-mêmes *savoyards*. Saint *Virgile*, son successeur, étoit abbé de Lérins, lorsqu'il fut nommé archevêque d'Arles. Son zele & sa piété soutinrent sa vie, & le firent parvenir à une extrême vieillesse. Il fournit une carriere de plus de cent ans.

L'archevêque *Roland*, qui vivoit

en 869, ne cessoit de parcourir son diocese, & d'aller prêcher dans les campagnes. Un jour qu'il s'étoit arrêté dans un village de l'île de *la Camargue*, sur les bords de la Méditerranée, les pirates normands ayant fait une descente, l'enleverent, & le firent mourir par leurs mauvais traitemens. Les habitans d'Arles, dont il étoit autant chéri que respecté, ne furent pas plutôt instruits de sa captivité, qu'ils accoururent en foule sur le rivage, moins pour repousser les ennemis, que pour en obtenir la liberté de leur pasteur. Les perfides normands, connoissant leur desir, loin de leur apprendre sa mort, le leur montrerent de loin assis sur une chaise, en lui faisant remuer les bras, comme s'il eût imploré leur secours. Les bons diocésains offrirent à ces pirates une grosse rançon. Ceux-ci, après l'avoir reçue, leur rendirent leur archevêque mort, & mirent promptement à la voile.

Au dixieme siecle, le siege de cette église fut occupé par *Manasses*, neveu de Hugues III, roi d'Arles & de Bourgogne. Il posséda à la foi plusieurs archevêchés, tels que ceux d'Arles & de Milan ; & fut, dit-on, le premier qui donna l'exemple de ces réunions illicites. Son crédit égala ses richesses, puisqu'il fut premier ministre de son oncle. Il étoit né avec des inclinations plus guerrieres qu'ecclésiastiques. Aussi fit-il pour Hugues de grandes conquêtes en Italie.

On ne trouve rien de bien particulier dans l'histoire des archevêques des onzieme, douzieme & treizieme siecles. Pendant ce temps, ces prélats s'enrichirent par les libéralités des empereurs & des rois de France. Les premiers les firent princes de l'empire, leur donnerent le droit de faire battre monnoie, & même, dit-on, de créer des nobles. La guerre des Albigeois étant terminée, on leur céda plusieurs terres de la dépouille des comtes de Toulouse : saint Louis & ses successeurs leur en confirmerent la jouissance. L'archevêché d'Arles étant ainsi devenu très-considérable, il fut presque toujours possédé, aux quinzieme & seizieme siecles, par des cardinaux & des personnages d'une illustre naissance.

Q 5

Parmi ces cardinaux il y en a deux qui méritent bien d'être distingués. Le premier est Jean de *Brognier* : il joua un grand rôle au concile de Constance, & à l'occasion du grand schisme qui n'étoit pas encore éteint. L'autre cardinal, son successeur, est Louis *Allemand*, d'une famille noble du Dauphiné, qui subsiste encore. Il contribua beaucoup à l'élection d'Amédée VIII, comte de Savoie, qui occupa le trône de l'église, sous le nom de *Felix V*. Mais il n'eut pas moins de part à la résolution que ce pape prit, quelque temps après, de se démettre du pontificat. Nicolas V, élu à sa place, ramena la paix dans l'église ; ce qui fit un grand honneur au cardinal *Allemand*. Ce vertueux prélat mourut dans son diocèse, en odeur de sainteté, & fut béatifié par le pape Clément VII, qui permit que son corps fût placé dans une châsse, & que l'on fît un office particulier en son honneur.

Ses successeurs furent le cardinal de Foix-Grailly ; le cardinal de Levis, & son neveu, de la branche de Mirepoix ; Nicolas Cibo, neveu du pape Innocent VIII; & au seizieme siecle, le cardinal Robert de Lenoncourt, d'une illustre maison de Lorraine; Antoine d'Albon, qui passa à l'archevêché de Lyon; le cardinal Hyppolite d'Est, fils du duc de Ferrare, & le cardinal de Sainte-Croix, qui avoit été nonce en France, sous le regne de Charles IX. Enfin depuis le premier évêque d'Arles jusqu'à présent on en compte quinze, qui ont été revêtus de la pourpre romaine, quinze qui ont été mis au nombre des saints, & deux béatifiés. Les évêchés de *Marseille*, *Toulon*, *Saint-Paul-Trois Châteaux* & *Orange*, (ces deux derniers du gouvernement du Dauphiné) sont suffragans de l'archevêché d'Arles. Il s'est tenu en divers temps dans cette ville treize conciles: le plus célébre est celui dont j'ai déjà parlé.

La cathédrale d'Arles, dédiée à saint *Trophime* & à saint *Etienne*, est un grand bâtiment, dont le frontispice est très-ancien, à en juger par une infinité de figures dont il est chargé. Cette église est divisée en trois nefs, qui ont chacune plus de cent pas de longueur,

& qui sont soutenues par de gros piliers antiques. On voit autour plusieurs tombeaux engagés dans le mur avec leurs épitaphes. Le chœur est séparé du reste de l'église, à la maniere d'Italie. Un beau tabernacle d'argent, richement travaillé, qui représente le martyre de S. Etienne, décore le grand autel : c'est un morceau très-estimé. Il y a un grand reliquaire d'argent doré, qu'on appelle la *sainte arche*, où sont renfermés des os de saint Pierre & de saint Paul, la plus grande partie du corps de saint Trophime, & son missel, qu'on enterra avec lui. Ce livre seroit peut-être de toutes ces reliques la plus curieuse à examiner. C'est au cardinal *Allemand* qu'on est redevable de ce grand reliquaire, ainsi que d'une augmentation de cette église, des ornemens du grand autel, & de plusieurs chapelles, dans l'une desquelles on a placé ses reliques.

La plus considérable des églises, après la cathédrale, est l'église collégiale & paroissiale de Notre-Dame *la majoure* ou *la major*, fondée l'an 450. Il y a plusieurs précieuses reliques, parmi lesquelles on montre la mâchoire inférieure de l'évangéliste saint *Marc*. Voici une anecdote remarquable sur la maniere dont les habitans d'Arles en sont devenus possesseurs. Durant le cours de trente années qu'ils vécurent sous le gouvernement républicain, ils eurent de grandes relations avec les vénitiens. Ceux-ci se trouvant dans un extrême besoin de bled, s'adresserent, pour en avoir, à la ville d'Arles. Les habitans leur en donnerent de la maniere la plus généreuse, & ne voulurent point d'argent. Les vénitiens, sensibles à ce bon procédé, crurent ne pouvoir leur en mieux témoigner leur reconnoissance, qu'en détachant une mâchoire de la tête de S. Marc, & en la faisant transporter à Arles, en grande cérémonie. Elle y fut reçue avec tous les honneurs possibles, & placée dans cette église de Notre-Dame, comme étant la paroisse de l'hôtel-de-ville. Depuis cette époque, on y célébre tous les ans la fête de cette translation, & l'on prononce en françois un panégyrique de la ville d'Arles. Quelques-uns de ces discours ont été imprimés.

Une église, qui peut être mise encore au nombre des plus anciennes d'Arles, est celle de saint *Lucien*. On l'appelloit autrefois *Notre-Dame du Temple*, parce qu'elle avoit été bâtie vis-à-vis d'un temple de Minerve. Les connoisseurs y admirent quelques morceaux d'architecture romaine. On voit près delà quelques fragmens de colonnes, qui faisoient partie peut-être du temple de Minerve, ou, selon quelques uns du capitole d'Arles.

Je vous parlerai de l'église des *Trinitaires*, construite au treizieme siecle, & rebâtie au dix-septieme, pour vous dire qu'on y conserve toujours des reliques données par le maréchal de Boucicaut, qui vivoit dans le quatorzieme siecle. Ce brave militaire sauva la ville de Montpellier de la fureur des anglois. On lui offrit une récompense pour un service si signalé. Il n'en voulut point d'autre que le corps de saint Roch qui y étoit conservé. Ce Saint étoit né dans les murs de Montpellier; & ce fut avec douleur que les habitans se virent privés de ses reliques. Ils donnerent le corps saint au maréchal, qui le fit transporter à Arles, dans l'église des Trinitaires où il est encore. Le bâton seul de saint Roch est resté à Montpellier.

La ville d'Arles étoit autrefois bien plus considérable qu'elle ne l'est aujourd'hui. Elle s'étendoit sur l'une & l'autre rive du Rhône. Mais la partie située sur la droite de ce fleuve a été détruite ; & il n'en reste plus qu'un assez médiocre fauxbourg, qu'on appelle *Trinquetaille*; nom qui lui vient de ce qu'il a été exempté de taille & d'imposition. La ville communique avec ce fauxbourg, par un très-beau pont de bateaux, fort bien entretenu. Aux environs & dans l'intérieur, on trouve, dit-on, en fouillant, beaucoup de médailles, d'inscriptions, & même des fragmens de pavé en mosaïque. La situation d'ailleurs en est agréable & assez saine. Un côté des dehors de la ville d'Arles l'est aussi : mais l'autre est humide & marécageux. C'est de ce dernier côté qu'est située l'abbaye de *Montmajour*, dont j'ai déjà parlé. Elle est au milieu de plusieurs canaux, qui dérivés de la Durance, se jettent dans le Rhône.

Aussi les inondations forcent quelquefois les moines de se retirer à Arles, où ils ont une maison de refuge. En descendant au jardin de cette abbaye, j'ai vu une petite chapelle pratiquée dans le roc, où, suivant la tradition, saint Trophime se cachoit pour éviter la persécution, & en même temps pour instruire les premiers fideles d'Arles. Non loin de cette même abbaye, il y a une petite église fort ancienne, & consacrée à la *Sainte-Croix*. On assure que Charlemagne la fit élever, à l'endroit même où il avoit fait enterrer les principaux de ses généraux, qui avoient été tués à l'attaque des retranchemens de *Montmajour*.

On peut dire que la ville d'Arles a produit de grands hommes dans tous les genres. Mais peut-être ont-ils été plus universellement connus de leur vivant, qu'ils ne le sont aujourd'hui. Il seroit superflu de les nommer. Je rapporterai seulement une action remarquable du brave & généreux Porcellet, seigneur en partie de la ville d'Arles. Il étoit en Palestine en 1193, lors de la croisade formée par Philippe-Auguste, & Richard, *Cœur de lion*, roi d'Angleterre. Un jour qu'il suivit le monarque anglois à la chasse, avec cinq autres gentilshommes, ils furent investis & attaqués par un corps de sarrasins. Leur défense fut très-vigoureuse : mais quatre de ces guerriers tomberent sous le fer des musulmans. Richard lui-même alloit perdre la vie ou la liberté, lorsque Porcellet combattant encore vaillamment, s'écria en langue sarrasine, *je suis le roi*. Aussitôt tous les sarrasins espérant d'en retirer une forte rançon, fondent sur lui, & le saisissent sans lui faire aucun mal. Richard profita de cette méprise, pour se sauver. Mais à peine est il hors de danger, qu'il se hâte de demander la liberté du généreux françois, auquel il étoit redevable de la sienne. Il l'obtint en donnant pour sa rançon les dix plus puissans satrapes, qui se trouverent parmi ses prisonniers.

La littérature & les sciences ont été, dans tous les temps, cultivées à Arles. Il y a une académie, établie par Louis XIV, en 1669, sous le titre *d'académie royale*, & associée à l'académie françoise, dont elle a toujours un membre pour protecteur. Elle fut d'abord composée de vingt académiciens, tous gentilshommes, originaires & habitans de la ville d'Arles. Le nombre en fut ensuite porté à trente, & enfin à quarante, tous nobles comme les premiers. Cette académie s'est soutenue dans un état brillant, jusqu'à la guerre de la succession, temps où le desir de la gloire des armes arrachant la plus grande partie de la noblesse aux occupations littéraires, les assemblées devinrent moins nombreuses, & furent même interrompues; elle admettoit aussi des femmes : la célébre madame *Deshoulieres* en étoit.

La ville d'Arles forme, avec ses dépendances, une des terres adjacentes, qui, par rapport aux charges & aux impositions, ne font point corps avec les autres communautés de la province, mais qui contribuent leur quote-part séparément. Il y a une sénéchaussée qui fut créée en 1535. Elle est une des plus anciennes des douze, qui sont établies en Provence.

Le territoire de cette ville est peut-être le plus étendu qui soit sous la dépendance d'aucune ville du royaume : il a environ quarante lieues de circonférence, & douze de largeur. On le divise en quatre parties, qui sont le *Très-bon*, la *Camargue*, le *Plan du bourg*, & la *Crau*.

Le *Très-bon* est une plaine qui commence à la porte d'Arles, & se prolonge vers le nord, l'espace d'une lieue & demie ou environ, jusqu'au territoire de Tarascon, & depuis le Rhône jusqu'à la *Crau*. C'est le moins étendu, mais le plus fertile de ces quatre quartiers. Il produit, il est vrai, peu de vin, qui d'ailleurs n'est pas beaucoup estimé. Mais on y recueille une quantité prodigieuse de bon froment.

La *Camargue* est une île, formée en triangle par les deux bras du Rhône & par la mer. Depuis la pointe la plus septentrionale, (c'est à-dire; l'endroit où ce fleuve se partage en deux branches, qui ne se réunissent plus) jusqu'à leur embouchure dans la Méditerranée, elle a sept lieues de longueur sur six dans sa plus grande largeur. On prétend que l'ancien nom de cette île étoit *campus Marii*, qu'on fait dériver de *Caius Marius*, ce fameux général romain qui s'y campa, dit-on, & s'y retrancha, pour attendre les Cimbres qu'il battit. On veut encore que ce canton ait été autrefois tout couvert d'arbres de haute-futaie, & que César y ait fait construire douze galeres pour le siége de Marseille. Aujourd'hui, il y a un endroit, à quelque distance de la mer, tout rempli de pins, & que pour cela l'on nomme *la Pinede*.

Je doute qu'il y ait en France une contrée plus fertile en gras pâturages, que la *Camargue*. Il y croît aussi du bled & du vin : le gibier & la volaille y abondent. On y nourrit environ quatre mille chevaux & seize mille bœufs, qui se multiplient, & s'élevent en toute liberté, passant l'hiver & l'été, le jour & la nuit en pleine campagne. Ce genre d'éducation rend ces animaux très-vigoureux, mais ombrageux & sauvages. Ce n'est pas sans peine qu'on vient à bout de soumettre les bœufs au joug, ou de les conduire aux boucheries de la ville. Les payſans, chargés de ce ſoin, les prennent, en les arrêtant avec des tridents de fer, dont ils ſont habitués à ſe ſervir. Les taureaux ſont petits & très-vifs : on les fait quelquefois combattre contre des dogues, à la maniere d'Eſpagne. J'ai lu dans l'hiſtoire d'Arles, que ſous l'empire de Conſtantin, ou du moins ſous celui de Théodoſe, les combats des gladiateurs ayant été défendus, les derniers ſpectacles que l'on donna dans l'amphitéâtre d'Arles, furent des combats de taureaux.

Les chevaux de la Camargue ſont très-légers à la courſe, & beaucoup plus infatigables que les autres chevaux, mais auſſi très-indociles. On en fait cependant un grand commerce dans la Provence & les provinces voiſines. Outre l'uſage ordinaire, on les fait ſervir à fouler le bled, quand il eſt en gerbes: car on ne connoît point ici la méthode de le battre avec des fléaux.

Mais puiſqu'il y a dans cette île un nombre ſi conſidérable de gros bétail, qui étant confondu, erre & çà & là dans la campagne, vous pourriez me dire, madame, que vous êtes curieuse d'apprendre quel est le moyen qu'on a imaginé, pour que chaque propriétaire reconnût & distinguât ce qui lui appartient. Le voici. On marque d'un fer chaud, à la hanche, chaque bœuf & chaque cheval. Mais comme cette marque pourroit disparoître ou devenir méconnoissable, on la renouvelle de trois en trois ans : c'est ce qu'on appelle les *ferrades*. Le milieu de la plaine est l'endroit où se fait cette opération. On allume un grand feu, pour faire rougir les signaux ou marques de fer de chaque particulier. Plusieurs paysans, soit à pied soit à cheval, se rassemblent armés d'un trident de fer. Les uns, (& c'est le plus grand nombre) forment un grand circuit autour du bûcher. Les autres vont courir à cheval après le bétail, le poursuivent avec leurs tridents, & les forcent d'entrer dans cette enceinte. A mesure qu'un bœuf entre, des paysans adroits & vigoureux le saisissent par les cornes, lui donnent avec adresse un coup de pied dans les jarrets, & le terrassent. Alors on prend la marque de fer rougie au feu, & on l'imprime sur la hanche de l'animal, qui étant aussi-tôt lâché, se releve en furie, & blesse souvent les opérateurs, s'ils n'ont pas le tems de l'éviter, ou de se jetter par terre, quand ils sont surpris à sa rencontre.

Au reste la Camargue est très-peuplée. Il y a beaucoup de maisons de campagne, & neuf paroisses ou cures. Mais on n'y voit qu'une seule petite ville ou bourg, nommé *les trois Maries*, parce que l'on prétend que c'est là qu'aborderent les saintes femmes, Marie-Magdeleine, Marie Jacobé, & Marie Salomé avec leur frere Lazare, lorsqu'ils passerent de Judée en Provence. Les gens du pays assurent que l'église de ce bourg est la premiere qui ait été bâtie en France.

Le *Plan du bourg* est une plaine longue, mais resserrée, qui s'étend entre le Rhône & la *Crau*, depuis Arles jusqu'à la mer, l'espace de cinq ou six lieues. Il est traversé dans toute sa longueur, par deux canaux paralleles l'un à l'autre, & qui sont aussi paralleles au Rhône. La terre est très-bien cultivée dans ce canton fertile, sur-tout en pâturages. Quoiqu'il soit sujet à être inondé, il ne laisse pas d'être bien peuplé. Les maisons de campagne y sont en très-grand nombre.

La *Crau* est une plaine qui commence à une petite distance, à l'est d'Arles, & qui a cinq lieues de longueur sur trois ou quatre de largeur. Ce nom lui vient d'un mot celtique, qui veut dire *Caillou*. Strabon & des auteurs payens, encore plus anciens que lui, ont parlé de cette plaine, & ont dit que les pierres dont elle est remplie, étoient des restes de celles dont Jupiter accabla des géans insolens & cruels, qui s'étoient rassemblés aux bords du Rhône. La *Crau* en effet est toute couverte de cailloux, jusques à une épaisseur assez considérable, tous mouvans, & séparés les uns des autres par une terre légere. Mais les sels dont elle est chargée, lui font produire une herbe très-fine, que les brebis & les moutons mangent avec plaisir. Ces animaux écartent les cailloux avec leur museau, & trouvent aisément cette herbe savoureuse qui a pour eux tant d'attrait, d'attrait, & qui donne à leur chair un goût extrêmement délicat. Ainsi, ce territoire pierreux, qui, au premier coup-d'œil, paroît sec & aride, fournit abondamment des pâturages à de nombreux troupeaux de bêtes à laine. Il donne encore d'autres productions dans la partie que le canal de *Crapone* arrose & fertilise. On y cultive des vignes, qui produisent du vin fort estimé, d'un goût piquant & agréable. On y recueille de l'huile, des fruits, & même quelque peu de bled. Il est fâcheux que la *Crau* soit inhabitable pendant les ardeurs de l'été. La chaleur y est excessive, quand les cailloux, dont le sol est couvert, se trouvent échauffés. Les troupeaux même n'y peuvent résister; & l'on est obligé de les mener paître sur les montagnes de la haute Provence, de Dauphiné & de Savoie.

Ce quartier est un des endroits de la Provence, où croît sans aucune culture le vermillon, dont je vous ai déjà parlé, & qui sert, comme la cochenille, à faire les plus belles teintures d'écarlate. La famille d'*Arlatan*, une des plus anciennes & des plus nobles d'Arles, est, de temps immémorial, en possession de tirer un droit d'un denier par livre sur le vermillon qui vient de ce territoire. Bien plus, on ne peut pas en faire la récolte, sans la permission que les seigneurs de cette maison donnent tous les ans par des criées publiques.

Dans le diocese d'Arles, & à trois lieues de cette ville, vers le nord-est, se trouve le bourg de *Baux*, du district des terres adjacentes ; lieu remarquable pour avoir donné son nom à une des plus anciennes & des plus illustres maisons, qui soient connues dans l'histoire de Provence. Il est situé dans un canton, fertile en huile excellente, sur un rocher escarpé, qui n'est accessible que d'un seul côté, & qui est un chef-d'œuvre de la nature. Le sommet de ce rocher est assez étendu, très uni, sans être dominé d'aucun endroit. C'est là que les anciens seigneurs de *Baux* tenoient leurs effets les plus précieux.

Il est incontestable qu'au dixieme siecle, le bourg de *Baux*, chef-lieu de plusieurs terres, qu'on appelloit pour cette raison *Baussenques*, étoit possédé par une famille qui ne portoit point d'autre nom que celui-là. Au douzieme siecle, Raymond I, seigneur de *Baux*, épousa Etiennette ou Stéphanie, fille cadette de Gilbert de Gévaudan, qui étoit devenu comte de Provence par sa femme Gerberge. Raymond prétendit partager le comté de Provence avec son beaufrere, Raymond Berenger, comte de Barcelonne, qui avoit épousé Douce, sœur d'Etiennette. Mais le comte de Barcelonne se trouva plus puissant, sur-tout depuis qu'il fut monté sur le trône d'Arragon; & Raymond de *Baux* ne put presque rien obtenir de l'héritage de sa belle-mere. L'aîné des trois enfans qu'il laissa, épousa l'héritiere de la principauté d'Orange, qui fut possédée par ses descendans jusqu'au quinzieme siecle. La terre de *Baux* resta aux descendans du second fils de Raymond. L'un d'eux, Hugues II, fut obligé en 1178 d'en faire hommage à Alphonse, roi d'Arragon & comte de Provence. Cette branche finit en 1426 par Alix, qui ne laissa point d'enfans. Elle institua héritier de tous ses biens Guillaume, duc d'Andria, dans le royaume de Naples, descendant du troisieme fils de Raymond de Baux. Mais comme celui-ci avoit pris parti contre Louis III, duc d'Anjou & comte de Provence, ce prince confisqua toutes les terres de *Baux*, & les unit à ses domaines. Les rois de France les conserverent jusqu'en 1642. A cette époque, Louis XIII les érigea en marquisat, & les donna au prince de Monaco, avec le duché de Valentinois.

C'est bien ici le lieu de dire que cette Etiennette ou Stéphanie, dont je viens de parler, est la célébre comtesse de Baux, si connue dans l'histoire des Troubadours provençaux, qui présidoit à la cour d'amour, & donnoit en vers ses décisions sur les questions qui lui étoient proposées. Elle vivoit au commencement du douzieme siecle; date à laquelle on doit rapporter les plus anciennes poésies qui nous soient restées des Troubadours. Les noms des dames qui tenoient la cour d'amour avec Etiennette de Baux, & en étoient les conseilleres, nous ont été conservés dans les *vies des anciens Troubadours*, publiées par Jean de *Nostradamus*, auteur du seizieme siecle. On y remarque la comtesse de Dye, qui étoit elle-même poëte, & faisoit des chansons pour le beau Guillem Adhémar, Adélazie, comtesse d'Avignon, la dame de Signe, & celle de Claustral, toutes deux vicomtesses de Marseille, &c.

En descendant vers la mer, & à sept lieues d'Arles, du côté de l'est, on trouve la petite, mais assez jolie ville de *Salon*, du district des terres adjacentes. L'archevêque d'Arles en est seigneur, & y a un château fort agréable. Elle est traversée par un bras de la Durance, que l'on appelle la *fosse Crapone*. Le climat en est tempéré, & le terroir fertile. Cette ville a la gloire d'avoir soutenu en 1590 un siége de cinq ou six jours contre les ligueurs qui se retirerent avec perte, mais qui la reprirent ensuite. C'est la patrie de *Michel Nostradamus*, médecin, né au seizieme siecle, si fameux par ses prédictions en vers, ou centuries. Le tombeau de ce prétendu prophete n'a rien de bien remarquable. Mais un voyageur peut-il passer par Salon, sans le voir,, & peut-il donner une relation de son voyage, sans en dire quelque chose?

On voit donc ce tombeau dans l'église des Cordeliers, en entrant par la porte du cloître, à main droite contre la muraille : ce n'est autre chose qu'une saillie d'un pied, qui s'avance au-devant du mur. Il est carré, de la hauteur d'un homme debout, & le dessus est en forme de talus ou de pente. Sur ce tombeau est le portrait de *Nostradamus*, qui y est représenté tel qu'il étoit à l'âge de soixante-deux ans. Ses armes & celles de sa femme sont sur un lé de toile noire, entre son portrait & son épitaphe gravée sur une pierre. Elle est en latin : en voici la traduction littérale. *Ici reposent les os de l'illustre Michel Nostradamus, le seul digne, au jugement de tous, de décrire avec sa plume presque divine, selon la direction des astres, tous les événemens qui arriveront sur la terre. Il a vécu soixante-deux ans, six mois, dix jours, & mourut à Salon, l'an 1566. Postérité, ne lui enviez pas son repos. Anne Ponce*

Gemelle souhaite à son époux la véritable félicité.

On a dit que le prophete de Salon s'enterra tout vivant dans son tombeau. Mais on est aujourd'hui bien loin de le croire; & ceux même de ses contemporains qui étoient instruits, devoient n'être pas moins persuadés du contraire, que de la fausseté de ses prédictions. Il est encore vraisemblable que *Nostradamus*, homme d'esprit, ne croyoit pas au talent qu'on lui supposoit pour la divination. Ses centuries, qu'il fit sans doute par pur amusement, & qu'on pouvoit appliquer à toutes sortes d'événemens passés, présens & futurs, ne dûrent leur succès qu'à l'ignorance & à la crédulité de son siecle. Il en dédia la seconde édition au roi Henri II, dont il reçut des bienfaits, ainsi que de Catherine de Médicis, d'Emmanuel, duc de Savoie, de Catherine de France sa femme, & même de Charles IX. Il avoit un frere, nommé Jean, procureur au parlement d'Aix, qui fut un des meilleurs poëtes provençaux de son tems, & qui publia les *vies des anciens Troubadours*, où l'on trouve des anecdotes bien curieuses, & des traits fort singuliers. Le même *Michel Nostradamus* laissa un fils, nommé César, dont nous avons une histoire de Provence mal écrite, mais pleine de recherches intéressantes.

Cet homme si célébre de son tems, & le lieu de sa naissance, me rappellent une anecdote que j'ai lue, & que vous ignorez sans doute. Sous le regne de Louis XIV, il se trouva dans cette petite ville de Salon, un maréchal ferrant, qui prétendoit savoir des choses extraordinaires, qu'il ne vouloit révéler qu'au roi même. Il écrivit à ce monarque, & trouva le moyen de lui faire parvenir sa lettre, dans laquelle il offroit de se rendre auprès de lui, ne demandant pour toute récompense que les frais de son voyage. Louis XIV fut curieux de voir cet homme, qui vint à Paris, & qui parla au roi. On n'a jamais pu savoir ce qu'il lui dit. Mais le roi parut très-satisfait, & lui fit donner une bonne gratification.

A trois lieues de Salon, vers la mer, est la petite ville de *Berre*, située sur le grand étang d'eau salée, qui en porte le nom, & qu'on appelle aussi la *mer de Martigues*. Cette ville étoit autrefois une des plus fortes places de Provence. Ses fortifications sont tombées en ruine : mais elle est encore naturellement forte, étant entourée de marais. Le duc de Savoie s'en empara en 1591, après un long siége. Henri IV ne put l'en chasser, quoique toute la Provence se fût soumise. Le prince Savoyard n'en sortit qu'à la paix de Vervins en 1598. Aux environs de cette petite ville, il y a de très-belles salines. On en transporte les sels par mer sur le Rhône, & on les répand ensuite dans la Provence, le comté Venaissin, le Dauphiné, la Savoie & la Bourgogne. Ces salines rendent l'air mal sain. Mais la campagne est agréable, & abonde sur-tout en huile.

L'étang de *Berre* a environ dix lieues de circuit, & se jette dans la mer entre plusieurs petites îles. Il est bordé de villages situés d'espace en espace, & coupé vers le milieu, par un chemin d'une grande lieue de longueur, sur vingt pas de largeur, qui aboutit au village de *Vitrolles*. Suivant la tradition du pays, *Caius Marius* fit faire ce chemin en une nuit de tems & en préfence des ennemis. On l'appelle *Cuï* ou *lou Caiou* ; dénomination qui paroît en effet s'être formée par corruption du mot *Caius*.

Sur le bord de cet étang, & le long de la Méditerranée eſt un petit pays, qu'on nomme *le Martigues*. La ville de ce nom eſt compoſée de trois bourgs, ou petites villes, qui ſont *Jonquieres* au midi, *Ferrieres* au nord, toutes les deux bâties ſur des preſqu'îles, & l'*Iſle*, qui eſt entourée d'eau. Elles ont chacune leur paroiſſe particuliere, & ſont ſéparées les unes des autres par des canaux, ſur leſquels on a conſtruit des ponts de communication. Autrefois elles formoient trois communautés différentes. Depuis 1581 elles n'en forment qu'une ſeule : leurs intérêts, leur adminiſtration, leurs territoires, leurs privileges ſont communs. La plus conſidérable de ces trois petites villes eſt *Jonquieres* : on y compte environ quatre mille paroiſſiens. Il y a trois canaux pour aller de cette paroisse à celle de *l'Île*, qui contient deux ou trois mille habitans. On passe de celle-ci à *Ferrieres* par trois ponts: les paroissiens de cette derniere sont au nombre d'environ douze cents.

La ville du *Martigues* n'est rien moins qu'ancienne: elle ne remonte pas au-delà du treizieme siecle. Ses premiers fondateurs ont été en quelque sorte des pêcheurs, qui pour se mettre à l'abri des incursions des pirates, abandonnerent le bourg de *Saint Geniés*, situé à un quart de lieue de cet endroit, & vinrent s'établir dans l'île. Ce pays fut d'abord possédé par les vicomtes de Marseille. Les comtes de Provence, de la maison d'Anjou, l'acquirent ou s'en emparerent en 1382. Charles IV, le dernier de ces comtes, & roi de Naples; le donna, en 1481, à titre de vicomté, mais avec tous les droits de souveraineté, à François de Luxembourg son cousin. Ses descendans s'y maintinrent malgré les prétentions de Palamede de Forbin, à qui Louis XI l'avoit donné, & malgré celle du prince de Melphi, italien, qui l'avoit pareillement reçu en don de François I. Sébastien de Luxembourg ne laissa qu'une fille, qui épousa Philippe Emmanuel de Lorraine, duc de Mercœur, en faveur duquel cette terre fut érigée en principauté par Henri III en 1580. Leur fille unique la porta en dot au premier duc de Vendôme, fils naturel de Henri IV. Cette maison en a joui, moyennant un simple hommage au roi, jusqu'en 1714. La veuve du dernier de ces princes la vendit, à cette époque, au maréchal duc de Villars, qui l'a transmise à son fils (1).

Une partie du canton du Martigues est marécageuse. L'autre est riante & très fertile : on y voit au nord des coteaux chargés de vignes & d'oliviers. Les habitans ne payent aucune sorte de taille au roi, mais seulement des droits de tout le comestible, à l'entrée & à la sortie, soit

―――――――――――――――

(1) On sait que la maison de Villars est éteinte depuis quelques années. Le titre & la seigneurie du Martigues ont été acquis par M. le marquis de Galifet.

par la mer, foit par la Provence. Ils paffent pour être d'excellens hommes de mer, & les plus habiles pêcheurs de la Méditerranée. Il fe pratique dans cette ville un ufage affez fingulier. On y fait porter aux enterremens, immédiatement après le corps qu'on va enfevelir, des corbeilles de pain, qui font offertes à l'autel, au profit du curé. On croit que cet ufage eft fondé fur ce paffage de l'écriture. Tob. ch. 4. v. 18. *panem tuum fuper fepulturam jufti conftitue.* (*Mettez votre pain fur le tombeau du jufte.*)

La communication de l'étang de Berre ou mer du Martigues à la Méditerranée fe fait, comme je l'ai déja dit, au milieu de plufieurs petites îles. Il y en a une, fur laquelle eft en avant une fortification, que l'on nomme *la tour de bouc* ou *d'embouc*, c'eft-à-dire, de *la bouche* ou *embouchure*. Elle fert à défendre les *madragues, bourdigues* & *pêcheries*, qui font la plus grande richeffe & le commerce du pays. Ces pêcheries font entre les trois petites villes de Jonquieres, de l'Isle & de Ferrieres. Les *madragues* sont particuliérement destinés à prendre les thons : il y en a sur toute la côte. On prend dans les *bourdigues* une multitude d'anguilles qu'on sale comme les harengs, & qu'on transporte en Italie. Mais en Provence même, elles sont bien moins estimées que les anchois, qu'on sale aussi, & qu'on fait entrer dans les salades, après les avoir coupés en filets, & les avoir arrosés d'huile. On fait à-peu-près le même usage & un aussi grand débit de la *boutargue.* Elle est composée d'œufs d'esturgeons ou de mugets, bien nettoyés, salés, applatis sous un poids qu'on met dessus, sechés au soleil, & mêlés avec de l'huile.

A deux lieues du Martigues, au port de la couronne, on pêche du corail, que l'on vend à Marseille. Il est aussi beau que celui que l'on prend sur la côte de Toscane. Mais il n'est pas en assez grande abondance, pour qu'on puisse se passer de ce dernier.

Le Martigues (ou plutôt le bourg de saint-Geniés) fut la patrie du bienheureux *Gérard Tung* ou *Tenque*, fondateur & premier grand-maître des freres hospitaliers de *saint-Jean de Jérusalem*, connus aujourd'hui sous le nom de *Chevaliers de Malthe*. Il mourut à Jérusalem au commencement du douzieme siecle. Lorsque les chevaliers de son ordre furent obligés d'abandonner la Terre sainte, on rapporta ses reliques dans sa patrie. Son crâne est conservé à Manosque, principale commanderie de la langue de Provence, dans une belle châsse d'argent, qui le représente en buste.

Parmi les villages qui bordent l'étang ou mer du Martigues, le plus remarquable est celui de *saint-Chamas*, dont le territoire est presque tout couvert d'oliviers. Le fruit que portent ces arbres est ici petit, mais de très bon goût. Ces olives sont appellées en Provence *picholines*. On en transporte par toute la France & encore plus loin, en les entassant dans des barrils avec une saumure.

Tout auprès de ce village, coule la petite riviere de *Touloubre*, sur laquelle est un pont, ouvrage des romains, nommé communément *les arcs*. Il est bâti à plein ceintre entre deux rochers, & de niveau avec le chemin qui va d'Arles à Aix. Il n'a qu'une seule arche. de six toises de large. Sa longueur est de onze, au moyen de deux massifs fort épais, qu'on fit pour l'allonger. A ses deux extrémités sont deux arcs de 21 pieds 8 pouces, qui furent bâtis pour servir de couronnement à l'ouvrage. Celui qui se présente du côté d'Aix, a une frise, dont les ornemens occupent les deux tiers. Le reste est rempli par une inscription en trois lignes. Vers les pilastres on voit des aigles; & la face intérieure de la frise est couverte d'ornemens sans aucune inscription. L'autre arc, qui est du côté de saint Chamas, est semblable à celui là, excepté que l'inscription n'occupe que deux lignes dans la frise, la troisieme étant placée sur la grande face de l'architrave. De ce côté, les aigles tiennent une couronne de laurier. Il ne restoit sur un de ces arcs qu'un lion accroupi. Les trois autres qui avoient été enlevés ou détruits par les injures du tems, ont été remplacés de nos jours. Ces deux arcs sont d'ordre corinthien : les bases pourroient passer pour attiques, si elles avoient une *plinthe*. C'est un membre d'architecture, qui a la forme d'une petite table carrée.

Au reste, l'inscription gravée sur ce monument, porte que *Lucius Donnius*, prêtre ou flamine de Rome & d'Auguste, ordonna par son testament, que le pont & les arcs fussent bâtis à ses dépens, sous la direction de *Caius Donnius Venulis* & de *Caius Atteius Ruffus*. On a conjecturé que ce *Lucius Donnius* étoit né à saint-Chamas ou aux environs, & qu'il voulut, pour sa propre gloire, ou seulement pour l'utilité de ses concitoyens, qu'on employât après sa mort une partie de ses richesses à la construction de ce pont.

Je ne vous parlerai point ici, Madame, de la ville de Tarascon, quoiqu'elle ne soit pas bien éloignée d'Arles. J'en renvoie la description à un article particulier, dans lequel je vous ferai connoître les villes & lieux remarquables de la Provence, qui font du diocefe d'Avignon, mais fur la fouveraineté temporelle defquelles le pape n'a aucun droit.

Je fuis, &c.

A Avignon, ce 22 Octobre 1759.

Fin du Tome XXIX.

TABLE DES MATIERES

Contenues dans ce Volume.

LETTRE CCCLXXIV.

LA FRANCE.

Séjour du Voyageur à Marseille, Pag. 1
Précis de l'histoire de France, 3
Clovis, fondateur de la Monarchie. Loi Salique. Droit de Régale, 7
Successeurs de Clovis. Brunehaut & Frédégonde, 10
Clotaire II. Especes de parlemens ambulatoires. Maires du Palais, 12
Dagobert I. Oriflamme, 13
Clovis II. Trait de bienfaisance de ce roi, 14
Thierri III. Ebroin, maire du Palais, 15
Rois fainéans. Charles Martel, Pepin, maires du palais, 16

LETTRE CCCLXXV.

Suite de la France.

Pepin, dit le Bref. Réflexion sur le don qu'il fit au Saint-Siége, 19
Charles I, dit Charlemagne. Capitulaires. Envoyés royaux. Charge de Connétable, 21
Louis I, dit *le Débonnaire*, 24
Charles II, dit *le Chauve*. Robert *le Fort*, duc de France. Ravages des Normands, 25
Louis II, dit *le Bégue*. Ducs de Bourgogne & comtes de Provence, 26
Louis III & Carloman. Naissance du gouvernement féodal. Royaume d'Arles, *ibid.*
Charles, dit *le Gros*. Siége de Paris par les Normands. *Eudes* couronné roi, 27
Charles III, dit *le Simple*. La Neustrie cédée aux Normands. *Robert* couronné roi. *Raoul*, beau frere de Hugues *le Grand*, couronné roi. Etablissement des fiefs, 29
Louis IV, dit *d'Outremer*. Hugues *le Grand*, 31
Lothaire, 32
Louis V, *ibid.*

LETTRE CCCLXXVI.

Suite de la France.

Hugues, dit *Capet*. Commencement de la Paitie, 33

Robert, 35
Henri I, 36
Philippe I. Premiere croisade contre les Infidelles, 37
Louis VI, dit *le Gros*. Premieres guerres contre les Anglois. Etablissement des Communes, 39
Louis VII, dit *le jeune*. Saccagement de Vitri. Seconde Croisade contre les Infideles. Preuve du droit de Régale, 41
Philippe-*Auguste*. Paris agrandi & entouré de murs. Troisieme Croisade contre les Infideles. Premier Maréchal de France, 43
Guerres contre l'Angleterre. Conquêtes de Philippe. Quatrieme Croisade contre les Infideles. Croisade contre les Albigeois. Nouvelle guerre. Bataille de Bouvines. Prélat guerrier, 46
Provinces réunies à la couronne, sous conditions, &c. 50
Louis VIII, dit *Cœur-de-lion*, ibid.
Louis IX, dit *saint Louis*. Croisade contre les Infideles. Saint Louis y est fait prisonnier, 51
Loix établies. Abus réformés. Trois sortes d'hommage rendu par les vassaux à leur seigneur, 55
Autre Croisade contre les Infideles. Portrait de saint Louis, 57
Philippe III, surnommé *le Hardi*. Loi des appanages, 59
Philippe IV, dit *le Bel*. Guerre contre l'Angleterre. Bataille de Courtrai. Démêlés avec le Pape, 62
Parlement ambulatoire rendu sédentaire à Paris. Abolition de l'Ordre des Templiers. Al-

tésation des monnoies. 65

Louis X, surnommé *le Hutin*. Supplice d'Enguerrand de Marigny, 66

Philippe V, dit *le Long*. Juifs & lépreux brûlés, 67

Charles IV, dit *le Bel*. Mémoire d'Enguerrand de Marigny réhabilitée. Baronnie de Bourbon érigée en Duché-Pairie, 68

LETTRE CCCLXXVII.

Suite de la France.

Maison de Valois. Ridicules prétentions d'Edouard, roi d'Angleterre, à la couronne de France. Philippe VI, dit de Valois, monte sur le trône, 71

Guerre contre les Flamands. Bataille de Cassel, 73

Occasion qui alluma une guerre sanglante entre la France & l'Angleterre. Bataille navale de l'Ecluse. Trêve, 74

La guerre recommence. Bataille de Creci. Siege de Calais. Origine de la gabelle, 76

Le roi Jean. Révolte & emprisonnement du roi de Navarre. Guerre avec l'Angleterre. Bataille de Poitiers. Le roi y est fait prisonnier, 79

Etats-Généraux assemblés par le Dauphin. Factions. Le roi de Navarre maître dans Paris. Marcel tué. Retour du Dauphin, 80

Traité fait par le roi, prisonnier à Londres, & rejetté par les Etats-Généraux. Paix de Bretigny, 82

Charles V, surnommé le Sage. *Grandes Compagnies* ou *Malandrins*. La guerre se rallume. Duguesclin est fait Connétable, 84

Etat florissant du royaume. Ordonnance qui déclare les rois majeurs à 14 ans. Nouvelle guerre. Mort du roi, 86

Charles VI. Rapacité & fin du duc d'Anjou. Rebelles appellés *Maillotins*. Armement considérable fait au port de l'Ecluse, 89

Assassinat du Connétable de Clisson. Le roi tombe en démence. Haine entre le duc d'Orléans & le duc de Bourgogne. Portrait de la reine Isabelle de Baviere, 91

Le duc d'Orléans assassiné par ordre du duc de Bourgogne. Faction des Bourguignons & des Armagnacs. Révoltes des bouchers de Paris, appelés *Cabochiens*, 94

Guerre avec l'Angleterre. Bataille d'Azincourt. La reine se ligue contre l'Etat. Le duc de Bourgogne assassiné. Traité conclu entre la reine, Henri V, roi d'Angleterre, & le fils du duc de Bourgogne. Entrée de Henri V dans Paris. Mort de Charles VI, 96

Charles VII. La guerre continue. Exploits de *la Pucelle d'Orléans*. Sacre du roi. Supplice de la *Pucelle*, 100

Henri VI, roi d'Angleterre, couronné à Paris. Valeur de Charles VII au siege de Montereau. Son entrée dans Paris, 102

Pragmatique-Sanction. Discipline rétablie parmi les gens de guerre. Trait de générosité du duc de Bourgogne, 103

Conquêtes de Charles VII. Taille perpétuelle pour payer les troupes. Réunion des Pairies laïques à la couronne. Révolte du Dauphin, 104

TABLE

Louis XI. Ligue appellée du *bien public*. Louis XI fait prisonnier à Peronne par le duc de Bourgogne, 105

Valeur des femmes de Beauvais. Premiere alliance faite avec les Suisses, 109

Origine des querelles entre la France & la maison d'Autriche. Trait de cruauté de Louis XI, 110

Trêve avec l'Angleterre. Chef-d'œuvre de politique. Institution de l'Ordre de saint Michel, 112

Charles VIII. Révolte du duc d'Orléans, 115
Expédition dans le royaume de Naples. Bataille de Fornoue, 115

LETTRE CCCLXXIX.

Suite de la France.

Louis XII. Le cardinal d'Amboise à la tête du Conseil. Impôts diminués. Abus réformés dans l'administration de la Justice & dans d'autres parties, 119

Dissolution du mariage du roi avec Jeanne de France, 123

Expédition en Italie. Conquêtes. Perfidie de Ferdinand, roi d'Espagne. Bravoure de Bayard. Paix conclue à Blois, 125

Etats assemblés à Tours. Révolte de la République de Gênes. Ligue de Cambrai. Bataille d'Agnadel, 127

Guerre contre le pape Jules II. Bataille de Ravenne. Revers de la France. Mort de Louis XII, 129

LETTRE CCCLXXIX.

SUITE DE LA FRANCE.

FRANÇOIS I. Vente des charges de Judicature. Expédition dans le Milanès. Bataille de Marignan. Paix de Noyon. Concordat entre le roi & le pape Leon X, 134

Naissance du Luthéranisme. Traité de *paix perpétuelle* avec les Suisses. Entrevue de François I & de Charles-Quint. 137

Guerre avec Charles-Quint. Ligue formée contre la France. Révolte du Connétable de Bourbon. Mort de Bayard. François I fait prisonnier à la bataille de Pavie. Nouvelle guerre en Italie. Paix de Cambrai, 138

Progrès du Luthéranisme. Guerre rallumée au sujet du Milanès. Charles-Quint cité & ajourné à la cour des Pairs. Tréve de dix ans. Passage en France accordé à Charles-Quint. Trêve rompue. Bataille de Cerizoles. Paix de Crépi, 143

Naissance & progrès du Calvinisme. Exécution en Provence. Mort de François I, 147

Henri II. Guerre avec Charles-Quint. Retraite de cet empereur dans un monastere. Ligue avec le Pape, 148

Bataille de Saint-Quentin. Assemblée des Notables. Exploits du duc de Guise. Mort de Henri II. Réflexions au sujet de l'Edit qui punit de mort les Protestans, 151

François II. Factions qui divisent la Cour. Assassinat d'Antoine Minard. Supplice d'Anne

du Bourg. Conjuration d'Amboise, 157
Charles IX. Catherine de Médicis régente. Etats tenus à Orléans. Colloque de Poiſſi. Etabliſſement des Jéſuites en France, 160
Union appellée le *Triumvirat*. Edit qui accorde aux Proteſtans l'exercice public de leur religion. Maſſacre de Vaſſy, 161
Guerre civile. Condé chef des Proteſtans. Bataille de Dreux. Aſſaſſinat du duc de Guiſe. Traité de paix, & liberté de conſcience confirmée, 163
Nouvelle révolte des Proteſtans. Bataille de Jarnac. Bataille de Montcontour. Paix avantageuſe aux Huguenots, 165
Maſſacre de la ſaint Barthelemi. Guerre allumée. Siege de la Rochelle. Siege de Sancerre. Quatrieme paix avantageuſe aux Proteſtans, 168
Parti, nommé *des Politiques*. Légiſlation perfectionnée. Supplice de Montgommery, 170
Henri III. Guerre réſolue contre les Huguenots. Edit favorable aux Proteſtans. Confédération des Catholiques, appellée la *ſainte Ligue*. Révocation de l'Edit de pacification. Inſtitution de l'Ordre du Saint-Eſprit, 171
Guerre recommencée par le roi de Navarre. Le duc de Guiſe fait éclater la Ligue. Manifeſte publié par le cardinal de Bourbon, 174
Paix avantageuſe aux Ligueurs. Faction des *Seize*. Guerre *des trois Henris*. Bataille de Coutras, 177
Déciſion de la Sorbonne. Barricades. Belle réponſe d'Achilles de Harlay, 178
Traité d'union. Etats-Généraux. Aſſaſſinat du duc & du cardinal de Guiſe, 180
Paris en combuſtion. Le Parlement priſonnier

à la Bastille. Le duc de Mayenne chef de la Ligue. Réconciliation du roi avec le roi de Navarre. Assassinat de Henri III, 182

LETTRE CCCLXXX.

Suite de la France.

Henri IV. La plus grande partie du royaume ne veut pas le reconnoître. Le vieux cardinal de Bourbon proclamé roi. Bataille d'Arques. Bataille d'Ivri, 184

Siege de Paris. Le duc de Parme délivre cette ville. Le duc de Mercœur chef de la Ligue dans la Bretagne. La Provence envahie par le duc de Savoie, 187

Les Ligueurs échouent à Saint-Denis. Journée des farines. Tyrannie des Seize, 190

Siege de Rouen. Le duc de Parme délivre cette ville. Combat près de Villemur, 191

Guerre civile dans tout le royaume. Paris agité de deux factions. Folles prétentions du roi d'Espagne. Conversion de Henri IV. Toutes les villes le reconnoissent, 192

Attentat commis sur la personne du roi. Les Jésuites bannis. Mayenne & le duc d'Epernon soumis, 194

Administration des Finances confiée à Sully. La guerre avec l'Espagne continue. Le duc de Bretagne se soumet. Edit de Nantes. Paix de Vervins, 196

Guerre déclarée au duc de Savoie. Paix de Lyon. Conspiration du Maréchal de Biron. Les Jésuites rappellés en France, 198

S 2

Foiblesses de Henri IV. Nouvelles conspirations étouffées. Institution de l'Ordre du Mont-Carmel. Assassinat de Henri IV, 200

Louis XIII. Marie de Médicis déclarée régente. Sully congédié. Crédit du marquis d'Ancre. Factions. Traité de Sainte-Menehould, 203

Etats-Généraux tenus à Paris. Réflexions à ce sujet, 205

Le prince de Condé conduit à la Bastille. Richelieu nommé secrétaire d'Etat. Les princes reprennent les armes. Le maréchal d'Ancre est arrêté & tué; & sa femme a la tête tranchée, 207

Crédit du jeune de Luynes. Guerre & accommodement entre la reine mere & Louis XIII, 208

Assemblées séditieuses & projet des Huguenots. Prise de Saumur. Siege de Montauban. Expéditions de Louis XIII. Paix qui confirme l'Edit de Nantes, 210

Richelieu nommé ministre : objets de sa politique. La Valteline rendue aux Grisons. Nouvelle révolte & défaite des Huguenots. Conspiration contre Richelieu. Siege fameux de la Rochelle, 211

Guerre étrangere & guerre civile. Expéditions du roi en Italie & dans le royaume. Négociations de Jules Mazarin. Traité de paix, 215

Cabale contre Richelieu. Les Marillacs punis. Alliance de la France avec la Suede contre la maison d'Autriche. Révolte de Gaston, frere de Louis XIII. Le duc de Montmorenci décapité. Réconciliation de Gaston avec le roi, 217

Guerre ouverte avec la maison d'Autriche. Deux prélats guerriers. Campagne malheureuse. Nouveau complot tramé contre Richelieu. Succès des armes françoises. Autre prélat guerrier, 221

Révolte du comte de Soissons & du duc de Bouillon. Conquête du Roussillon. Supplice de Cinqmars & de de Thou. Mort de Richelieu. Mazarin entre au Conseil, 227

Louis XIV. Guerre continuée contre la maison d'Autriche. Bataille de Rocroi. Armée d'Allemagne réparée aux dépens de Turenne. Les trois journées de Fribourg. Bataille de Lens. Traité de Westphalie. L'Espagne refuse de le signer, 230

Guerre civile dite de la *Fronde*, 234

Première campagne du roi. Conquêtes de tout ce que nous avions perdu. Bataille des Dunes. Paix des Pyrénées, 238

Disputes théologiques sur les cinq propositions de Jansenius. Mort de Mazarin, 240

Le roi gouverne par lui-même. Fouquet disgracié. Colbert & Louvois ministres. Acte d'autorité du roi au Parlement, 241

Préséance de l'ambassadeur du roi de France sur celui d'Espagne. Réparation d'une insulte faite à l'ambassadeur du roi à Rome, 242

Restitution de Dunkerque. Heureux effets du rétablissement des finances. Ordonnances. Arts & sciences encouragées, 243

Guerres contre l'Espagne. Succès des armes du roi. Paix d'Aix-la-Chapelle. Beaux jours du regne de Louis XIV. Académies fondées. Hôtel des Invalides, 245

Guerre contre la Hollande. Conquêtes du roi.

Ligue contre la France. Autres conquêtes de Louis XIV. Exploits, campagne glorieuse & mort de Turenne. Dernier exploit du grand Condé. Succès éclatans des armes françoises. Paix de Nimegue. Réponse délicate de Racine au roi, 246

Premiers établissemens des François dans les Indes. Ordonnance célebre de la Marine. Alger, Tunis & Tripoli bombardées. Le doge de Venise à Versailles. Les quatre fameux articles du Clergé, 251

Ligue d'Augsbourg. Prise de Philisbourg par le dauphin. Asyle accordé en France à Jacques II, roi d'Angleterre. Toute l'Europe liguée contre Louis XIV. Victoires remportées par les François. Combat naval de la Hogue. Paix de Riswick, 253

Guerre de la succession. L'Empereur, l'Angleterre & la Hollande sont contre Louis XIV. Succès variés de part & d'autre. Le duc de Savoie abandonne le parti de la France. Premiers revers. Bataille d'Almanza, 257

Nouvelles pertes. Vaines tentatives pour rétablir le fils de Jacques II. Le roi demande la paix : réponse barbare des alliés. Bataille de Malplaquet, 261

Louis XIV demande encore la paix. Dureté de ses ennemis. Victoire de Villaviciosa. Anecdote remarquable. Préliminaires de la paix signés avec l'Angleterre. Malheurs domestiques de Louis XIV. Extrême danger de la France. Fermeté du Roi. Villars sauve l'Etat. Paix d'Utrecht. Paix de Radstat, 263

Bulle *Unigenitus*. Enfans légitimés de Louis XIV, déclarés héritiers de la Couronne.

Paroles de Louis XIV mourant. Sa mort & son portrait, 267
Louis XV. Le duc d'Orléans régent. Guerre déclarée par l'Espagne. Traité de paix, 270
Système de Jean *Law* ou *Lass*. Le cardinal de Fleury, premier Ministre, 271
Guerre pour soutenir l'élection du Roi de Pologne. Paix avantageuse à la France, 272
Guerre pour soutenir l'électeur de Bavière, couronné empereur. Campagnes glorieuses de Louis XV. Revers en Italie. Pertes sur mer. Paix d'Aix la Chapelle, 273
Fondation de l'Ecole royale militaire. Guerre entre la France & l'Angleterre. 275
Départ du Voyageur. Marche qu'il suivra dans son voyage. Plan général de ses lettres, 279

LETTRE CCCLXXXI.

La Provence

Idée générale, position & division de la Provence, 283
Ses premiers habitans, 285
Etablissement des Phocéens dans la Provence, 286
Guerres entre les Phocéens & les naturels du pays, 287
Conquête de la Provence par les Romains. Son état florissant, 288
Les Barbares l'envahissent, & en sont chassés par les rois de France, 290

Boson se fait couronner roi de Provence, 291

Comtes établis en Provence, ibid. & suiv.
Chevaliers, *Troubadours*, 293
Comtes de Provence de la maison d'Anjou. Cette province est réunie à la couronne, 294

Variété du climat de la Provence. Les quatre saisons de l'année s'y trouvent en même-tems, 295
Les vents. Violences & effets salutaires du nord-ouest, dit le *mistral*, 297
Ravages que fit en 1761 l'ouest-sud ouest, 299
Effets nuisibles du sud-sud-est, ibid. & suiv.
Les montagnes. Chose remarquable qu'on voit sur celle de *Sainte-Venture* ou *Sainte-Victoire*, 301
Les forêts. Bois de *Mésailles* & de *Beauvezet*, 303
Le Rhône. Maniere de ramasser les palioles d'or & d'argent qu'il roule, 304
Ravages affreux que ce fleuve a faits par ses débordemens, 306
La Durance, 308
Canal de *Crapone*. Projet d'un autre canal qu'on pourroit dériver de cette riviere, 309
Autres rivieres. Le Verdon, l'Hubaye, l'Arc, (origine de ce nom), le Var, 310
Lac d'Alloz. Sa situation remarquable. Trait d'histoire à ce sujet, 312
Fontaine nommée *Sorp*. Fontaine de Moutiers, 315
Fontaine minérale, auprès de laquelle on voit une chose singuliere, 316

Fontaine d'eau salée. Découverte de celle de Moriés, 317
Fontaine qui imite le flux & le reflux de la mer. Autre dont le cours n'est pas régulier, 319
Fertilité de la Provence. Quantité des grains qu'on y recueille, 321
Fruits particuliers à la Provence, 322
Arbrisseaux qui croissent dans la Provence, 325
Récolte des insectes qui produisent le *kermès*, ou vermillon, 326
Plantes médicinales. Remarques d'un botaniste sur celle du *fer à cheval*, 328
Fleurs qu'on cultive en Provence, 330
Animaux. Les serpens & les scorpions n'y sont point aussi dangereux qu'on le croit, *ibid.*
Bêtes à laine. Réflexions à ce sujet, 331
Le basilic & la salamandre. Description de celle-ci, 332
Le *flammant* ou *phænicoptere*, oiseau aquatique, 333
Gros poissons remarquables, 334
Petit poisson nommé *datte*, 335
Limaçon qu'on croit être le véritable pourpre, poisson de Tyr, *ibid. & suiv.*
Mines de fer & d'or. Anecdote à ce sujet, 336
Petites pierres en forme de lozange & autres, *ibid.*
Mine de savon. Colonne d'albâtre, 337
Population de la Provence. Caractere des Provençaux, 338
Commerce de la Provence, 340
Juges bannerets. Sénéchaussées. Vigueries. Parlement, 341
Anciens Etats de la Provence. Assemblées gé-

nérales d'aujourd'hui, 342
Terres adjacentes. Cadastres. Feux, 343

LETTRE CCCLXXXII.

SUITE DE LA PROVENCE.

Plan que doit suivre le Voyageur dans ses remarques sur les villes de Provence, 345
La ville d'Arles. Son antiquité & sa situation, 346
Etat de cette ville sous les Romains, 347
Révolutions qu'elle éprouva, 348
Comtes établis dans cette ville. Ils se rendent souverains, 349
Monumens anciens. Obélisque découvert, relevé & réparé, 350
Débris du *théatre*, de l'*amphithéatre* & de l'*arène*, 351
Restes de *thermes*, ou bains d'un temple & d'autres monumens, 353
Les champs élisées, nommés aujourd'hui *Elis-camp*. Tombeaux qu'on y voit, 355
Eglise de *Saint-Honorat*. Curiosités qu'on y remarque, 357
Catacombes ou cimetiere. Paladins de Charlemagne qui y ont été ensevelis, 358
Vieux bâtiment connu sous le nom de *Trouille*. Fin lamentable de l'empereur Maximien, 360
L'hôtel-de-ville, 361
Le cours. Le canal de *Crapone* soutenu sur des arcs, 362
Ancienneté de l'Eglise d'Arles, 363
Autel de Diane. Statue de cette déesse retrouvée, 364

Conciles tenus à Arles. Communauté célebre de moines, 365
Abbaye de filles de Saint-Céfaire. Abbaye de Montmajour, 366
L'archevêque *Sabaudius* donne son nom à la Savoie, 367
Perfidie des Normands à l'égard des habitans d'Arles, au sujet de l'archevêque *Roland*, 368
Archevêques d'Arles enrichis. Illustres personnages qui ont occupé ce siege, 369
Cathédrale d'Arles, 371
L'église de Notre-Dame *la Majeure* ou *la Major*. Anecdote concernant une relique qu'on y voit, 373
Notre-Dame *du Temple*. Reliques données par le Maréchal de Boucicaut, & conservées dans l'Eglise des Trinitaires, 374
Fauxbourg de *Trinquetaille*. Petite Eglise bâtie, dit-on, par Charlemagne, 375
Grands Hommes. Action remarquable de Porcellet, 376
Académie d'Arles, composée de Gentilshommes, 378
Territoire d'Arles. Le *très-bon*, 379
La *Camargue*. Bœufs & chevaux qu'on y éleve. Maniere de les marquer, dite les *ferrades*, ibid. & suiv.
Bourg nommé *les trois Maries*, 383
Le *plan du bourg*, ibid.
La *Crau*. Origine de ce nom. Ce qu'elle produit. 384
Droit perçu sur le vermillon, 385
Le bourg de *Baux*. Sa position, 386
Histoire des seigneurs de Baux, 387
Etiennette, célebre comtesse de *Baux*, prési-

dente de la cour d'Amour, 388
Petite ville de *Salon*. Siege qu'elle a foutenu, 389
Tombeau de *Nostradamus*, 390
Ses Centuries, 391
Anecdote concernant un maréchal ferrant, 392
Petite ville de *Berre*, place naturellement forte. Salines qui font à fes environs, 393
Chemin qui coupe l'étang de *Berre*, ibid. & f.
La ville de *Martigues* compofée de trois bourgs, 394
Sa fondation & fon hiftoire, 395
Ses habitans exemptés de taille. Ufage fingulier qu'ils pratiquent, 396
La *Tour de Bouc. Madragues*, bourdogues & pêcheries, 397
Corail qu'on pêche près du *Martigues*, 398
Gerard *Tung* ou *Tenque*, fondateur des chevaliers de Malthe, 399
Village de *Saint-Chamas*. Olives appellées *picholines*. Pont nommé *les Arcs*. Sa defcription, ibid. & fuiv.

Fin de la Table du Tome XXIX.

www.ingramcontent.com/pod-product-compliance
Lightning Source LLC
Chambersburg PA
CBHW060545230426
43670CB00011B/1687